城市空间转型与再生丛书 | 张京祥主编

国家自然科学基金面上项目（项目批准号：52078245）

面向创新型经济需求的空间治理与规划创新
Spatial Governance & Planning Innovation to Innovation-Oriented Economy Demand

何鹤鸣　张京祥　著

东南大学出版社
SOUTHEAST UNIVERSITY PRESS
·南京·

内容提要

创新是引领发展的第一动力,亦是解锁"中国式现代化"的关键钥匙。改革开放以后,中国经济快速增长与独特的城市空间治理机制密不可分;而从增长积累到创新驱动,经济发展模式的嬗变必然需要城市空间治理模式的适应性调整,并重构城市空间形成、演化的基本规律。本书基于中国政治经济与空间配置的制度语境,提出了面向创新经济的柔性空间治理概念,用以总体解释地方政府为促成创新经济而推动的系列空间治理实践,分析了针对创新企业的地租调整、针对创新集群的网络链接以及针对创意阶层的场域营建三类空间治理模式,系统探讨了面向创新经济的空间治理逻辑,并提出了空间规划的创新方向。

本书适用于城乡规划学、公共管理学、城市地理学、政治经济学等领域的科研人员、高校师生,也可为自然资源与规划、住房和城乡建设等领域的行政管理或规划设计人员提供借鉴。

图书在版编目(CIP)数据

面向创新型经济需求的空间治理与规划创新 / 何鹤鸣,张京祥著. — 南京:东南大学出版社,2024.11
(城市空间转型与再生丛书 / 张京祥主编)
ISBN 978-7-5766-1002-4

Ⅰ.①面… Ⅱ.①何…②张… Ⅲ.①城市经济—需求管理—研究—中国 Ⅳ.①F299.2

中国国家版本馆 CIP 数据核字(2023)第 231551 号

责任编辑:孙惠玉　　责任校对:子雪莲　　封面设计:瀚清堂　　责任印制:周荣虎

面向创新型经济需求的空间治理与规划创新

Mianxiang Chuangxinxing Jingji Xuqiu De Kongjian Zhili Yu Guihua Chuangxin

著　　者	何鹤鸣　张京祥
出版发行	东南大学出版社
出 版 人	白云飞
社　　址	南京四牌楼 2 号　邮编:210096
网　　址	http://www.seupress.com
经　　销	全国各地新华书店
排　　版	南京布克文化发展有限公司
印　　刷	南京凯德印刷有限公司
开　　本	787 mm×1 092 mm　1/16
印　　张	15.75
字　　数	385 千
版　　次	2024 年 11 月第 1 版
印　　次	2024 年 11 月第 1 次印刷
书　　号	ISBN 978-7-5766-1002-4
定　　价	79.00 元

本社图书若有印装质量问题,请直接与营销部调换。电话(传真):025-83791830

目录

总序 ... 7
前言 ... 9

1 创新经济与大国治理：中国城市空间治理的时代语境 ... 001
1.1 创新经济的时代浪潮与政府角色 ... 001
1.1.1 颠覆与创造：创新经济的内涵特征 ... 001
1.1.2 爆发与迭代：创新经济的时代特征 ... 003
1.1.3 政府的角色：创新经济的建构主体 ... 004
1.2 中国的创新战略与治理现代化路径 ... 007
1.2.1 变道与超车：中国创新的必由之路 ... 007
1.2.2 战略与空间：创新导向的政府行动 ... 008
1.2.3 治理现代化：推动创新的大国手段 ... 011
1.2.4 基层能动性：面向创新的地方智慧 ... 013
1.3 创新经济与空间治理研究的主要进展 ... 017
1.3.1 创新经济的研究进展：可建构的系统观 ... 017
1.3.2 空间治理的研究进展：动态性的实践观 ... 021
1.3.3 总体评述 ... 023
1.4 从增长到创新：中国城市空间治理体系的嬗变 ... 024
1.4.1 从城市治理到城市空间治理的概念衍生 ... 024
1.4.2 治理目标：从大推进到新动能 ... 025
1.4.3 治理基础：从增长机器到创新联盟 ... 028
1.4.4 治理手段：从规模刺激到精明供给 ... 029

2 柔性治理：面向创新经济的空间治理理论基础 ... 032
2.1 城市空间的柔性治理解释框架 ... 032
2.1.1 柔性治理的理论基础 ... 032
2.1.2 城市空间柔性治理的内涵 ... 033
2.1.3 面向创新经济的柔性治理 ... 033
2.2 针对创新企业的空间治理理论 ... 035
2.2.1 创新企业的主体价值 ... 035
2.2.2 创新企业的环境敏感性 ... 036
2.2.3 治理模式：地租调整的激励与倒逼 ... 037
2.3 针对创新集群的空间治理理论 ... 041
2.3.1 创新集群的主体价值 ... 041
2.3.2 创新集群的网络依赖性 ... 044

   2.3.3 治理模式：链接型空间与融合型片区 048
  2.4 针对创意阶层的空间治理理论 052
   2.4.1 创意阶层的主体价值 052
   2.4.2 创意阶层的社会指向性 054
   2.4.3 治理模式：重塑社会关系的场域营造 057

3 地租调整：针对创新企业的空间治理 060
  3.1 地租调整模式的总体治理逻辑 060
   3.1.1 面向快速工业化的地租激励 060
   3.1.2 面向创新企业的两种地租调整 062
  3.2 激励创新的产业用地供给 063
   3.2.1 把握创新企业增长的机遇 063
   3.2.2 设置定向激励的全流程政策 065
   3.2.3 案例：主要城市创新型产业用地政策 067
  3.3 倒逼创新的用地绩效考核 082
   3.3.1 立足存量企业升级的潜力 082
   3.3.2 实施创新绩效监测与动态治理 084
   3.3.3 案例：绍兴市存量用地绩效考核政策 086

4 网络链接：针对创新集群的空间治理 093
  4.1 网络链接模式的总体治理逻辑 093
   4.1.1 面向集聚与增长的园区治理 093
   4.1.2 应对创新网络的传统治理局限 096
   4.1.3 面向创新网络的三类链接模式 097
  4.2 链接产学研创新网络的协同创新载体治理 098
   4.2.1 识别产学研创新网络的组织痛点 098
   4.2.2 植入协同创新载体的关键环节 100
   4.2.3 案例：无锡与东莞的协同创新载体治理 101
  4.3 链接创新孵化网络的孵化载体治理 108
   4.3.1 尊重创新孵化网络的多样性 108
   4.3.2 作为创新孵化网络的"孵化者" 110
   4.3.3 案例：杭州与衢州的创新孵化载体治理 112
  4.4 链接潜在创新网络的融合型片区治理 122
   4.4.1 诱发潜在创新网络的雨林型地区 122
   4.4.2 实现功能、体制的多维邻近 125
   4.4.3 案例：杭州和南京的创新融合区治理 125

5 场域营造：针对创意阶层的空间治理 135
  5.1 场域营造模式的总体逻辑 135

　　　　5.1.1 以"生产"为优先的传统城市治理　135
　　　　5.1.2 重塑社会关系的三类创新场域营造模式　136
　　5.2 包容性居住场域的营造　139
　　　　5.2.1 适应创新与房价的微妙关系　139
　　　　5.2.2 建构适配的政策性住房体系　140
　　　　5.2.3 案例：深圳的政策性住房供应制度　141
　　5.3 创意性体验场域的营造　147
　　　　5.3.1 聚焦"创意＋共享"的公共空间　147
　　　　5.3.2 推动"创作＋建设＋事件"的系统实践　148
　　　　5.3.3 案例：上海创意性公共空间的治理　150
　　5.4 激励性发展场域的营造　156
　　　　5.4.1 关注个体崛起的"微"创新趋势　156
　　　　5.4.2 建构面向创新个体的职业成长空间　157
　　　　5.4.3 案例：杭州中国网络作家村的治理　157

6 超越增长：面向创新经济的规划逻辑　162
　　6.1 空间治理：空间规划的政治经济学解释　162
　　6.2 国土空间规划体系的建构与创新适应　163
　　　　6.2.1 国土空间规划体系的建构语境　163
　　　　6.2.2 适应创新经济需求的建构方向　165
　　6.3 超越增长：空间规划思维的创新逻辑　167
　　　　6.3.1 空间管控：超越规范的柔性思维　167
　　　　6.3.2 空间组织：超越集聚的链接思维　169
　　　　6.3.3 空间营建：超越生产的场域思维　169
　　　　6.3.4 空间方案：超越形态的制度思维　170
　　6.4 面向创新经济的空间规划重点　171
　　　　6.4.1 以柔性管控激活创新空间　171
　　　　6.4.2 以创新网络链接创新集群　172
　　　　6.4.3 以创意场域发展创意人群　173
　　　　6.4.4 以制度设计支撑创新实践　174

7 因地制宜：战略性创新空间的规划应对　176
　　7.1 城市新区的创新升级：以南京江北新区（直管区）为例　176
　　　　7.1.1 基础特征：高位体制驱动的创新突破　177
　　　　7.1.2 现实矛盾：城市新区的新需求与旧模式　184
　　　　7.1.3 总体构思：把握创新经济的三重"特性"　186
　　　　7.1.4 重塑空间：创新型城区的空间生态系统　187
　　　　7.1.5 政策保障：创新空间的规一建一管联动　194
　　7.2 都市近郊的创新升级：以南京紫金山科创带为例　200

    7.2.1　基础特征：都市近郊的创新优势 201
    7.2.2　现实矛盾：破碎割裂的原生路径 205
    7.2.3　总体构思：突破边缘的四维转型 208
    7.2.4　重识方位：超越地方的战略抉择 208
    7.2.5　重塑空间：创新发展的雨林模式 211
    7.2.6　行动抓手：设施供给与政策突破 213

参考文献 218
专栏来源 233
图片来源 234
表格来源 236
本书作者 237

总序

伴随着1980年代以来日益显著的全球化进程,以及西方国家在经济、社会、治理模式等领域展开的巨大变革,中国也同时拉开了改革开放的帷幕,在经济发展取得令全球艳羡的巨大成就的同时,中国的社会经济环境、制度环境与治理环境等也发生了深刻的变化,这就是所谓的"转型"。从本质上讲,转型是一种由于根本发展环境变化所导致的发展目标、发展模式的巨大变迁过程,国际主流的观点是将转型视为一个发生根本性变化的过程——从过于强调国家控制的传统社会经济环境,转向新自由主义的市场经济与社会治理环境,是一个新制度代替旧制度的过程。

毫无疑问,在过去的30余年中,中国是最受世界关注、最重要的转型国家。相比于西方国家缓慢、渐进式的"改良性"转型过程,以中国为代表的传统计划经济体制国家,则几乎是在全球化、市场化、城市化、信息化多维同步交织的时空过程中发生着复杂的转型,因而往往导致各种问题凸显、矛盾尖锐,这也使得西方有关发展、转型的各种理论、范式都难以简单地套用到中国。因此,中国的城市化、城市发展也就深深地打上了中国独特环境的烙印,正开辟着自己独特的城市发展道路和范式。也正是基于这样的原因,中国的城市发展与城市规划研究本身就是世界的,就是最前沿的。

改革开放以来,中国在经济、政治、社会等方面的剧烈变迁,从根本程度上改变着城市发展的动力基础,各种政治、经济、社会力量和转型期复杂的正式与非正式制度安排,共同而强烈地作用于中国城市空间的发展过程,使得其表现出的现象、机制是任何既有经典的西方城市发展、城市规划理论所不能完全容纳和完美解释的。由于利益、资源控制的分化,城市中多种政治和社会力量博弈,共同决定、影响着城市事务的过程,城市与空间的发展正处于剧烈的转型、解体、冲突与重构的过程之中,正是对这一巨大转型环境的深刻写照。

1980年代以后,空间的社会属性被列斐伏尔、索雅、福柯、卡斯特尔等人深刻地揭示出来。卡斯特尔宣称"空间不是社会的反映","空间就是社会"。索雅也认为,空间既不是具有自主性建构与转变法则的独立结构,也不是社会生产关系延伸出来的阶级结构的表现,而是一般生产关系的一部分。列斐伏尔指出,空间不是社会关系演变的容器,而是社会的产物,空间还反映和反作用于社会。空间不是一种中性的背景或物质存在,而是资本生产模式和社会控制中一种基本的要素,城市空间演化、开发本身就被整合进了市场发育、资本积累的再生产过程之中。总之,按照社会空间辩证法的理解,政治经济的重构以及由此带来的社会生活的转型、治理方式的变迁,必然生产出一种与之相适应的新空间环境——这就是所谓完整意义上的"空间再生"。

空间再生理论本身就是强调将空间置于特定的经济与社会环境中进行考察,因而也给我们提供了一个更加深刻理解城市发展、城市空间演化、城市规划的新的重要视角和工具,在社会利益格局日益多元化的背景下,城市社会中各利益集团之间竞争、合作、冲突和妥协同时生动地在城市空间中展开,城市空间的再生过程同时承载了转型冲突与各种社会惯性的复杂碰撞。因而，中国改革开放以来广泛进行的城市空间再生运动远不是当年西方城市更新、城市美化、城市结构优化等表象性或技术性话语所能概括的，它在根本意义上是一部以空间为载体进行资源与利益再分配的政治、经济、社会博弈的历史。只有对这一过程进行深入分析，才能充分揭示转型语境下中国城市空间再生的生动图景。

这套丛书包含了系列充满前沿挑战的选题，它们在很大程度上跳出了我们传统习惯的城市研究视角，是用一种全新的理念和方法去分析转型期的中国城市空间再生现象和机制——作为一种制度、经济、社会、物质等多维度作用下的复杂过程。这套丛书的作者也都是当前国内城市研究、城市规划界学术思维非常活跃的青年学者，他们具有敏锐的洞察力、思辨力和创新意识，将西方学说与中国的实际进行有机融通进而推动中国本土城市研究理论的发展，是他们和我们所有当代中国城市研究学人共同的责任。作为前沿性的探索，我们设想这套丛书的选题是开放的、延续的，也认识到本套丛书中的许多观点都是值得再讨论的。沐浴着早春明媚和煦的阳光，我们期待着通过包括本套丛书在内的共同努力，迎来中国城市研究那"春暖花开"的胜境。

是为丛书总序。

张京祥
南京大学建筑与城市规划学院教授、博士生导师
2011 年早春于南京大学

前言

尽管"创新"早已不是城市、经济等相关研究领域的新词汇,但在当今乃至未来相当长的一段时间内,它仍然是国家、城市竞争力的核心表征,是铺就"中国式现代化"的关键路径。在经历了改革开放以后高速的经济增长,依靠人口、资源、资本等传统要素驱动的中国式增长惯性难以为继,国内环境紧约束和国际低端市场竞争性萎缩呈现双重压力,而从全球金融危机的爆发到核心产业、关键技术的大国博弈,世界政治、经济格局的动荡与重组过程,无时无刻地提醒着中国要加快塑造创新驱动的经济形态(简称"创新经济")。可以说,塑造创新经济已成为国家跨越中等收入陷阱、续写"中国奇迹"的战略抉择。早在2006年"创新型国家"建设战略被提出伊始,中国便以一种国家治理的积极姿态,开启了培育创新动能的宏伟征程;党的十八大以来,"创新驱动"的战略地位更是得到了空前的提升,创新被视为引领发展的第一动力、建设现代化经济体系的战略支撑以及推动中国经济稳中向好、经济结构转型升级的核心抓手。可以说,在21世纪开启的新一轮科技革命和产业变革的浪潮中,积极寻找以新技术、新业态、新模式为契机的弯道超车机会,已经成为中国从国家到地方,从政府到市场、社会的普遍共识。

然而,想要把握"创新"这一"非常态"又谈何容易?它既是对民族禀赋和社会积淀的试炼,更是对政府治理智慧的考验,在中国特殊的政治经济土壤中尤为如此。由西方学者提出的"创新发展经济学"从诞生之初,便带有一定的"凯恩斯主义"色彩;即便在充分自由的市场环境之中,创新亦被视为一种打破循环累积路径、破除市场失灵困境的巨大变革,需要依托国家创新系统的建立,实现技术与制度的协同驱动、政产学研的多主体联动。由此可见,创新经济的形成需要政府发挥不可替代的作用。而在中国,"有为政府"更是经济社会发展的重要引领者;"有为政府"与"有效市场"的有机结合成就了中国经济长期快速发展的辉煌时代。特别是地方(城市)政府的积极作为,更被许多学者认为是"中国模式"的内涵构成和成功密码。在改革开放的过程中,"有为政府"通过积极撬动资本的投资热情,降低市场主体的各类交易成本,统筹配置社会资源等方式,深度嵌入国家经济运行、增长的体系中。而在全新的政治经济环境中,探索创新经济导向的发展战略与治理方式无疑将成为地方政府的新责任和新目标。创新经济的建构有赖政府在经济、社会、文化等多个领域的治理创新,其中的空间治理是不可或缺的环节。

空间治理是基于空间供给、开发建设以及使用运营的治理。它曾是政府推动经济增长的重要手段,在全新的发展语境中同样是建构创新经济的有力支撑。空间治理是治理概念在空间实践中的衍生,自20世纪90年代"治理"(Governance)概念在国际上被提出以来,被广泛运用于经济学、政治学、社会学等社科领域,成为一种影响广泛的理论视角。而在党的十八届三中全会正式提出"国家治理体系和治理能力现代化"之后,"治理"进一步成为中国学术研究和社会经济发展的一种主流语汇,"国土空间治理现代化"也成为国土空间规划改革、国土空间资源配置的重要目标。事实上,虽然时至今日"空间治理"仍未有统一的学术定义,但由政府主导的空间治理实践却由来已久。在改革开放相当长的实践里,政府尤其是地方政府正是通过主导着空间的供给和制度设计过程,有意识、有策略地引进外资、激发市场投资热情、调控城镇消费品(住宅等)需求,在产业园区、新城新区等城市空间的形成过程中,有效推动(而不仅仅是被动支撑)经济的高速增长。政府主导的城市空间治理,无疑是理解中国城市空间形成机制以及中国城市经济快速发展的重要视角,可谓是中国式理论建构的重要线索。如今,面对创新驱动发展的新目标,城市空间治理的方式亦在悄然变化。这样的变化,根植于中国独特权利制度的顶层设计,透射出中国政府治理角色的灵活性和治理水平的持续提升。政府基于特定的空间治理逻辑和方式,能够在不同的发展情境中因循社会经济发展的普遍规律并适应性地改变"政府—市场—社会"的协同作用关系,解决创新发展的矛盾,凝聚创新发展的合力。

当前,面向创新经济的"城市锦标赛"已拉开帷幕,与此同时,大量创新空间在城市中出现并受到学术界的极大关注。然而,既有的许多研究习惯于使用创新经济学、经济地理学等国际经典理论去解释创新空间现象,从创新的空间需求特性理解创新空间形成的过程。诚然,相关研究结论奠定了创新空间形成的理论基础,但如果忽略了中国地方政府较强的社会经济干预能力和城市空间治理的主动性,仅仅将创新空间单纯视为创新经济活动自发的空间投影,那么,对创新空间形成与演化过程的解析则有可能陷入或一叶障目或雾里看花的认知陷阱之中。地方政府的城市空间治理过程是中国创新空间本土化研究的重要理论阵地,是中国城市创新空间形成和演化的重要影响因素。我们不应该仅仅将创新空间视为创新活动的空间结果,更要认识到它作为城市治理的空间载体(工具),始终镶嵌于城市创新经济运行、创新生态建构的系统过程之中。在城市空间治理的研究视域中,也许可以更加鲜活地揭示创新企业的区位选择、创新网络的地域组织以及创意人才的集聚流动等创新空间形成演化的内在机制。当我们在讨论创新为什么回归城区、传统产业园区是如何实现创新升级、一些创新城区因何成功而另一些又因何失败时,政府的城市空间治理水平和具体方式都不应该被视而不见。

基于以上背景,本书试图建构创新经济与城市空间治理的互动逻辑,分析面向创新经济的空间治理机制与模式特征,以期建构"经济规律—空间治理—空间表征"的系统耦合关系,丰富中国城市空间形成与演化的机制理论。面向创新经济的城市空间治理是应对政治经济环境变化的积极治理,是地方政府面对国家创新战略与地方经济增长困境、重塑发展愿景的主动响应。面向创新经济的城市空间治理模式必然区别于增长主义的传统空间治理套路,呈现出从价值导向到具体手段的深刻嬗变。城市空间治理的过程体现出地方政府对创新经济客观规律的因循与城市创新环境的创造、改良。为了较为系统地分析城市空间治理对创新经济的促进机制,本书将借鉴创新经济学研究的多主体、系统化范式,解析创新企业、创新集群、创意阶层三类创新主体及其特性,建构出面向不同主体的空间治理理论框架。进而,阐述针对不同创新主体的三种空间治理模式,即地租调整、网络链接以及场域营造,详细解析各模式的治理重点与具体方式,并广泛结合南京、杭州、上海、深圳等城市的空间治理实践,基于治理过程与实际绩效的分析,对总体的理论框架进行实证。最后,提出空间规划思维和重点内容的创新方向,并以具体的规划研究案例作为参考。

本书形成了如下主要研究结论:①地方政府面向不同创新主体的柔性空间治理将有效促成创新经济。柔性治理是指地方政府针对不同的治理对象和目标,灵活调整各创新参与主体的治理权责与相互关系,以充分发挥各主体的资源配置优势并提高治理效率。面向创新经济的柔性空间治理包含面向创新企业、创新集群、创意阶层所形成的三种空间治理模式。②地租调整是面向创新企业的空间治理模式。地方政府通过产业用地制度的设计对企业形成激励和倒逼机制,从而吸引增量创新企业、激发存量企业创新能力。各大城市陆续开展的创新型产业用地以及存量用地创新绩效考核的制度设计等,都是地租调整的具体表现形式。③网络链接是面向创新集群的空间治理模式。地方政府通过打造具有网络链接功能的空间载体和片区,推动区域协同创新网络、地方创新孵化网络以及潜在创新网络的形成,提升产业集群的创新能力。由地方政府推动建设的创新飞地、产业技术研究院、孵化空间等链接型空间,以及杭州城西科创大走廊等战略性融合片区都是网络链接的具体实践。④场域营造是面向创意阶层的空间治理模式。地方政府通过营造包容性的居住场域、创意性的体验场域以及激励性的发展场域,激发、维护城市居民进行创新活动的惯习,以吸引、壮大城市中的创意阶层。政策性住房的体系建构与供给、创意性公共空间的系统治理以及创业孵化空间的建构都是场域营造的具体表现。⑤面向创新经济的空间治理在经济引擎、治理结构和主要治理手段上都显著区别于过去增长主义导向的传统空间治理;空间规划作为一种重要的空间治理手段,应该以柔性管控激活创新空间、以创新网络链接创新集群、以创意生活集聚创意人群并以制度设计支撑创新实践。

本书成稿是基于国家自然科学基金课题"城市创新空间的生成机制与空间供给研究——基于长三角地区的实证"(编号:52078245)的研究,在由张京祥指导、何鹤鸣完成的博士学位论文《面向创新经济的地方政府柔性空间治理模式研究》基础上进一步完善与发展,亦是对我们近些年所从事的产业园区创新升级研究、创新导向的新城新区发展策略等项目实践的总结与思考。多年来,我们有幸能够持续深耕长三角地区,秉承"在规划实践中发现、认知问题,在学术研究中解释、解决问题"的价值导向,广泛参与并追踪城市创新发展、城市创新空间规划建设的相关前沿实践,课题组、工作室的研究讨论和成果转化过程,都为本书的形成与完善奠定了不可或缺的基础。此外,南京大学建筑与城市规划学院的崔功豪教授、罗震东教授、于涛教授等多次提出的宝贵意见,为本书的完成提供了重要助力;研究团队中的耿磊、唐爽、高煜、王宇彤、夏天慈、蒋阳、王雨、胡航军等研究生的交流配合,也为本书的撰写提供了重要支撑,在此一并感谢。

　　回望改革开放以来中国的发展历程,社会经济的基本规律、大国治理的基本逻辑与空间演化的基本脉络总是呈现出动态复合的交织过程。当我们以纯粹的、物化的角度看待"空间",似乎难以洞见空间的复杂特性及其背后的中国式内涵。如果说把"空间"作为社会经济的一种投影,是人类理解空间复杂性、开展城市空间和城乡规划研究的一次重大的意识觉醒,那么,将"空间"作为城市治理、国家治理系统中"工具",则更进一步揭示了"空间"的主动性价值,这无疑将成为建构中国式理论的一个重要线索。当前,在以创新经济为导向的时代浪潮之中,城市空间治理的模式正在发生着巨大的变化,而这一过程或许又将如"创新"的固有内涵一样充满着不确定性,并进一步引发城市空间的持续重构。因此,探讨"城市空间治理"在面对创新经济时的应然变革,更具有面向实践的紧迫性和实用性价值。因此,我们清楚知道本书仅是在该研究领域的初步探索。受研究认识和水平所限,书中难免存在诸多不足之处,恳请广大读者批评指正。在此,也向大力支持本书顺利出版的东南大学出版社同仁表示诚挚的谢意。

何鹤鸣　张京祥
2023 年 3 月

1 创新经济与大国治理：中国城市空间治理的时代语境

当前，中国正经历改革开放以来最为显著的经济、社会、治理模式的巨大变革。建构创新驱动的经济形态、推动国家治理现代化的进程等发展目标，奠定了中国市场经济与社会治理环境转型的基本逻辑。这一变化，从根本程度上重塑了城市发展的动力基础，深刻地影响着政府引导、推动城市空间建设的行为模式，最终塑造出更为复杂的城市空间增长、收缩与更新再生过程。理解创新经济与大国治理的时代语境，也是理解新时期城市空间形成与演变逻辑的重要线索。

1.1 创新经济的时代浪潮与政府角色

1.1.1 颠覆与创造：创新经济的内涵特征

当前，"创新"一词已经被广泛用于描述经济社会各个领域的创造性活动，体现出"创造性实践"的哲学内涵，但也导致在讨论"创新"时容易出现指代不明、边界不清的问题。本书所指的"创新经济"（Innovation Economy），是对熊彼特（Schumpeter）经典概念的延续，指以创新作为核心驱动力的经济形态，也可以理解为区别于"经济增长"的"经济发展"状态，是由创新主体通过创新实践推动的产业发展过程。它具备如下几方面的特点：

1) 区别于增长的经济形态

在西方经济学的研究视域中，"创新"作为相对抽象的一个经济学概念，最初用于区别"增长"与"发展"两种经济状态。作为创新理论的开创者，熊彼特将创新定义为"建立一种新的生产函数"（Schumpeter，1934）。在其建构的理论框架中，经济增长主要依靠传统要素的大量投入，存在不可持续的局限性，终将在路径依赖中走向衰退；而只有创新才能驱动经济的发展，在变革中不断创造新价值。可见，在经典的经济学设定中，增长是一种路径依赖过程，创新则是一种变革或则称为颠覆与再创造的过程。经济发展的本质是以创新为驱动力，通过"创造性破坏"的方式在毁灭中创造新的价值，以改变过剩的生产桎梏，维持经济的可持续运转。创新同样将会带来经济规模的扩大，但它对于经济规模的刺激作用与纯粹的经济增长过程在本质上存在着差异。

2) 不局限于特定产业门类

创新经济并非指向某种特定的产业门类,而是用以描述经济的一种持续的"创造性破坏"状态。尽管在特定的科技创新周期中,会涌现出一些具有代表性的新兴产业类型,但创新型的经济形态并不局限于此。纺织、钢铁等具有较长发展历史的产业门类同样可以在新技术、新思维的影响下展现出创新动能。因此,"没有传统的行业,只有传统的思维"才会成为一种广泛流传的说法。其实,熊彼特早在提出创新经济理论的时候就指出了"创新"的五种情况(熊彼特,2017),被后人归纳为产品、技术、市场、资源配置、组织等五方面创新(徐则荣,2006)。时至今日,随着创新内涵的不断泛化和创新行为的细化,创新类型的讨论也不一而足。其中最具辨识度的是创新的二分法,即研发创新和非研发创新,也有学者称为技术创新与应用创新,或硬核创新和软质创新(霍尔等,2017)。尽管创新经济并不局限于特定的产业门类,但是通常认为全球性的科技变革将会催生更具有创新性的产业和相关企业。

3) 作为创新型城市的标志

"创新型城市"是与"创新经济"存在一定相关性的概念。当前,国内外学者关于创新型城市的概念尚未形成统一的界定,总体上有两条区别较为明显的界定线索。一部分研究认为,创新型城市是以创造性的方法解决城市问题、推动城市复兴为标志,在交通管理、产业发展、城市生态、种族融合等方面提出创造性的解决方案(Landry,2000)。在此类研究中,"创新型城市"多用"Creative Cities"予以表述,这一概念的内涵更多指向于创新型的城市治理。另一部分研究则认为,创新型城市以创新为驱动力的城市经济作为标志,强调城市经济的创新竞争力(Simmie,2013),关注科技产业对城市的影响(Ács,2003)。在此类研究中,"创新型城市"多用"Innovative Cities"予以表述,这一概念内涵更多指向创新型的城市经济。其中,国内学者更倾向于采用第二种界定方式(黄亮等,2014),继而展开创新型城市的评价指标体系等相关研究。还有学者认为,两种界定方式虽然侧重点不同,但没有本质差别,强调应该以创新驱动经济发展,实现与社会文化的融合和共同繁荣,并推动城市管理水平的提升(许辉等,2015)。世界银行在2005年的"东亚创新型城市"报告中也体现了相似的系统性思路,认为创新型城市在新经济条件下,以自主创新能力为核心,转变经济增长方式,提升城市竞争力,从而实现城市社会、政治、文化、教育、生态等的协调和可持续(Wong,2005)。总体而言,创新经济是创新型城市的重要标志,而城市创新经济的形成又将与城市政治、社会、文化等存在密切的融合和互动关系。

4) 与创意经济的广义概念相似

"创意经济"的概念最早在《英国创意产业报告》中被提及,是指:从个人的创造力、技能和天分中获取发展动力的企业,以及通过开发知识产权来创造潜在财富和就业机会的活动(易华,2010)。这一概念的提出立刻引起了广泛的关注和讨论,其内涵也被不断演绎。部分学者和机构将其狭义地具象为特定的产业门类。例如,经济学家霍金斯在《创意经济:如何点石成金》(*The Creative Economy: How People Make Money from Ideas*)一书中,从产业角度界定了创意经济,认为它特指产品在知识产权法保护范围内的经济部门(Howkins,2001);凯夫斯将创意产业定义为广泛与文化、艺术或娱乐相关的产品和服务(Caves,2000)。在本书中,笔者更加倾向于创意经济的广义概念,即回归最初的概念界定。笔者认为创意经济是创新经济的另一种理解视角和表述方式,相较于创新经济,它更加关注人的特性和时代价值,强调了个人创意在经济发展中的重要作用,是人本思维与创新经济的认知结合。佛罗里达就曾依据经济增长的主要动力,基于创意经济的广义内涵,把社会经济发展分为四个时期:农业经济时代、工业经济时代、服务经济时代、创意经济时代(Florida,2005)。

1.1.2 爆发与迭代:创新经济的时代特征

尽管"创新"作为一种从无到有的创造性行为自古有之,创新经济活动亦已长久地伴随着人类文明的进步;但是,没有任何一个时代像当下一样对于创新经济充满了迫切的渴望,没有任何一个时代像当下一样,在全球范围内不断蔓延出由创新主宰的新经济秩序。创新经济的崛起是在自然资源、经济资本等传统要素已呈现过度消耗的环境中,在传统产品面临过剩生产的背景下,在人类知识实现了高度积累的基础上,对于传统主流经济增长动力的颠覆和对社会整体运行逻辑的重塑。因此,早有学者断言,21世纪就是创新的世纪。在这个时代,我们可以见证创新经济带来爆发式增长的奇迹,亦可以看到剧烈迭代中充斥着的恐慌与无奈,在新老交替之中,在新生与衰败的无情演替中,洞见更加激烈而残酷且难以预知的市场环境。在纷繁复杂的变化中,创新经济体现了如下几个时代特征:

1) 创新的知识依赖性

区别于过去,当前创新经济的形成更加依赖于一定的知识系统,创新活动很大程度体现在对于专门知识的收集积累、加工运用,而不是建立单纯的想象和顿悟式的"灵机一动"。因此,有学者认为创新经济可以称为知识经济(Intelligent Economy),而当前所处的发展时代亦可以称为"知识经济时代"。需要说明的是,这里的"知识"不局限于科学技术知识(尽管其在整个知识体系中处于极其重要的地位),还包括商业运营知识、日常活动和实践经验知识等等。其中,既有可以明确整理、表达的可编码知识,还有存在于实践体验、交往接触中,基于感觉的未编码(或有限编码)的知识。知识作为创新活动开展的基础条件,也意味着作为知识载体的人才成为创新经济的第一生产要素,而不再是过去的土地、设备等传统要素。随着教育的普及化以及通信设施、交通工程的快速扁平化,知识扩散和人才流动的自由度越来越大、成本越来越低。在知识的交互、人才的交往、思想的激荡之下带来了席卷全球的"知识大爆炸"现象,即人类创造的知识在短时期内以极高的速度增长起来。伴生于此的是创新活动的日益活跃,并带动创新经济的密集爆发趋势。不过,这样的发展环境也导致了个人之间、企业之间乃至地区以及国家之间更加激烈的创新竞争。创新经济的地理格局伴随着知识的传播和人才的流动,同步发生着剧烈的变化,知识产权的保护与争夺也日益受到重视。

2）创新周期的趋短化

知识的扩散、创新竞争的加剧以及技术积累的乘数效应,共同导致创新周期的缩短。值得一提的是,技术积累的乘数效应一方面体现在重大创新成果对知识扩散、人才流动的技术支持,例如,从铁路到高速铁路的技术升级,从一般通信到增强型移动宽带通信技术的迭代等;另一方面,体现在技术对于创新产业化的提速,例如,3D（三维）打印对于分散式个体创新活动的支持,物联网对于产品分散化生产与快速组装模式的支撑等。根据联合国工业发展组织（United Nations Industrial Development Organization, UNIDO）对1785年以来六次创新浪潮的划分,可以看出创新的长波周期显著缩短（表1-1）。在第一波创新浪潮中,水力在造纸、纺织品和铁制品等制造领域中发挥了重要作用,基于水力发电原理的涡轮机供电提供了制造业机械化的可能性,而纺织制造等的规模化推动了城市的扩张。在第二波创新浪潮中,蒸汽、铁路和钢铁取得了重大进步,蒸汽机则直接引发了18世纪的工业革命,直到20世纪初它仍然是世界上最重要的原动力;铁路的出现与发展深刻影响了无数行业,钢铁技术的成熟造就了一大批垄断企业……当前正在经历的第六波创新浪潮,以人工智能、物联网、机器人和无人机信息数字化为标志,系统自动化、预测分析和数据处理等都在发生巨大变化,实物商品和服务也可能会被数字化,完成任务的时间可能从几小时变成几秒钟。与此同时,清洁技术可能引领新的能源革命,系统性地解决变得越来越紧迫的气候问题,同时带来更低的能源利用成本和更高的能源利用效率。创新周期的趋短化也将加剧企业发展的压力,即使是某些曾经因踩中创新"风口"而快速崛起、壮大的企业,一旦无法抓紧宏观周期的变化,亦将被快速淘汰。

表1-1 六次创新浪潮的关键技术领域与周期变化

长波浪潮	第一次	第二次	第三次	第四次	第五次	第六次
关键领域	水力、纺织、铁	蒸汽机、铁路、钢铁	电力、化工、内燃机	石化、电子、航空	数字技术、互联网、软件、新媒体	数字化（人工智能、机器人等）清洁技术
周期/年	60	55	50	40	30	25

1.1.3 政府的角色:创新经济的建构主体

1）创新生态系统中的政府角色

多元化的创新主体是创新经济的具体实践者。在最早的创新经济研究中,创新的主体主要是指创新企业,随着创新的复杂化和系统化,参与创新的主体日益多元。创新主体涵盖了高校以及科研机构、风险投资机构、政府机关、自由的知识工作者等多种类型。基于不同的研究视角又可以将这些创新主体进行进一步分类。例如,按照进行创新活动时所采取的形式可以分为个体主体、群体主体和国家主体。而"创新生态系统"概念的提出,则进一步明确了多元的创新主体进行协同创新的重要性。美国竞争力委员会(Council on Competitiveness)在《创新美国——挑战与变革》报告中将创新生态系统定义为由社会经济制度、基本课题研究、金融机构、高等院校、科学技术、人才资源等构成的有机统一体,其核心目标是建立技术创新领导型国家。创新生态系统表征着稳定共生关系的创新经济共同体以及支撑其形成的复杂系统,是一个国家或地区形成创新经济的关键。

在众多的创新主体中,政府的角色及其对创新生态系统的整体性建构作用日益受到关注。普遍认为,政府作为制度创新的主体,可有效发挥宏观调控、法规监控、政策引导、财政支持、服务保障等功能,并提供良好的政策环境、资源环境、法律环境,对创新生态系统中的创新活动进行扶持与推动,而创新生态系统中的其他创新主体的参与和创新活动的开展均受到政府政策的显著而深远的影响。随着信息技术的发展和创新形态的演变,政府在开放创新平台搭建和政策引导中的作用持续凸显。由此,出现了从"产学研"到"政产学研"等协同创新概念的迭代升级。"产学研"即企业、学校、科研机构等主体共同合作,通过将各自优势与诉求有机整合,促成研究、开发、生产的一体化系统并展现出高效、综合的运行特点。"政产学研"的概念,则更加强调由政府牵头,通过公共政策、公共财政等公共资源的投入,以推动开放创新平台的搭建等方式来实现多元主体的协同创新和外部环境的系统改善。政府的积极干预能使产学研合作的过程更加高效,有利于科学成果的应用转化和创新价值的兑现。近来,以用户创新为特征的创新驱动模式开始推广,"政产学研用""政用产学研"等新概念层出不穷,但政府作为顶层设计者的角色地位始终稳固,它是创新生态系统形成过程中不可或缺的"建构者"。

2)面向创新发展的国家共识

创新是经济发展的本质动力,但创新并不是纯粹的市场自发过程,它离不开政府主动的积极干预。创新是一项系统过程,大规模创新的发生需要依靠政府与市场的积极互动。世界上各大经济强国均保持着对创新战略的高度重视。在全球最新一轮的创新竞争浪潮中,瑞典、英国、美国、日本等国家先后颁布了国家层面的整体性创新战略,以框架性的战略纲领统领创新治理的各个层面。各国的顶层战略文件均明确了推动创新的目标、重点与方向,创新协调机构、创新激励环境、创新教育环境、创新法治环境等则被普遍认为是支撑国家创新战略的主要子系统。大卫·哈维(David Harvey)在其关于资本城镇化的三次循环中就暗示了城镇化进入中后期,创新对于资本持续积累的重要意义。多数北欧国家将资本第三次循环后产生的剩余价值大量投入教育、医疗等社会公共消费领域,从而成为高福利状态的国家;而以美国为代表的国家则选择将其投入技术科研领域,推动本国创新能力的不断加强,进而成就自身的全球引领型角色。创新战略的国家共识又进一步导致当前全球各国激烈的创新竞赛。

3)地方创新中的"政府+"模式

(1)政府治理+生态环境

政府对生态环境的价值激活,成就了全球经典的"波兹曼模式"。有风景的地方就有新经济。美国北起蒙大拿州,沿落基山脉一路向南至亚利桑那州的大片区域,因为近年涌现出信息技术、生命科学、设计等"绿色经济",而被称为"绿色海岸"。其中,波兹曼更是成为美国西部落后山区成功转型的典范,它距离黄石国家公园较近,自然生态环境优美。依托丰富的自然资源,波兹曼发展出高科技产业、零售业、旅游业、医疗保健、科技农业等多元化产业结构;现已集聚了100多家科技型企业,成为蒙大拿州的高科技中心,同时也是该地区最大的、最多元化的科技创业协作社区之一。在既有的研究和报道中,普遍认为优越的生态环境,加上与西海岸先进制造业产业带、圣地亚哥—旧金山城市群较为临近的区位优势是波兹曼创新崛起的重要因素。

而事实上,波兹曼的成功同样离不开政府的积极干预。政府敏锐地捕捉到,创新企业和人才开始向成本较低、环境较好以及交通较为便利的地区迁移的趋势。政府积极采用多样化的政策手段,吸引硅谷等科技先发地区的创新人才到波兹曼创业,促进科技型人口及企业的集聚、发展,引领了整个落基山脉地区"绿色经济"的发展。波兹曼政府对于创新发展的干预包括:利用税收增量融资手段吸引企业;通过循环贷款基金等一系列政府设立或参与的基金,提供企业额外融资;减少物业税和开发税等税种,鼓励企业投资和发展;提供就业培训补助金,鼓励人才持续发展;实施企业扩张和留驻计划(Business Expansion and Retention),支持促进企业家与资本市场、研发机构挂钩合作,建立创新合作的开放平台;促进密歇根州立大学和波兹曼多样化的合作方式;制订蒙大拿回家(Come Home Montana)计划,实施劳动力资源倍增、职业发展计划,支持大学在波兹曼进行职业培训及资格认证;整合制造业发展中心、技术农场、小企业发展中心和其他零散的科研组织,提升科研组织对产业的服务效率。

(2)政府治理+存量空间

政府治理对存量空间的价值激活,成就了全球经典的纽约"硅巷模式"。"硅巷"泛指在曼哈顿下城区、苏豪区等地,互联网与移动信息技术创新企业集聚的科技楼群。区别于"硅谷","硅巷"的创新特点偏向于运用互联网的轻资产技术,为金融、商业、时尚、传媒等领域提供解决方案。既有的研究和报道,普遍认为"硅巷"的出现预示了创新回归城区的新趋势,其原因在于低成本的办公环境、临近传统产业(城区中过去形成的传媒、商业等集群)和丰富的都市生活场景。

而事实上,"硅巷"的出现同样离不开政府的积极干预。纽约政府在2000年以后就开始坚定实施创新发展的一揽子计划,把创新中心提到与金融中心并重的地位,创新逐步成为城市居民、企业家的发展共识。尤其在金融危机以后,政府加大创新扶持计划的实施力度,鼓励资本快速进入创新领域。创新治理激发了资本市场的风险投资热情,极大提升了纽约科技创新企业的集聚活力,并使纽约一度超越波士顿,成为全球第二大创新城市。纽约政府对于创新发展的干预包括:实施融资激励计划,为小微企业提供发展资金支持;实施众创空间计划,为企业和创业者提供创新服务、创新平台;实施应用科学计划,打造与现代经济模式相适应的新型大学;实施设施更新计划,营造便利生活、打造包容社区等。政府实施的城市更新工程与创业优惠政策(表1-2)为"硅巷"的创新崛起奠定了坚实基础。

表1-2 纽约政府的部分创业优惠政策

名称	措施
企业电费优惠方案	帮助企业把电费成本降低30%—35%,企业原则上要在纽约市保留或增加就业机会,可持续优惠5年
商业扩张鼓励计划	新签、续签和扩张增租的企业可享受每平方英尺(约0.09 m²)2.5美元的减租优惠,商业企业和非营利机构优惠5年,制造企业可享受10年
鼓励辅助社区计划	设立在贫困地区的企业可享受多项税收抵免政策,包括加速折旧、工薪税抵免,以及为企业提供融资和就业培训的额外扶持
降低能源成本计划	为纽约部分地区企业降低能源成本,包括降低45%的电费成本以及35%的输电成本,优惠期8年
影视税抵免计划	针对质量好的电影、短片、电视剧、小型连续剧等的制作成本,纽约州和市分别提供30%和5%的退税优惠
曼哈顿下城区商业租金税减免优惠方案	曼哈顿坚尼路以南地区的新租约或续约企业可享受一个五年期特别商业租金税减征待遇

1.2 中国的创新战略与治理现代化路径

1.2.1 变道与超车:中国创新的必由之路

1) 中国传统工业化模式面临严峻挑战

金融危机以来,全球经济、贸易格局进入加速调整时期,中国传统的工业化路径面临巨大的转型压力。一方面,低端制造角色正被替代,传统模式难以为继。在低端制造领域中国正遭遇来自亚洲新兴市场国家的残酷挤压。近年来,中国的制造业成本不断上升,有研究机构指出当今中国制造企业生产的综合成本已经趋近于美国。波士顿咨询公司发布的《全球制造业成本变迁报告》显示:依据经生产力调整后的工资水平计算,中国工人的时薪从 2004 年的 4.35 美元涨到 2014 年的 12.47 美元,涨幅达 187%。印度、东南亚以及拉美等国家凭借后发的成本优势正取代中国成为更为廉价的全球制造基地,中国外向型、粗放式的工业化模式将日趋式微。另一方面,随着中美贸易摩擦的持续升级,掩盖在快速工业化"奇迹"之下的创新能力短板逐步浮现。中兴通讯为代表的"巨头"企业在美国的封杀下几近"休克",华为等龙头高新技术企业同样面临持续不断的经济制裁。总体而言,随着全球化"蜜月期"的终结,中国将彻底告别以规模爆发式增长、廉价生产要素驱动为突出特点的传统工业化模式,进入动力重塑、结构调整的转型升级新阶段。

2) 创新周期与要素流动中的后发机遇

全球经济的长波周期往往与重大科技创新的周期存在显著的相关性。研究普遍认为,经济危机的出现通常能够形成一种自我反省、自我调整的激励机制,有可能催生出重大科技创新和技术革命。创新周期的过渡不是线性的,而是破坏性、突变的(Bower et al.,1995)。新周期的开启极有可能伴随着创新领导者的变化和区位转移(Dalum et al.,2005)。正如经济长波周期中主导经济体在不同国家之间不断转换一样,新兴产业的领军企业、前沿地区和先锋城市同样将呈现一定概率的变动。当前全球仍然处在以信息技术革命和相关运用为主要特点的创新周期之中,并正接近于创新周期转换的临界点(陈漓高等,2007)。加之新技术、新生产力削弱了知识传播的地缘障碍,创新活动在全球尺度上更加快速地发生和转移。从全球创新中心城市分布上可以看到,亚洲城市开始陆续登上国际舞台,在规模和数量上紧紧追赶西方发达国家。

在过去 200 多年世界工业化、现代化的历史中,中国曾因落后的工业基础和薄弱的知识储备先后错失了蒸汽技术革命、电力技术革命、信息技术革命等一系列机遇,而如今中国完全有条件抓住新一轮的创新发展机遇,进入创新驱动的再工业化和后工业化过程。中国有机会抢抓创新全球化的时代机遇,系统、全面地塑造创新驱动的经济形态,争夺引领下一轮创新周期的主导权。面对创新变革的必然趋势,城市也需要抢抓创新周期的时代机遇,积极储备潜在的创新领军企业。未来的创新领军企业极有可能诞生于新一代信息技术(例如,量子通信、网络安全、云计算等)、生命科技、人工智能、新能源以及新材料等领域。

1.2.2 战略与空间:创新导向的政府行动

1) 国家的战略抉择

面对全球经济政治环境的变化,中国开启了自己的创新强国之路。党的十八大以来,"创新"在国家战略中的地位不断提升。2012 年召开的党的十八大明确提出:科技创新是提高社会生产力和综合国力的战略支撑,必须摆在国家发展全局的核心位置;强调要坚持走中国特色自主创新道路、实施创新驱动发展战略。2015年,"五大发展理念"被提出,创新居于首位。同年,三个具有针对性和方向性的政策文件相继出台。国务院正式印发的《中国制造2025》提出,坚持"创新驱动、质量为先、绿色发展、结构优化、人才为本"的基本方针,坚持"市场主导、政府引导"的原则,以塑造中国制造的创新竞争力;国务院印发的《关于积极推进"互联网+"行动的指导意见》强调,把互联网的创新成果与经济社会各领域深度融合,促进制造业、农业、能源、环保等产业转型升级,促进经济发展提质增效;国务院印发的《关于大力推进大众创业万众创新若干政策措施的意见》指出,要立足于完善创新、创业生态,激发全社会创新潜能和创业活力。2016年,《国家创新驱动发展战略纲要》(简称《纲要》)正式出台,它是为了加快实施国家创新驱动发展战略而制定的法规,系统性地绘就了国家创新的实践框架和目标,也进一步明确了"创新"突出的战略地位。《纲要》提出"到2030年跻身创新型国家前列,到2050年建成世界科技创新强国"的目标。2017年,党的十九大报告又进一步强调"创新是引领发展的第一动力,是建设现代化经济体系的战略支撑"。

与此同时,配合国家创新战略的确立,国家级的创新空间呈现密集投放的趋势。截至2022年底,国务院一共批复设立了23个自主创新示范区(表1-3)。鼓励这些地区(城市或区域)在推进自主创新和高技术产业发展方面先行先试、探索经验、做出示范。其中,80%以上的自主创新示范区是在2012年以后批复的。此外,由科技部和国家发展和改革委员会(国家发展改革委)共同批复的"创新型城市"也呈现大面积推广的状态,借以鼓励城市政府提升创新治理能力,探索各具特色的城市创新发展路径,以期让创新成为城市发展的核心动力,将城市作为推动创新的重要实践载体。截至2022年底,全国共有103个城市进入国家创新型城市建设名单,并遵循科技部、国家发展改革委制定的《建设创新型城市工作指引》开展工作。

表1-3 国家级自主创新示范区的批复情况

批复时间	国家自主创新示范区	所在省、市
2009年3月	中关村国家自主创新示范区	北京市
2009年12月	武汉东湖国家自主创新示范区	湖北省武汉市
2011年3月	上海张江国家自主创新示范区	上海市
2014年6月	深圳国家自主创新示范区	广东省深圳市
2014年11月	苏南国家自主创新示范区	江苏省南京市、苏州市、无锡市、常州市、镇江市
2015年1月	长株潭国家自主创新示范区	湖南省长沙市、株洲市、湘潭市
2015年2月	天津国家自主创新示范区	天津市
2015年6月	成都国家自主创新示范区	四川省成都市
2015年9月	西安国家自主创新示范区	陕西省西安市

续表 1-3

批复时间	国家自主创新示范区	所在省、市
2015 年 9 月	杭州国家自主创新示范区	浙江省杭州市
2015 年 9 月	珠三角国家自主创新示范区	广东省广州市、深圳市、珠海市、佛山市、惠州市、东莞市、中山市、江门市、肇庆市
2016 年 4 月	郑洛新国家自主创新示范区	河南省郑州市、洛阳市、新乡市
2016 年 4 月	山东半岛国家自主创新示范区	山东省济南市、青岛市、淄博市、潍坊市、烟台市、威海市
2016 年 4 月	沈大国家自主创新示范区	辽宁省沈阳市、大连市
2016 年 6 月	福厦泉国家自主创新示范区	福建省福州市、厦门市、泉州市
2016 年 6 月	合芜蚌国家自主创新示范区	安徽省合肥市、芜湖市、蚌埠市
2016 年 7 月	重庆国家自主创新示范区	重庆市
2018 年 2 月	宁波、温州国家自主创新示范区	浙江省宁波市、温州市
2018 年 2 月	兰白国家自主创新示范区	甘肃省兰州市、白银市
2018 年 11 月	乌昌石国家自主创新示范区	新疆维吾尔自治区乌鲁木齐市、昌吉市、石河子市
2019 年 8 月	鄱阳湖国家自主创新示范区	江西省南昌市、新余市、景德镇市、鹰潭市、抚州市、吉安市、赣州市
2022 年 4 月	长春国家自主创新示范区	吉林省长春市
2022 年 5 月	哈大齐国家自主创新示范区	黑龙江省哈尔滨市、齐齐哈尔市、大庆市

2）城市的探索行动

创新是国家战略的新要求，更是城市竞争的新焦点。无论是北京、上海、深圳等一线城市，还是南京、合肥等二线城市，乃至绍兴等具有一定产业基础的三四城市，都已意识到了创新的重要作用。北京在 2016 年提出加强全国科技创新中心建设的目标，意图打造原始创新高地、前沿技术创新高地、协同创新高地、制度创新高地。上海新一版总体规划在原有的国际经济、金融、贸易、航运"四个中心"基础上，增加了科技创新中心的城市定位，明确了创新对于上海建设全球城市的重要意义；并且以创新为主题，拍摄了新的城市形象宣传片。2018 年南京提出"打造具有全球影响力的创新名城"，聚焦综合性国家科学中心和科技产业创新中心的打造；2022 年进一步提出要打造全球创新高地，巩固国家科研教育基地优势，建设综合性国家科学中心和国家高水平人才集聚平台。苏州提出打造"具有国际影响力的先进制造业基地和科技创新高地""国家产业科技创新中心"，聚力打造标志性创新品牌，持续建构开放、包容的创新生态系统。合肥在获批建设综合性国家科学中心之后，进一步提出要建成全球科创新枢纽。绍兴则提出要建成高水平的创新型城市和人才强市,成为长三角特色产业科技创新基地、浙江大湾区具有区域影响力的创新"活力城"。总体而言,创新发展已经成为各城市的主要目标,甚至是首要目标。

在此背景下,一大批战略性创新空间成为地方政府推动城市创新发展的重要抓手。例如,杭州市与浙江省早在2016年就共同启动了城西科创大走廊的建设,基于"一带三城多镇"的总体格局,吸引并建设了之江实验室、达摩院、湖畔大学等一批创新载体。南京市积极建构"一芯两带双核、多点"的城市创新空间格局,重点强调在紫金山科创带适度超前布局"方向聚焦、功能协同"的国家重大科技基础设施群,在江北新区创新带着力发展集成电路和生物医药两大领域的产业化创新研究;同时提出发展"硅巷"经济,以期充分利用老城区现有的存量写字楼以及老厂房改造、棚户区改造所释放出来的空间,打造无边界的园区。合肥以聚力建设滨湖科学城为重点,形成量子中心、科大硅谷、金融小镇、大科学装置集中区、国际交流和成果展示区,以及科技成果交易转化区等功能组团。无锡提出建设太湖湾科创带,并明确将其作为近年发展的"头号工程"。苏州提出拓展沿太湖科技研发创新带,并以太湖科学城为核心集聚南京大学苏州校区等高校、科研机构。绍兴市提出要建设绍兴科创大走廊,形成串联科创园、高新区和特色小镇、产业创新服务综合体的带状空间,打造创业创新氛围浓厚、中高端产业集聚发展的绿色生态宜居宜业廊道。总体而言,各城市都在基于各自的创新发展目标,通过开拓新空间、更新旧空间以及整合片区空间(多为廊带状)等方式,实现空间形态与经济形态的协同优化。

1.2.3 治理现代化:推动创新的大国手段

1) 国家治理现代化的独特内涵

"治理"(Governance)诞生于西方社会对行政管理与公共管理改良逻辑的讨论,并大量运用于经济学、政治学、社会学等社科领域,是一种影响广泛的理论视角。随着研究的发展,治理的内涵不断被丰富以区别于管理或统治(Government)。当前治理的精准定义尚未形成统一,一般认为相对权威的是联合国治理委员会的解释。该委员会指出治理是各种公私机构或个人在同一事务上进行运作的各种手段的集成,协调各主体间因不同的利益带来的冲突而促使各主体进行联合行动。多主体的参与以及相互之间的关系是治理的基础(盛广耀,2012),不同主体之间存在着各自的利益定位与目标(张瑞涵等,2015),治理的过程需要不同主体之间的对话、协商、合作,以实现最大程度的资源调动,弥补纯粹依靠市场交换或政府调控的不足。不同层级关系的相互交织、不同部门权责的相互渗透被认为是治理过程的重要特点(Rhodes,1996)。有学者认为,除了政府管理以外,治理同样适用于公司管理,以有机沟通的组织管理方式替代自上而下的管理方式(Stoker,1999)。总体而言,在西方语境下,尤其强调"治理"在行政管理与公共管理领域的如下特性：其一，是多元化的治理主体，除了政府以外，企业等市场组织、公众等社会组织都是治理的主体；其二，是扁平化的治理结构，与自上而下的传统垂直管理结构不同，治理更加强调权力运作过程的上下互动、水平延展和网络交互；其三，是协商式的治理过程，治理的实现并不是依靠特定权力主体的统治、支配或垄断，而是多元主体基于平等协商的自愿合作过程。

20世纪90年代中后期，治理理论被引入中国，直到党的十八届三中全会将国家治理现代化作为全面深化改革的总目标之一，中国"治理"研究和"治理"实践进入了全新的阶段。"国家治理现代化"是对"国家治理体系和治理能力现代化"的总体概括，作为继工业现代化、农业现代化、国防现代化、科学技术现代化之后的"第五化"，是对政府角色和决策能力的更高要求，以更为妥善地处理政府内部及政府、市场、社会多主体之间相互作用关系作为重要表征。其中，治理体系是指国家治理组织系统结构的现代化，治理能力是指国家治理者素质和方法方式的现代化。可以说，国家治理现代化指明了新时代中国国家机构和政府管理模式的基本改革方向，展现了从政府单一制管理到多元化治理的中国式现代化逻辑。而事实上，改革开放以来，中国政府管理方式的不断改革创新，总体上亦可以视为中国特色治理现代化路径的阶段性、过程性表现：体现为从新中国成立之初中央政府（国家）一元化的、全能型管理模式，向地方政府、市场、社会等多元主体动态地进行纵向或横向的分权化调整。治理现代化并不是对于既有政府管理方式的全盘否定，而是更加清晰地坚定了优化、改良的基本方向。

从传统"管理"到现代"治理"的演进升级，既是治国理政总方针的转变，也是对各级政府权力配置和行为方式的更为明确的改革要求；而与西方的理论、实践相比，国家治理现代化的新征程保留着鲜明的中国特色。其一，治理主体的权力更集中。各级政府作为国家、地方制度的顶层设计者和社会经济发展管理的核心主体，发挥着不可替代的关键作用，因此，在多元治理的总体格局中主体关系并非完全平等、均质的。其二，治理结构更加弹性、多元。在不同的治理领域、不同的发展阶段，围绕具体的治理目标，治理的主体与相互关系也各有不同，并将呈现"实验性"的动态调整过程，而这一过程在很大程度上受到政府决策的影响，是政府基于特定发展目标和与之相匹配的治理结构的整体判断与主导建构。其三，治理过程更加复杂。尽管政府不会依靠权力垄断去支配其他权力主体的决策，但政府可以通过公共资源和制度设计深刻影响治理参与主体的权利预期和治理行为，减少、缓解存在目标分歧的博弈过程，促成、加速多元主体的一致性行动。总体而言，中国式治理具有总体目标相对明确、实施过程相对高效的制度优势，但也存在具体治理过程中政府判断失误的决策风险，因此，治理现代化的过程是对政府治理能力的巨大考验，需要更加精明的治理手段。

2）治理现代化与创新经济耦合

在一定程度上，"现代化"与"创新"的本质内涵具有共通性。"现代化"

是一个具有过程性和发展性的概念,用于表征在一定社会群体所共同生存的地域环境内,资源要素的种类数量、组合方式、配置过程等由初级向高级的突破性变革,往往能够形成更加先进的社会结构或秩序,对既有的社会发展进程具有转折性、跨越性影响。现代化往往不是固定不变的线性运动轨迹,且与当地的文化、社会之间存在地域黏性,是因地制宜的过程;现代化不是西方化,也不会天然导致某种特定的社会关系。当前,中国的治理现代化过程是国家创新治理理念、调整治理结构、改进治理方式的过程,也是完善国家治理体系、提升国家治理能力的过程。治理现代化的过程必然不是孤立的行政管理、公共管理改良运动,而是要解决中国社会经济发展的现实问题,在面向国家战略、城市发展目标的具体工作实践中发挥作用,进而形成丰富、实用的"中国式"经验模式。

中国的治理现代化既是国家全面深化改革的总目标之一,也是实现其他若干现代化目标的重要支撑手段;尤其在建构创新驱动的经济体系方面,治理现代化的作用更为突出。例如:通过治理的现代化过程,进一步完善推动创新经济的顶层制度设计,根据创新活动的生命周期特征和类型差异,调节不同创新主体的自主性和行为张力,增强创新主体之间的交流、合作能力;整合、协调、配置各类创新资源,提升创新资源投入的效用,同时追求发展的可持续性;营造包容、开放的整体环境,培育形成具有本土特色的创新文化;完善创新人才培养和发展机制,形成具有人文关怀的英才苗圃、高地,等等。总体而言,治理现代化是塑造国家、城市良好创新生态系统的重要支撑。治理现代化所体现出的对于多元主体作用的充分尊重,以及对于政府主要责任和治理水平的更高要求,恰恰契合创新经济形成的内在秩序,亦将成为中国创新战略实施的独特手段、中国创新经济形成的独特动力。

1.2.4 基层能动性:面向创新的地方智慧

1) 地方政府角色的适应性转变

正如发展经济学家刘易斯在其著作《经济增长理论》中提到的:经济绩效不仅是个人活动的结果,而且也是政府行动的结果(刘易斯,2015)。尽管西方国家的市场化程度极高,在经济学与管理学领域中关于政府角色和作用的讨论仍然一直备受关注。尤其自1980年代开始,西方国家政府为了适应新的竞争规律和态势,普遍从福利国家的管理者角色和功能中走出来,不断实施推进公共管理体制改革,掀起以提高公共管理效率为目标的"新公共管理"(New Public Management)运动。继而出现的"企业家型政府"(Businesslike Government, Entrepreneurial Government)的概念,主张把"企业家精神"(讲效率、重质量、善待消费者等)引入政府组织中,改革公共管理部门,以企业化的管理方式替代僵化的管理体制,提高政府的效率和效用(Havrvey, 1989)。企业家型政府也被认为是推动城市转型、提升城市竞争力的重要力量(Hall et al.，1998)。当人们试图解码改革开放以后经济高速增长的中国"密钥"时,地方政府无疑也是不可忽视的重要变量。有学者沿用企业家型政府的理论来肯定地方政府"有形之手"在推动城市发展与转型过程中的积极作用(殷洁等,2010);也有学者结合中国特殊的转型语境,延伸出"地方政府企业化"的本土化概念,即地方政府从自身的经济利益角度进行决策和行动,开展类似于企业间的激烈竞争(张京祥等,2006)。地方政府主导着城市的开发建设过程,促进着城市经济、城市空间快速地增长,同时也积累着大量的矛盾和隐患(买静等,2013;殷洁等,2006)。总体而言,在经济快速增长时期,地方政府的角色存在着多面性的争议,在经济建设(推动经济增长)领域显得尤为积极,而在民生等其他领域则相对消极。尽管地方政府是有自身特殊利益结构和效用偏好的国家代理人,不仅体现国家自主性,还体现着地方自主性(何显明,2008),但其并不是处于完全独立且固化的状态。地方政府的行为逻辑是由特定的政治经济环境所塑造,并在政治经济环境的变迁中被重塑。关于地方政府角色多面性的争议,本质上是治理体系、治理水平与社会经济发展适应性的争议。可以肯定的是,在治理现代化的总体趋势下,地方政府的角色和作用也将得到不断纠偏。

一方面,中央政府通过政治语汇的大量渲染,启发了地方政府创新导向的价值观。基于对国内外社会经济形势的综合判断,党的十八大报告明确提出要实施创新驱动发展战略,强调科技创新是提高社会生产力和综合国力的战略支撑,必须摆在国家发展全局的核心位置。而后中央政府陆续通过各类会议和文件至上而下地反复强调创新在增强国家竞争力、增强发展的长期动力、提升经济增长的质量和效益、降低资源能源消耗、改善生态环境等方面的系统性价值和突出作用。另一方面,地方考核体系的具体变化,直接改变了地方政府的自身利益标准(政绩评价),更进一步坚定了地方政府全新的价值观。20世纪90年代开始,国内生产总值(Gross Domestic Product,GDP)就成为考核官员政绩的重要"指挥棒",也造就了中国官场浓郁的"唯GDP论英雄"的氛围。国家主席习近平在亚洲太平洋经济合作组织(亚太经合组织)第二十一次领导人非正式会议的发言中指出:"不再简单以国内生产总值增长率论英雄,而是强调以提高经济增长质量和效益为立足点。"在此背景下,中国多个省份陆续降低或取消了GDP考核要求。例如,2014年福建32个县市取消GDP考核。虽然现在大部分取消考核的城市是一些具有农业优势和生态价值的地区,但它们对于地方政府政绩意识形态的影响仍然深远。不唯GDP论英雄,以高质量发展论英雄,构建科学客观的考核评价体系已经成为干部任用过程中的共识。这对于打破地方政府的路径依赖,释放创新积极性具有显著而深远的影响。

此外,城市发展过程中传统的工业化和城镇化模式面临突出的资本积累困境。随着全球化产业分工的调整以及日益紧缩的资源管制要求,那些凭借成本优势和传统要素投入而发展起来的工业化城市面临尤为严峻的发展压力。而在快速的城镇化推进之后，普遍超前（物质城镇化快于人的城镇化）的城市建设，虽然在短时间内吸引并产生了经济的内需动力，但也积累了大量的投资泡沫：或存在大量设施和地产的空置，或存在土地估值过高的现象。工业化和城镇化模式所面临的资本积累困境，亟待通过经济创新驱动力的塑造予以破解。而社会权利意识的觉醒使得通过成本转嫁实现增长的模式难以为继。随着国家法制化建设和公民认知水平的提高，个体的权利意识和维权意识不断觉醒。在传统发展模式中地方政府可以将工业化、城镇化的成本向社会和生态环境转嫁，以维持增长过程。而在新的社会环境中，社会有更强的诉求表达意愿和更加丰富的权利捍卫手段，在城市治理的过程中将出现有广泛政治影响力的"反增长"联盟（陈浩等，2015）。它并不是对于经济增长的反抗，而是对于传统治理方式和经济增长方式的反抗，是对被长期边缘化的社会诉求的反抗。因此，地方政府将更加倾向尽快建构创新驱动的经济发展模式，以全新的经济发展方式化解社会矛盾。

2）地方政府治理的探索性实践

事实上，由于地区之间、城市之间的巨大差异，地方政府作为推动城市发展的责任主体，往往需要结合城市自身的特点，先验性、探索性地开展城市治理。在这个过程中，既有的成功经验也难免会出现失败的教训。围绕创新的政府治理实践，在东部沿海的先发城市中由来已久。这些实践一方面证明了地方政府治理在城市创新发展过程中的重要作用，另一方面也充分说明了创新的复杂性及其对于政府治理带来的巨大挑战。

深圳的创新崛起便是政府治理与创新发展需求动态适配的典范例证。深圳自主创新体系确立的背后，离不开政府这只"有形之手"。早在1991年，深圳就通过政策文件将电子工业作为创新发展的主战场和突破口，并在1998年提出了"科技22条"，形成简洁但是具体的科技扶持政策；至2000年明确提出"三个一批战略"，重点培育本土自主创新企业，成就了多家龙头科技企业。期间，深圳承担了"三来一补"产业大量凋敝的压力，但也奠定了后来高新技术产业快速发展的基础。2000年以后，政府又相继出台了带有"城市创新战略概念"的众多政策文件，并在政策框架基本形成的条件下，根据企业诉求和市场变化，不断调整细化政策措施。本书提及的深圳在创新起步阶段的一些政策举措（表1-4），仅仅是深圳政府围绕城市创新发展积极治理的小部分例证。深圳政府在推进自主创新的过程中，始终坚持将企业作为创新驱动战略中的主体，着力强化政府的市场规范和引导角色，向市场传达明确的创新导向。深圳自主创新的成功经验在于动态、合理地把握政府和市场之间的边界和协同模式，体现在：坚持分层、分类设计支持创新的政策体系；以创造创新环境为核心目标，避免对于创新活动的过度干预；广泛联动各类资源，集中突破创新发展的薄弱环节等方面。

表 1-4 深圳创新起步阶段的政策调整与治理重点

重要时点或阶段	主要政策文件	重点政策内容
1991 年	《关于依靠科技进步推动经济发展的决定》	把电子工业作为高新技术产业的突破口
1998 年	《关于进一步扶持高新技术产业发展的若干规定》	提出"科技 22 条",保护知识产权、减税让利、藏富于企业
2000 年	"三个一批战略"配套系列文件	重点培育本土自主创新企业,推动了华为、中兴等重点高新技术企业的成长
2004—2006 年	区域创新体系以及相关配套文件	第一次形成面向创新的系统性政策支撑体系
2008 年至今	创建国家创新型城市(2008年)、国家自主示范区(2012年)相关政策文件	不断调整完善、细化推动创新发展的政策内容

无锡在推动创新发展的过程中则出现治理方式与发展需求的错配波折。无锡的"530"计划诞生于 2006 年,是江苏各城市中最早开展的创新人才招引计划。该计划以大力度的公共财政补贴为主要特点,当时甚至成为江苏推动创新发展、转型发展的一面旗帜。然而推进过程中粗放的招引方式导致公共财政的巨大浪费,外来的创新人才与项目也并没有与本地产业的发展形成良好互动。在社会的广泛质疑声中,"530"计划一度停滞,政府不得不进行政策评估并改良调整(表 1-5)。在后来的"大众创业、万众创新"的工作中,无锡政府积极推进创新载体建设,但是良好愿望之下又暴露出众创空间过度建设的问题,导致大量空间闲置(尤其在乡镇层面);截至 2018 年,其市级以上载体(500 万 m^2)入驻率能够达到 70%,但是其余载体(1 000 万 m^2)入驻率大多不足 50%,最低仅为 10%。当然面对治理不当所带来的巨大成本,无锡随即亦在治理过程中总结改良,从"强势政府"向

表 1-5 无锡"530"计划的实施情况分析

初始阶段的政策要点	实施中暴露的问题	政策改良的重点
确立 5 年内引进 30 名海外留学归国领军型人才来无锡创业;一次性给予 100 万元的创业启动资金,提供不少于 100 m^2 的工作场所和不少于 100 m^2 的公寓住房,并且 3 年内免收租金;市科技风险投资资金给予不低于 300 万元的创业投资等支持	项目筛查不严,出现空壳项目;产业转化率较低,政府投入效益有限;没有带动本地企业和产业的升级	调整项目评价方法,根据无锡产业导向、领军人才出资情况等筛选优质项目。优化财政支持方式,政府扶持资金与领军人才和团队出资挂钩 1∶1 配套,最高 500 万元,分年度考核后逐步支持。推动在地合作,大力引导海归团队和本地企业的合作,促进科技创新成果产业化

"智慧政府"转变,不仅要做"有为政府"更要做"善治政府"。后续章节也将提及无锡市在推动创新发展中的一些先进经验。面对创新经济的政府治理过程,必然也是治理创新的过程。因而,无须避讳其可能失败的风险,更重要的是需要及时进行评估反思,并动态调整治理方式。

1.3 创新经济与空间治理研究的主要进展

1.3.1 创新经济的研究进展:可建构的系统观

1)经济学领域的研究:系统化范式

20世纪80年代开始,随着创新在经济发展中的价值不断凸显,基于熊彼特经典的创新理论衍生出了新熊彼特理论体系(Neo-Schumpeterian)。该理论体系是以演化经济学、复杂性科学等为研究基础而形成的跨知识领域的创新理论体系(总称)。新熊彼特理论涵盖了技术创新、制度创新等不同领域,尤其关注技术变革与推广、制度安排与政策对于经济发展的重要意义。新熊彼特理论普遍认为创新经济呈现开放化、系统化的特征,诞生于多元创新主体的交互过程,由多种形式的协同作用所驱动(Castlellaci et al., 2005),是许多不同层面行为主体复杂交互的一种"涌现"现象(李律成等,2017)。20世纪70年代以前,创新经济主要源于企业内部的封闭式创新。当时,虽然劳动分工已经随着工业化的进程深入人心,但是针对创新的分工却因为知识价值的稀缺性而鲜有发生。基于对研发知识的高度保密,企业更加倾向利用本公司资源和技术能力,进行产品的研发和商业化。过分强调单个企业主体对于创新过程的集权与内部整合,使创新的过程呈现封闭式(Closed)特征。封闭的资金供给与有限研发力量的结合,虽然保证了企业的技术垄断,但与知识经济时代的基本特征存在冲突。随着技术复杂度的不断提高、技术与产品的生命周期不断缩短,企业"封闭式"创新的成本、风险不断增加;而人力资源的高流动性加速了信息流动的自由化,高等教育的广泛普及则加速了知识网络的扁平化,这些趋势进一步松动了封闭的知识壁垒,创新的产生形式开始更加多元,甚至随机地发生在社交和用户反馈的过程之中。基于以上背景,企业的竞争优势往往来源于更有效地利用他人的创新成果,从封闭式创新走向开放式创新成为企业的必然选择(Chesbrough,2003)。1987年英国学者克里斯托弗·弗里曼(Christopher Freeman)提出"国家创新系统"(National Innovation System,NIS)的概念,强调国家内各有关部门和机构间围绕创新的相互作用,以及政府相关政策对于创新的推动作用,标志着创新的系统化认知的初步确立。随着区域、城市愈来愈成为全球化竞争的重要空间单元,"创新系统"理论进一步在区域、城市尺度上得以延伸(Cooke,1992)。进入21世纪以后,在日本经济陷入低迷而美国持续保持创新领先地位的国际经济新形势下,援引生态学理念和演化经济学理念的"创新生态系统"被正式提出,它更加强调"系统"在演化过程中的动态性和适应性(Crossan et al.,2010)。而后"开放式创新"(Open Innovation)的概念被正式提出,指企业在技术创新过程中通过与外部组织的广泛合作,整合内外部创新资源进而提高创新效率与效益的一类创新模式。通过多主体、网络化的组织模式,比单一企业内部化、等级制的组织模式更加灵活,更能够针对实际的需求和资源条件变换相应的具体形式,进而高效地推动创新(盖文启等,1999)。

创新经济的系统化范式标志着创新参与主体的多元化,包括企业、高校以及科研机构、风险投资机构、政府机关、自由的知识工作者、消费者等多种类型;主体之间通过"相互关系(网络)"构成实现创新的有机整体。而创新经济的研究重点,也进一步向主体之间的相互关系以及系统与环境的动态过程聚焦。在知识经济时代,似乎可以看到亚当·斯密(Adam Smith)的劳动分工理论在创新语境中的全新演绎,它是基于创新活动的分工合作,不同主体之间形成了各式各样的合作方式。主要包括:①企业与用户的合作创新。用户创新(User Innovation)是基于用户需求和用户参与的创新过程,大量实证研究表明,用户参与与创新项目的成功率呈现正相关,而随着互联网的普及、用户创新的价值日益凸显,形式也更加多元(Hienerth et al.,2014)。②企业间的合作创新。企业间充分利用互补性的研发优势,实现专业化研发的规模化和体系化集成,共同分担创新的成本与风险(Flatten et al.,2011)。③产学研合作创新。高校、科研机构和企业之间通过合作将科学知识、科技成果转化为实际生产力;产学研合作对于企业获得创新产品、提升创新能力有显著作用,但也存在交易成本过高等问题(朱桂龙等,2015)。

创新经济的系统化范式对经济学的计量研究提出了巨大挑战,大多数主流数学模型很难将政策、主体选择、相互作用等关键性变量进行比较精确的模拟和架构。若过度抽象地进行假设,则容易将模型架空于虚拟的社会经济系统中,模型的解释力将出现一定的局限性。近年来,随着计算机仿真技术在西方经济学领域的运用和普及,基于主体的计算经济学(Agent Based Computational Economics,ACE)开始被视为研究创新经济的重要基础科学和分析方法。该技术通过主体建模的仿真方法,模拟系统中不同个体的交互规则、行为决策和宏观运行表现。相关研究广泛覆盖了创新经济的不同层面:从微观层面看,该技术将参与创新经济的企业、组织机构等行为个体作为模拟对象,进而对个体的运行特征、信息传递方式、决策行为逻辑进行仿真,例如基于企业自动化管理系统的运用(Ayhan et al.,2015)、现金流压力(Cao et al.,2012)、制造业成本竞争(Seck et al.,2015)等的研究。从中观层面看,该技术以供应链以及产业集群中的相关主体作为模拟对象,重点研究主体间的利益分配和协调机制,进而探索群体的创新合作过程和演化机制,例如,基于供应链风险和信息不对称的综合决策框架(Giannakis et al.,2011)、集群的认知生产系统和知识重组过程(Biggiero et al.,

2009)等的研究。从宏观层面看,模拟区域和国家创新系统的运作过程,重点考察政策制定者(政府)的干预效用,例如基于政府对企业经营成本定价(电价)政策(Palmer et al.,2015)、生产和流通环节的品质监管政策(Gagliardi et al.,2014)、国防工业科技采购政策(Blom et al.,2013)、财政研发激励政策等(Kwon et al.,2017)。尽管仿真模型对研究者了解真实世界起到了很好的补充作用,但是仍然存在有诸多不可详尽描述的技术黑箱;它对决策的"预先实验",虽然能够为政策制定者提供参考,但是研究的透明性和可比较性仍然不足(Xiong et al.,2016)。有学者提倡用大数据和新技术的方式来弥补现有研究的不足(Feldman et al.,1994),但这也似乎无法改变经济学在解析创新经济系统化特征时的"有限"理性。

2)地理学领域的研究:网络化范式

20世纪80年代起,创新经济的空间特性开始受到人文地理、经济地理学者的广泛关注。创新环境学派、创新集群学派、新产业区学派、创意城市理论等奠基性的理论建构和实证研究相继出现。弗里德曼提出了"创新地理学"的概念,被认为是创新地理研究进入学科发展研究的标志性事件(Feldman et al.,1994)。而后《创新经济地理学》(*The Economic Geography of Innovation*)、《牛津创新手册》(*The Oxford Handbook of Innovation*)、《区域创新与增长手册》(*Handbook of Regional Innovation and Growth*)等一系列成果相继出版(Polenske,2007;Fagerberg et al.,2005;Cooke,2011),系统总结和呈现了西方创新地理概念、测量和实证的研究成果。受到国外研究的影响,有中国学者认为创新地理学应该作为一门分支学科(甄峰等,2001;吕拉昌等,2016)。尽管创新地理学是不是独立的分支学科,还存在着争议,但创新地理研究的重要性无疑已经得到了广泛的认同(邓羽等,2016)。区别于传统的地理学研究,创新地理学的学术思想呈现"网络化"的范式特征:研究重点从区位分析向现代流空间,从成本分析向创新关联网络转变(曾刚等,2018);从物质、经济的网络向制度、文化的网络转变(颜子明等,2018)。创新地理研究的范式特征在一定程度上也体现了对于经济学研究系统化范式的呼应和对其研究局限性的补充,是关于创新主体、相互作用以及动态过程的地理研究。

创新网络的主体及其相互关系的空间特性是创新地理学研究的重点,具体包括了知识传递的空间特征、多尺度的网络特征以及网络的空间演化过程,等等。①不同的知识源(创新主体)对知识内容的交流、整合和转化是直接影响知识生产、企业创新的关键(Pinch et al.,2003)。创新网络的地理特征一定程度上反映的是隐性知识、可编码化知识等不同类型的知识在地理空间范围上转移、传递的难易程度(曹贤忠等,2016)。不同的知识源在知识外溢过程中的效果存在差异,有学者提出本土企业的技术扩散对邻近企业创新绩效具有正向影响,而跨国企业对本土企业创新的促进作用并不显著(Liu et al.,2007)。本地大学、公共研究中心虽然是本地企业最重要的知识溢出来源,但是创新绩效并不完全与地理邻近呈现正相关。②在经济全球化背景下,创新网络呈现本地网络与非本地网络相互交织的特点。全球知识与地方知识的互补成为地区创新经济形成的关键(Huggins et al., 2010)。国内外学者普遍开始采用全球(跨地区)—地方相结合的研究框架,来解析产业集群创新发展的过程(Huggins et al., 2014;司月芳等,2016)。③地方文化和制度环境被认为是影响创新网络演化过程的重要地理因素。这引发了关于多维邻近性的学术讨论,学者不仅关注于地理空间的邻近,也辨析着社会资产网络的邻近特点。地方关系资产和创新主体的关系嵌入成为演化研究的基本框架(Bathelt et al., 2003;Trippl et al., 2009)。

3) 政府的作用研究:积极的建构者

政府是影响创新经济的重要角色,在经济学和地理学的相关研究中都涉及对政府作用的讨论,而相关领域的研究成果又被广泛地运用到公共政策的制定过程中。早在"国家创新系统"理论中,政府就被视为参与创新活动的行动主体之一,创新政策也被视为是创新系统构成的基本要素。2003年,著名学者埃茨科威兹较早地提出了经典的创新三螺旋结构:大学—产业—政府(Etzkowitz, 2003)。这一创新结构后来又与用户叠合,形成了被称为创新3.0的四螺旋结构(Carayannis et al, 2010)。当前,学界和社会已经普遍认同政府在创新过程中应发挥积极且不可替代的作用,以克服市场失灵、系统失灵等问题,推动不同创新主体之间行动的最优同步化(郑烨等,2017)。

在推动创新的过程中,政府总体上被认为应是创新企业的服务者、创新网络的搭建者以及创新环境的监管和营造者:①政府应该积极为创新企业提供创新的公共服务(Gregg et al., 2010),同时为他们提供良好的科研基础设施(LaranJa, 2009),降低企业的创新成本,提升企业信息、知识等资源的获取能力。②政府需要主动促进各创新主体之间的联系,搭建高校的产学研合作网络,尤其在跨组织、跨区域的合作中发挥重要的协调作用,以促进创新资源的整合和高效流动(Vecchiato et al., 2014)。③政府需要通过市场秩序的维护、知识产权的保护等方式营造良好的创新环境(Laurentis, 2012),提升地方创新的根植性和可持续性。

除了财政支持、税收优惠、政府采购等经营性政策设计以外,空间规划也是政府推动创新经济的重要干预手段。与城市更新紧密结合的创新城区规划是当前发达国家城市政府推动创新发展的重要手段。自2000年巴塞罗那普布诺地区更新计划(Puddu et al., 2013)获得巨大成功以来,波士顿南岸滨水区、肯德尔广场、鲁克林科技三角区等多个地区编制并实施了创新导向的旧城更新规划(Jones, 2016)。在中国,上海等一线城市陆续开始探讨创新驱动的老城复兴规划方法(张尚武等,2016)。更多的国内学者则是基于对城市创新空间的特征研究和观察,积极探讨相应的规划策略。例如:有学者提出校区、园区、社区多元功能融合的创新空间布局方案(郑德高等,2017);有学者提出"组"模式与"织"导向的创新空间布局方案(朱凯,2015);有学者提出要打造扁平化、网络化的城镇空间模式,要关注生态环境的创新价值等(赵佩佩等,2016);有学者提出众创空间的布局需要靠近城市核心区,可以结合闲置的存量空间进行布局(王波等,2017)。相关的研究虽然开始出现,但仍然呈现碎片化的状态,并未形成研究体系。

1.3.2 空间治理的研究进展:动态性的实践观

空间治理的理论渊源有两条线索:一是以空间研究的社会转向为起点,再到空间的治理转向;二是以社会科学的空间转向为起点,进而到治理理念的空间转向。空间生产理论、城市政体理论、空间正义理论、空间权力结构碎片化等讨论空间政治性和社会性的经典理论,都被认为是空间治理的源头理论(李利文,2016)。

1) 空间治理的视角运用

基于空间治理视角重新认识空间(城乡)规划的内涵与演进过程。西方学者尤其关注国家空间治理权力的下放以及市民社会治理力量的崛起对于空间规划产生的影响。有学者指出碎化的国家空间治理结构将加强地方治理的个体身份意识和疆域效应(Tewdwr-Jones et al.,2006);权力下放以后将产生大量的新空间规划,并出现"软空间""模糊边界"等规划概念,推翻了传统的行政管理范畴(Heley,2013);空间规划可以视为多平面的治理过程,是一个持续与社会治理结构动态相关的工作(Hillier,2007);新自由主义的空间治理模式和思维深刻影响着沟通式空间规划的理念(Gunder,2017);新的地理信息工具则有助于参与式空间规划的形成和一个"良好"治理标准的实现(Mccall et al.,2012)。国内学者基于国家治理体系和治理能力现代化的背景,提出空间规划面临的主要挑战和转型的基本方向(张京祥等,2014)。国内外学者普遍认为规划的演进过程同样体现为政府空间治理方式的转变过程。例如,从空间治理角度看英国规划演进过程中的"新自由主义"事件(Allmendinger et al.,2013),以国家治理体系和方式的变化理解英国空间规划的整体架构(Rae,2013)。从空间治理角度看中国城市发展战略规划的演进,认为战略规划是满足地方政府全局空间治理需求的治理手段,地方政府的空间治理需求变化促成城市战略规划自发、自觉、新生的演变过程(汪鑫,2015)。

基于空间治理视角重新认识各类空间的区划、保护、开发与更新过程,以及产业发展的过程。城市中各类区划空间都可以视为空间治理的具体表现,包括经济空间的区划治理、社会空间的区划治理与行政空间的区划治理(熊竞等,2017)。在解析大都市边缘区制度性生态空间的保护和利用过程中,运用政策网络的治理视角,可以清晰地看到政策演变的过程、规律以及政策网络成员立场、目标和策略的变化,对于生态空间演变过程所产生的影响(马学广,2011)。在社区更新的过程中,呈现出决断型治理、主导型治理、合作型治理以及监督型治理计四种代表性的空间治理模式,在不同的治理模式中政府的角色和作用各不相同,它们各自形成于特定的社区治理背景,并各有适用性和局限性(陈易,2016)。政府的空间治理能够对地方产业的发展形成积极的促进作用。相关的空间治理方式包括：积极争取成为由中央政府批准的特殊经济区；利用财税、土地等多项改革提升本地制度环境（创造城市的差异性）（高菠阳等，2016）。在解析发达国家城市公园建设的过程中，可以发现资本主义社会的公共领域是资本与劳动这一基本矛盾的折射对话和空间形式，政府必须通过治理和法律来规范公共领域内的对话过程（Roberts，2001）。在解析城市绿地中尚存的不规则定居点，可以看到不同群体对于空间权力的差异主张（Wigle，2014）。在解析东德收缩城市的城市更新过程中，可以看到基于拆迁的新型治理伙伴关系，地方政府更加关注国家资源的支持而非私人投资，因为"授予联盟"替代"增长联盟"成为基本治理结构（Bernt，2009）。在解析都市圈和城市区域的形成过程中，可以看到受到地方行政权力影响下的多中心政府治理结构和博弈过程（Buser，2012；Agyemang et al.，2017）。在解析欧洲9个跨国界大都市地区建设运作模式的过程中，可以看到次国家级组织、不同跨境组织的同时存在以及它们的空间和功能关系（Fricke，2015）。

2) 空间治理方式的优化

空间治理方式与政治体制、行政结构、文化传统等具有国家特色的治理基础密切相关，例如，在中国，空间治理通常与规划体制、土地制度、户籍制度、财税体制等制度基础紧密相关（刘卫东，2014）。各类关于优化空间治理方式的研究主要集中在如下两个方面：

第一，在空间规划编制体系、技术、方法领域的探索。基于国家治理能力提升的角度，研究"城市开发边界"的政策设计，以促进空间管理的多部门协调和政府管理、经济组织、全体市民的共同行动（张兵等，2014）。以空间治理推进城市总体规划改革，探索总体规划的分级管理与规划传导机制，推进以底线约束、弹性适应为主的编制内容改革（邹鹏等，2017）。在存量用地再开发领域，针对多元利益主体的差异发展诉求，以空间治理为目标，设计土地发展权的共享制度，并将其作为"存量规划"的核心工具（陈月，2015）。通过"多规合一"的实践，探索贯穿规划编制、实施、监督全过程的空间治理方式改革路径（熊健等，2017）。基于治理能力提升的目标，提出重构空间规划体系的设想，并以完善的法律法规、明确的行政事权，以及政府、市场和社会多方协同机制等为支撑（谢英挺，2017）。基于中国新型城镇化区域协调发展的目标，通过规划改革创新和空间规划体系重塑，提出新时代大国空间治理的构想（周岚等，2018）。基于地方特殊的文化和法律环境，通过治理方式的改变，优化空间规划立法过程，进而解决由旅游业快速发展引发的环境可持续性和文化商品化的争议（Wardana，2015）。基于气候变化、城市恢复建设能力亟待加强等问题，强调依托空间规划技术和理念的完善，提升空间治理的环境适应能力和应变能力（Birkmann et al.，2012）。针对财富分配的不平等危机，强调提升空间治理的公共满意度，通过空间规划合理分配土地使用权和发展权（Rivolin，2017）。

第二，涉及各类城市空间的建设、管理以及城乡发展路径的研究。在公共空间领域,针对"公地悲剧"、社会服务效应不佳等问题,引导社会组织参与城市公共空间的建设与管理,充分发挥社会组织在整合社会资源、提供公共服务、增长社会自治、促进公共参与等方面的积极作用(高聪颖,2017);引导社区居民共建社区规则,促成城市社区公共空间建设与管理的居民集体行动(张景平,2015)。在大城市发展路径选择上,针对人口过度集聚、交通拥堵、房价高涨、环境污染等问题,基于国际大都市区空间治理的区域化趋势,提出都市区空间治理能力提升的建议(刘涛等,2017;张兵,2016)。在镇村混杂地区的发展模式与政策选择上,基于空间治理的不同情景借用公共政策分类模型从分配性政策、再分配性政策、管制性政策、构成性政策计四个方面提出空间治理的政策设计(朱旭辉,2015)。在创新空间领域,针对众创空间存在的同质化竞争、补贴依赖、创客精神体现不足、资源配置不均等问题,强调政府的市场监管责任,通过制定合理的考核指标体系和评价机制,坚持市场主导,充分发挥商业自治能力(刘建国,2017)。在推动创新经济发展的过程中,强调将集群作为一种空间治理工具,基于企业管理的理念提升产业区的生产力和效率(Ahlqvist,2014)。

1.3.3　总体评述

创新经济作为一个跨学科的研究热点,已经形成广泛的研究成果。总结经济学、地理学以及公共管理学等领域的相关成果,可以得到一些共识性的结论:①创新经济是一个由多元主体共同参与的系统性经济形态;②创新经济具有区别于传统经济形态的空间偏好和空间特征;③创新经济的形成需要政府积极而系统的干预作用,其中的空间规划也是重要的一种政府干预手段。既有的研究虽然在各自内部形成相对完整的体系,但是也存在相互割裂的学科局限性。"经济特性—空间特征—政府干预"尚未建构起清晰的逻辑脉络。零星的研究虽然提及政府通过与空间相关的干预手段(例如打造创新集群)推动创新经济的发展,但理论建构和实证过程都不充分。总体上看,政府对于创新经济的空间干预尚属于研究稀薄区。

空间治理是城市规划、城市研究领域新兴的研究热点。当前,空间治理的理论体系尚处于相对松散和开放的成长状态,空间治理的专属理论较少,更多的是基于经典"元"理论的延伸和再认识。围绕空间治理的研究尚处于起步阶段:①空间治理视角的运用领域仍较为有限;②空间治理与城乡规划的相关性讨论,主要体现为宏大叙事,有待更多、更有针对性的研究成果。

空间治理以一种政治经济学的思维,提供了认识空间现象、空间形成过程以及空间规划的重要视角,尤其在涉及多个主体交互作用的空间实践场景中,具有更加深刻的解释力。由此可见,空间治理的研究视角与创新经济的系统性(多主体)具有较高的契合性,能够更为直接、深刻地解释经济学无法准确描述的主体互动过程,也能够进一步丰富空间治理研究的具体运用场景。

1.4 从增长到创新:中国城市空间治理体系的嬗变

城市经济的快速增长过程与地方政府主导的城市空间治理过程一直存在着密切关系。改革开放以来,地方政府积极地通过开发区、新城等空间建设实践,充分调动起企业、社会参与工业化和城镇化的积极性,推动着城市经济的快速增长和城市空间的快速扩张。创新经济的形成同样需要地方政府创新城市空间的治理模式。创新驱动的经济形态与传统要素驱动的增长形态完全不同,其内在的资本运作逻辑、主体间互动逻辑、空间使用逻辑都将发生系统性变化。在全新的环境和全新的目标导向下,地方政府的城市空间治理需要基于创新经济的客观规律,在主动识变、积极应变、敢于求变中持续创新。

1.4.1 从城市治理到城市空间治理的概念衍生

1) 城市治理

城市治理(Urban Governance)是治理概念在城市事务中的衍生,可以视为由各级政府、机构、社会组织、个人等多元主体共同决策、共同管理、共同参与城市事务的诸多方式的总和(张京祥等,2000)。20世纪以来,对于城市治理的探讨呈现两条主要线索:其一,是针对都市区化(在城市与区域关系的总体框架下)的府际关系、政府—社会关系讨论,其中包括公共选择、大都市政府、地域重划与再区域化、新区域主义等不同的城市治理模式性理论(邬晓霞等,2016)。其二,是针对城市内部建设和发展的多主体关系讨论,与增长机器理论、城市政体理论等相关研究存在紧密关系。虽然是一种"共治"的管理理念,但城市治理仍在很大程度上强调着城市政府(地方政治机构)在促成集体行动过程中的重要职责(皮埃尔等,2015)。

2) 城市空间治理

城市空间治理(Urban Spatial Governance)是治理概念在城市空间实践中的衍生,是基于城市空间供给、开发建设以及使用运营的治理。笔者认为城市空间治理可以理解为:不同主体协同干预空间供给和空间制度设计的过程,并有意识地通过空间对社会、经济和政治产生影响;在中国的制度环境中,政府是引导、组织、推动城市空间治理过程的核心主体。城市空间治理就是基于城市空间的治理过程,也是围绕空间实践的城市治理过程。当前,城市空间治理并没有形成统一的精准概念,经常被提及的是刘卫东(2014)的界定。他认为空间治理是指通过资源配置实现国土空间的有效、公平和可持续的利用,以及各地区相对均衡的发展。这一界定,强调了城市空间治理的"公共事务属性"和"空间属性",并将城市空间治理视为一种积极主动的干预过程。尽管治理打破了政府作为单核权力主体的设定,但在中国现有的治理体系中,地方政府在城市空间治理中仍然处于至关重要的地位。地方政府的城市空间治理过程依托于城市空间的供给以及空间相关的制度设计。城市空间治理的现代化也是实现国家治理现代化总体蓝图的应有过程。

3) 增长主义导向的城市空间治理

"增长主义"的概念最早诞生于经济学领域并在中国经济转型发展和政府职能深化改革的过程中引起广泛讨论。早在1980年代,有学者在针对日本战后经济快速增长现象的研究中指出,经济增长至上、追求高额利润的增长主义作为一种指导思想,主宰着日本经济增长的全过程(宋绍英,1988)。2010年开始,经济学和管理学领域的学者基于转型发展的宏观语境,开始频繁以增长主义来解析和总结中国大规模而持久的经济增长过程,并反思其对中国经济可持续发展产生的消极影响(迟福林,2012;姚先国,2012)。而后,"增长主义"的概念被引入城市研究中,有学者系统地阐释了中国城市增长主义的内在逻辑与空间表征,在肯定其对经济高速增长的积极贡献的同时,也预言了增长主义的终结和城市规划的转型(张京祥等,2013)。事实上,在20世纪90年代中后期以来的很长一段时间内,经济增长的全球化机遇以及中国城市发展制度的系列变革,塑造了地方政府增长主义导向的城市发展战略和服务于增长主义的空间治理逻辑体系。在过去中国经济快速而持久的增长过程中,城市空间治理一直是地方政府推动经济增长的重要手段。地方政府通过空间实践的引导、组织和推动,促进和支撑着资本的增值、积累以及主体收益的分配过程。

4) 创新经济导向的城市空间治理

创新经济导向的城市空间治理是地方政府应对政治经济环境变化的积极治理过程。在国家整体的治理结构中,地方政府在城市治理领域的责任和权力尤为突出。积极的政府干预体现为地方政府对于国家(中央政府)战略要求和经济形势的及时响应,进而更新治理意识,及时调整治理目标,并结合城市自身的现实条件开展治理工作。尽管在既有的学术研究中地方政府对于自身利益(政绩意识等)的追逐常常受到批判,但不可否认的是,它在推动快速工业化和城镇化过程中的既有成绩;而在创新经济的目标导向下,城市将面对更为复杂的治理情景、更加迫切的治理诉求,地方政府的积极治理作用也将显得更为重要。城市作为人口、经济高度集聚的空间,也是各种矛盾最为集中、最为突出的空间,是实现改革目标的关键地区。而备受争议的政府企业化倾向,必然将在国家治理现代化的整体进程中得到修正——通过更加完善的城市治理评价、监督和约束机制,促使地方政府的自身利益与国民经济社会发展的公共利益相一致。全新的城市空间治理模式既是对于增长主义模式的终结,也是以增长主义模式为参照(进行取舍、优化和超越)的创新。

1.4.2 治理目标:从大推进到新动能

1) 增长主义导向:工业化和城镇化的大推进

(1) 面向全球市场的工业化大推进

近代以来,工业化普遍被视为一个国家实现初期财富积累、快速改善公民生活条件的最重要过程和手段(董志凯，2009)。薄弱的工业化基础是中国长期落后的重要原因，也成为改革开放以后，中国需要迫切改变的现状。然而，在改革开放的初期，国内尚待孕育的消费市场并不足以支撑工业化的大推进过程，有限的国家财富也无法提供充裕的投资动力。全球化产业转移的浪潮适时地解决了彼时中国工业化的困境。凭借相对低廉的成本要素，依赖国际市场尤其是欧美市场的巨大消费需求，出口导向的工业化模式快速确立，并成为工业化大推进的第一动力。随着"中国制造"的全球普及，中国也实现了进出口额、外汇储备的急剧攀升，并催生以苏州为典型代表的一批出口导向的现代化工业城市。与出口捆绑的工业化不仅仅是中国工业化大推进的起步，也一直贯穿于改革开放以后快速的经济增长过程。伴生于此的出口鼓励政策以及特殊的开发区建设和管理方式等治理手段，反映出地方政府通过干预资源配置过程进而影响市场化结果的原始治理思维，而对资源配置的主动调整也在后续的发展过程中固化为地方政府的一种治理习惯。

(2) 基于国内市场的城镇化大推进

随着工业化基础的迅速建立、居民收入和国家财富的快速提升，城镇化成为与工业化过程相互耦合且互为驱动的经济后继增长点。工业化的规模经济效应带动了产业和人口的大规模集聚。土地使用制度和房地产的市场化改革使得空间成为市场化的商品，也成为吸引投资、驱动内需的最大宗消费品。房地产市场的活跃一方面同步激发着家电、家具等轻工业的消费和生产，推动了轻工业的发展；另一方面，更为显著地带动了城市的建设过程，拉动了市场与政府的固定资产投资，而固定资产投资又直接拉动水泥、钢材等大宗商品的生产，进而推动重工业的发展。可以说，基于国内市场的城镇化过程既源自于工业化的启动，又紧密地对工业化进程形成了反哺。在这个过程中，土地使用权的交易和房地产的税收成为地方政府收入的重要来源，为地方政府带来更多可支配的资源，出现了饱受争议的"土地财政"模式。该模式构成地方政府主动推动城镇化的内生动力，也支撑着地方政府更大规模的工业化推进过程。在高速增长时期，主动的城镇化成为政府推动经济发展的普遍战略，尤其是与固定资产投资紧密相关的物质空间的城镇化。与之相对的是人的城镇化的滞后，城市服务的有限供给以及城乡之间人口的不完全流动过程，恰恰又形成充足且相对廉价的劳动力池。当然，这个过程也滋生了过度依赖投资建设的泡沫化风险；由于财政资源的超前投入导致资本的无效固化和沉淀，部分地方政府在主动城镇化的中后期，反而变得极为被动，被传统城镇化的路径所"绑架"，不得不将城镇化的投入成本向生态环境、公民福利转嫁(何鹤鸣等，2011)。

2) 创新经济导向：塑造产业的创新驱动力

(1) 创新驱动的再工业化与后工业化

区别于20世纪后半叶西方国家面临的相对单纯的去工业化环境，新一轮全球产业分工的调整，也意味着全球创新地理的重塑。一方面，在中国低成本工业化竞争优势日渐消弭的情况下,改革开放以来积累下来的产业基础和培养出来的企业家、知识型人才,为中国的创新发展提供了有利条件。另一方面,宏观创新周期的调整、全球创新格局的持续变化,为中国的创新发展提供了弯道超车的历史性机遇。再工业化源于传统工业的自主升级和创新知识的产业化,表现为以高新技术为主要支撑的工业现代化过程;后工业化源于强创意与生产性、生活性服务业的融合发展,以满足工业升级和社会日益增长、变化的服务需求。总而言之,中国既面临日益紧缩的外需格局与似曾相识的去工业化危机,但也面临开启新兴产业蓝海和依托技术革命为传统企业赋能、复兴的机遇(何鹤鸣等,2018a)。

(2) 创新合作网络与孵化网络的融通

与世界发达国家相比,中国创新合作网络与孵化网络的发育相对滞后:创新资源整合的制度性壁垒突出,而市场化、社会化的整合能力又不足。尽管早在2006年国务院就制定了《国家中长期科学和技术发展规划纲要(2006—2020年)》,明确提出要建立产学研结合的技术创新体系。然而在较长一段时期内,大量企业由于路径依赖缺乏创新合作的动力,仍然延续着资本、资源驱动的低端发展方式,缺乏外向链接创新资源的意识和能力;高校由于考核体系、管理体制的相对僵化,更加倾向于承接自上而下设立的政府基金,缺乏面向市场的科研转化意识和技术服务意识。这也导致中国论文、专利产出成果虽然丰富,但是产业的创新竞争力不足等问题。而在创新孵化的领域,虽然国家在20世纪90年代就学习借鉴西方的"孵化器"建设经验,推动了政府孵化器的建设,但是市场化、社会化的孵化网络尚未完全发育,孵化器的孵化绩效仍较为有限。不过,创新合作网络与孵化网络的发育滞后既是当前创新发展面临的显著瓶颈,也意味着未来要素融通以后将释放出的巨大潜能。科研与产业、经营与孵化的二元隔离亟待融通也必将在以创新驱动为目标的社会经济发展中实现融通。

(3) 个体创新意识与创新能力的激活

随着高等教育和互联网基础设施的普及,中国将进入创新民主化的新阶段,释放社会创新的势能。信息通信技术与创新模式的深度融合,推动着知识社会的整体建构和创新民主化的进程;创新不再是由少数科学家独享的专利,每个个体都有可能成为创新的主体,在传统的实验室边界之外,在生活、工作的知识交往之中,拥有创新的发言权和参与权,成为推动创新的关键性力量(宋刚等,2009)。计算机辅助设计(Computer Aided Design,CAD)软件、企业对企业(Business to Business,B2B)电子商务、3D打印机等互联网延伸技术和应用场景的出现,进一步缩短了从构思到生产,再到商业成功的距离,也将推动未来制造业的个人化进程,并出现以"创客运动"为代表的社会创新模式(安德森,2012)。在国家层面提出"大众创业,万众创新"的战略之后,个体创新意识得到了极大的激活,"需求拉动、创新驱动"的社会氛围逐渐形成。随着中国开源式创新生态的进一步完善、社会对个性化行为和诉求的充分尊重和关注,个体创新的能力将进一步被激活;个体将凭借其对于社会需求的敏感把握度和个性化的创造力,成为推动产业创新的重要力量。

1.4.3 治理基础:从增长机器到创新联盟

1) 增长主义导向:双向寻租的增长联盟

城市增长联盟(Urban Growth Coalition)或称为"城市增长机器"(Urban Growth Machine)最早是由美国学者提出的。该理论认为城市政府代表的政治精英与工商企业家代表的经济精英是城市土地增值的利益相关者,他们将为了土地价值的提升和收益共享形成联盟,进而引发一系列的城市增长过程(Molotch,1976)。在中国经济、空间快速增长的过程中,城市增长联盟广泛存在,而伴生于此的强势利益集团的寻租过程也引发了学界的思考与批判(张京祥等,2008)。城市增长联盟的形成具有增长主义时期的政治经济适应性,因而成为主导工业化、城镇化大推进的(治理)结构性动力。市民、非政府组织角色的缺失有两方面原因:一方面在民主化、法制化进程过程中,治理体系还不完善,社会主体的话语权和参与意识还相对薄弱;另一方面在一定时期内他们虽不是增长的主导者,但也是增长过程的参与者和受益者,个别利益的损失掩盖于整体福利的增长之中,社会自我保护、提升治理权益的本能诉求与增长联盟的单一制治理结构之间的矛盾并不突出。而随着经济环境的变化和公共参与意识的觉醒,矛盾日益凸显。

无论地方政府是基于政绩思维,还是对于提升城市经济与建设水平的责任意识,无论是代表公共利益,还是基于个体利益,在工业化和城镇化的大推进过程中,地方政府的治理目标与企业持续投资、扩大再生产的目标基本一致。在增长导向的目标下,政府与企业具备了共同的利益基础,也存在着相互之间的依赖性。当然,在具体的联盟治理过程中,二者也会出现利益分配的冲突,继而围绕各自(所代表的)利益的最大化展开博弈过程。但总体而言,二者还是比较容易达成双赢的共识。也正因此,政府与企业的增长联盟多是二者自愿形成的,地方政府虽然具备着较强的政治、经济资源调动能力,但并不会过多地对企业形成权力压制和行为规训。这也是政府—企业的增长联盟无论是在"大"政府地区(通常认为以江苏省为代表)还是在"小"政府地区(通常认为以浙江省、广东省为代表)都广泛存在的重要原因。

2) 创新经济导向:多元协同的创新联盟

与增长联盟不同,塑造创新驱动力的治理主体更为多元。在不同的治理情景中,政府与不同主体形成协作,组成应对具体治理诉求、解决具体治理矛盾的城市政体(Urban Regiems)。城市政体理论是20世纪80年代西方学者在城市多元主义思潮的基础上提出的一种城市研究理论和政治经济学分析框架。受到城市增长机器研究的启发,斯通提出了具有更广泛情景适用性的城市政体理论,他强调城市政府、工商企业集团、社区三者相互协作所形成的城市发展动力,进而基于不同的整体目标定义出维持型政体、发展型政体、中产阶级进步型政体、低收入阶层机会扩展型政体等经典政体模型(Stone,1993)。而当前中国创新发展中所面临的复杂矛盾和利益相关主体的多元化都要求以更为灵活和多元的城市政体作为城市空间治理的基础。在激励企业创新、融通创新网络、激活个体创新等不同的情境中,政府的角色作用都将有所区别。因此,不同于政府与企业形成的"增长机器",在城市政体的基本理念下,政府应该积极连接企业、相关科研院所、创意阶层等广泛的创新相关主体,形成以创新驱动为目标、柔性应变且更可持续的"创新联盟",形成创新发展的共同体。通过创新联盟的塑造,适应不同的治理目标和具体情景,形成城市产业的创新驱动力,并在推动创新发展的过程中集中地、根本性地化解增长主义时期积累的经济、社会、生态矛盾。

参与主体的多元化也就意味着主体利益诉求分异的更大可能性。尤其创新作为一种对既有发展路径的改革,难免涉及利益格局的调整;伴随其中的不确定性和风险也将影响相关主体自发建构创新共同体的意愿。并非所有的参与主体都能够本能地意识到创新的必要性,并在创新发展的过程中有显而易见的"租金"可寻。因此,相对于有明确双赢共识的增长联盟,在创新联盟的形成过程中将会遇到更多"反创新"的行动阻力。例如,传统企业很可能表现出路径依赖的惰性,而在面临被淘汰时又可能基于抵触情绪开展阻碍整体创新进程的反抗行动。在这样的治理环境中,政府需要通过多种治理策略,干预相关主体的成本—收益模式,以最大化相关主体参与创新的利益回报,甚至用比较强硬的规训方式来确保相关主体行动的一致性。

1.4.4 治理手段:从规模刺激到精明供给

1)增长主义导向:强调空间的规模扩张
(1)服务于土地的快速资本化
土地使用权交易制度的设计是空间增量供给与土地资本化的关键。"二元"的制度设计使城市建设用地增长的过程总体上呈现低成本、高收益的"政府资本"积累特征。一方面,地方政府利用城乡"二元"土地制度垄断着农地向城镇建设用地的转变和进入土地交易市场的过程。相对低廉的农地征收定价机制成为地方政府大规模、灵活配置土地资源和机动调整土地市场交易价格的重要前提。依靠土地征收价和土地市场价之间的超额利润,地方政府可以获得丰厚的土地财政收入,迅速地积累起可用于推动工业化和城镇化的"政府资本"。另一方面,在土地市场价的定价过程中,地方政府利用商业地产和工业地产的"二元"定价制度,以相对高的商业、住宅地产价格来补贴相对低的工业地价。其内在的可行性逻辑则是以工业用地地价的"竞次",争取在城市的工业化竞赛中确立优势地位;而在依托工业化带动本地就业和居民财富积累的基础上,再凭借本地消费市场的垄断地位(由于本地人群和消费市场相对稳固,本地的消费需求客观存在且不容易外溢、迁移,商业和住宅地产的投资并不存在城市之间的竞争,政府有更高的议价权力),地方政府有条件在商业、住宅用地使用权交易的过程中采取"价高者得"的竞价模式。

(2)以超前供给刺激市场投资

工业化与城镇化的用地需求以及土地资本化的逻辑,进一步催生了大规模、先导式的空间供给。在生态文明建设的意识尚不清晰、土地约束的管制条件相对宽松的环境下,地方政府极力推动开发区、新城的跨越式建设,并探索出以治理权利下沉、空间治理尺度聚焦为典型特点的"管委会"(管理委员会)模式,以高效地推动大规模的城市增量开发过程。在空间供给的过程中,地方政府尤其注重蓝图式空间规划的先期引导以及大量基础设施的先导投入,以调动起市场主体的投资信心和积极性。城市规划为代表的空间规划,深刻地嵌入了增长型的空间治理过程,成为土地资本化的必要环节。城市规划的从业者也因此在相当长的时期中成为土地超额利润的分享者。客观而言,大规模、先导式的空间供给在特定的发展阶段,满足了经济社会发展对于空间的迫切需求,为工业化、城镇化的大推进起到了保驾护航的关键作用,体现了空间治理对于经济增长突出的促进和支撑力。但不可否认的是,这样也形成了粗放式开发的治理惯性,滋长了城市建设与生态环境之间的矛盾。

2)创新经济导向:强调空间的精明供给

(1)空间制度设计的适应性改良

空间制度需要根据创新企业的生产经营特点和空间需求进行适应性改良。一方面,需要设计倒逼和激励企业创新行为的土地产权交易和持续监管制度。在增长主义的治理模式中,低成本、长使用周期的工业用地使用权出让成为地方政府吸引工业企业投资和扩大再生产的重要制度手段。而在创新驱动的发展环境中,地方政府在给予创新企业较低的土地使用成本鼓励其进行创新投入的同时,也需要提高企业的创新积极性和紧迫感,适当提高低效企业的用地持有成本、生产经营成本。另一方面,需要设计适应创新型企业生产经营需求的土地开发和再开发的管制制度。在增长主义的治理模式中,空间的功能类型相对清晰单一,较为严格的用地管制有利于快速的建设实施和高效的空间组织。而在创新驱动的发展环境中,生产、生活和创新活动的行为边界相对模糊,创新的生产经营模式层出不穷;加之创新存在较大的不确定性,企业有效经营的周期也更短。因此,需要适当地放松土地开发和再开发过程中的用途管制,避免对创新活动形成压抑。

(2)空间供给方式的精细化提升

空间供给方式需要根据创新网络的空间组织需求和个体创新的空间

体验需求进行精细化的提升。其一,要提升空间的网络链接性,注重培育与建设具有创新链接功能的空间。在增长主义的治理模式中,追求集聚效应是空间供给的关注重点。而在创新驱动的发展环境中,更高效的创新关联网络则是形成创新集群,产生持续创新衍生动力的关键。其二,要提升对于个体生活体验空间的重视,创造能够激发个体创造性的生活环境。在增长主义的治理模式中,企业的生产性空间是支撑经济增长的主要空间。而在创新驱动的发展环境中,个体的生活环境是产生创意、推动创新实践的重要承载空间和影响因素。其三,要统筹城市增长、再开发和收缩的复杂过程。在增长主义的治理模式中,空间供给与市场的矛盾主要表现为供给滞后于市场的增量需求;而"超前"供给导致的土地资源、公共设施浪费,则像是线性增长过程中的阶段性问题,可以通过城市发展逐步消化(何鹤鸣等,2018b)。而在创新驱动的发展环境中,新兴企业的出现、传统企业的转型升级或衰退淘汰,将使城市空间的需求内容和生产动力更为多元,城市空间将脱离纯粹的增长路径,即有可能呈现增长、收缩、再生共存拼贴的复杂现象。"超前"供给将可能给城市带来长期不可逆转的沉没成本和空间负担。因此,在空间供给方面需要更加谨慎有序,统筹兼顾多种空间利用和变化形式。

2 柔性治理：面向创新经济的空间治理理论基础

在中国特殊的制度环境中，尽管对于地方政府的角色和干预作用仍然存在一定争议，但地方政府的主动作为（尤其是空间治理和实践过程）一直是社会经济发展不可或缺的重要驱动力。而在创新经济的发展导向下，地方政府需要应对更为复杂的治理情景，需要不断调整自身角色和治理方式，通过与创新企业、创意集群等不同创新主体的互动过程，匹配地方创新经济的需求，达成创新发展的协同行动。相比于在经济高速增长时期相对简单，甚至粗暴的城市空间管制和供给过程，面向创新经济的城市空间治理本质上是地方政府基于创新经济客观规律的柔性治理，体现出了动态应变的地方智慧。

2.1 城市空间的柔性治理解释框架

2.1.1 柔性治理的理论基础

自治理理论诞生时起，就伴随着对其不同模式和特点的讨论。20世纪90年代开始，治理理论取代新公共管理理论，成为西方政府改革的主要实践方向。治理理论强调政府对公共事务的开放性选择，以多行动主体的共同参与取代政府"垄断"。通过多主体的合作（基于信任等），共同解决公共问题。西方学者的研究大致围绕"什么样的治理"这一理论问题展开：①社会治理理论倡导"没有政府的治理"，强调社会自治的主体作用，主张通过社会内部的合作"挖空"（Hollow Out）政府（Rhodes，2007；Kooiman，2003）。②国家治理理论强调国家政府的主体作用，主张通过国家资源的调配以动员各级政府、市场和社会团体等来实现有效治理（Bell et al.，2009）。③合作治理理论强调多元主体更为均衡、平等的合作关系，主张对有效合作的关系框架进行分析和推广（Emerson et al.，2012）。④适应性治理理论基于适应性管理和共同管理的理念，强调在相互依赖的社会生态系统中，针对复杂的公共事务和不确定性，展开模式各异的弹性合作（Folke et al.，2005）。随着治理理论在全球的推广，中国学者开始关注其在中国特殊政治经济环境下的适应性，相对积极的学术观点认为，治理是一种调适的新制度主义理论，指出其具有跨空间尺度、跨社会经济场景的适应性(翁士洪等,2013),并且表现出"多行动者—多机制—多属性—多结构—多目标"的多样性(李文钊,2016)。本书提出的柔性治理正是将国家治理理论、适应性治理理论与中国特殊的政府角色相结合,既强调政府在治理过程中特殊的中心性,又强调治理模式的多样性和灵活性,依据不同场景(参与主体、空间尺度、事件)的运用需求,进行适应性调整。

2.1.2 城市空间柔性治理的内涵

本书所述的"柔性治理"是指地方政府基于不同的治理目的与对象,灵活地调整各主体的治理权责与相互关系,以充分发挥各主体的资源配置优势,并提高治理效率;而本书所述的"城市空间的柔性治理",则是指地方政府在城市空间供给、开发建设以及使用运营过程中通过资源投入和制度设计等方式,因地制宜的动态调整多元主体的行为,以促成符合治理目标的空间实践。地方政府在面对具体的治理对象时,为了克服特定的治理矛盾,更有效地发挥不同主体的创新参与作用,主动调整自身的干预强度和方式,主动调整在具体决策和实施过程中政府、市场、社会的关系。在既有的一些研究中,柔性治理也被解释为通过非强制的劝说与行政、法规等强制性手段相结合的灵活方式,促成多元主体的一致性行动,以达到善治的效果;而本书探讨的柔性治理则是更加强调地方政府治理角色、治理手段的适应性。

在某一具体的治理实践中,政府、市场、社会的关系看似是同维的(图2-1),但其实在整个治理体系中,地方政府与其他角色并非处于同一维度,它能够基于不同的治理目标与对象,柔性地调整自身嵌入的方式,继而形成不同的治理结构(图2-2)。在推动创新发展的过程中,地方政府可以选择"大政府"治理模式,凸显政府主导作用,以相对强势的方式克服政府与其他主体之间的诉求、预期分歧,全权决策和推动空间实践。例如,通过增加企业经营成本的方式,倒逼存量企业打破对于传统发展模式的路径依赖等。地方政府也可以选择"小政府"治理模式,旨在诱导其他主体共同实践政府意图,通过框架性的制度设计表达政府发展的总体意图,但也最大限度地尊重其他主体的自主选择。例如,通过土地使用权和发展权等制度的设计,释放企业创新发展的积极性。地方政府还可以选择均衡治理模式,强调多主体相对平等的互动过程,在决策上体现对于其他主体意见的充分吸纳,在治理过程中,政府负责动用地方财政和公共空间等资源要素进行先导投入,继而带动其他主体发挥各自的创新优势参与空间治理。例如,地方政府主动打造一些服务于创新的公共平台,委托和引进专业的创新服务机构进行运营等。

2.1.3 面向创新经济的柔性治理

面向创新型经济的城市空间柔性治理,本质上是面向不同创新主体的

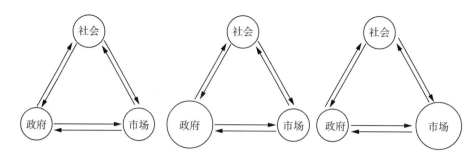

图 2-1　同维治理认知中的政府作用

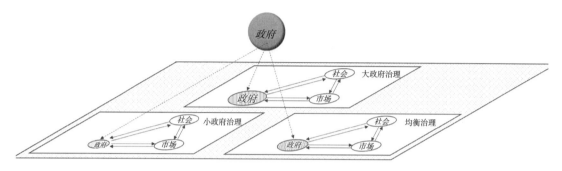

图 2-2　政府的柔性治理示意

多模式治理。地方政府针对不同的创新主体以及各自的特性,通过不同的模式、基于不同的城市空间进行治理,以促成创新主体推动创新型经济的一致性行动。通过柔性变化的治理方式,体现出地方政府对于创新型经济客观规律的尊重和因循,继而形成政府治理与创新经济规律之间良性互动的耦合关系。

创新企业、创新集群以及创意阶层是推动创新经济的三类创新主体。它们分别代表了创新的经营性机构、创新合作群体以及社会个体。创新主体的形成、集聚存在各自特性,这也构成了地方政府柔性治理的切入点和基本脉络。地方政府可以通过差异化的空间供给和制度设计,对三类创新主体形成塑造力和吸引力,构成空间治理的三类模式(图 2-3):

创新企业是创意想法、科研技术产业化的关键力量,也是创新决策和研发投入较为高效的主体。创新企业的形成和发展具有环境敏感性,政策环境的变化将影响创新企业的选址和企业创新的积极性。企业有着较强的成本—收益敏感性,因此,地方政府可以依托产业空间,通过地租调整的方式,设计具有成本—收益调节作用的土地产权制度,从而干预企业经营决策,达到吸引增量创新企业、激发存量企业创新能力的治理效果。

创新集群是由企业、高校、科研机构、专业服务机构等创新合作者共同构成的网络化、系统化群体。创新集群的形成具有网络依赖性,创新网络是产业集群升级成为创新集群的关键要素,也是各类创新资源得以高效整合的关键。因此,地方政府可以依托空间治理过程,通过打造具有网络链

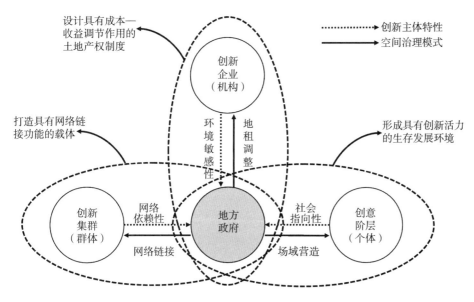

图 2-3 面向创新型经济的柔性空间治理总体框架

接功能的载体和片区,促成开放、密集的创新网络,达到提升产业集群创新竞争力的治理效果。

创意阶层是建构创新型经济的本质主体,是城市、国家保持可持续创新活力的社会力量,也被视为替代物理资产和劳动力的新"资本"。创意阶层的流动和发展具有社会指向性,创意阶层不仅有择业、工作的基本需求,更对自身的生活状态和社会关系(除了居住、休闲外,还包括创业发展等自我实现的过程,是更为广义的生活状态)有特定的价值判断和偏好,创意阶层的形成、壮大与城市社会氛围密切相关。因此,地方政府可以依托生存和发展的空间体系,营造具有吸引力和创新活力的生活场域,达到吸引、培育创意人群并提升社会个体创意能力的治理效果。

本章的后续三个小节(第 2.2 节至第 2.4 节)将进一步对三类空间治理的理论解释展开论述。

2.2 针对创新企业的空间治理理论

2.2.1 创新企业的主体价值

"创新企业"的概念是创新经济理论与企业理论的结合与衍生,可以认为是积极从事创新活动并以创新作为核心竞争优势的企业。创新企业并不受产业门类的限制,创新是其核心的标志。自熊彼特提出五种创新类型以后,众多学者围绕企业的创新行为特征展开了丰富的讨论,虽然尚未对创新企业形成统一具体的概念界定,但都是以具备创新能力、从事创新行为作为基本的标准(张海波等,2013)。其中,著名学者拉佐尼克

(Lazonick)对创新企业概念界定的影响最为突出。他继承了企业理论对企业行为的分析框架,分析了企业在战略决策、团队组织和财务管理方面推动创新的实践过程(Lazonick,2005),并提出创新企业与一般企业的区分标准。他认为源于新古典经济学的企业理论,往往假设企业在既定的技术和市场条件下以"利润最大化"为基本出发点,基于这种假设的研究是针对"最优化企业"(Optimizing Firm),但并不适用于"创新企业"(Innovative Enterprise)(Lazonick,2010)。最优化企业是在技术能力、市场价格约束下寻求利润最大化的企业;而创新企业则是致力于不断改进技术和市场条件,持续学习和培养创新能力以获得长期竞争优势,以更低价格或更高质量的产品来和其他企业形成差异,体现出创新支撑下的更高绩效。

创新企业是创新产业化的关键主体。经典的创新经济学理论特别强调创新的市场化过程,即创新必须能够创造出新的价值,不能应用(即产业化)的发明创造不能称之为创新(Schumpeter,1942)。在封闭式创新时代,企业是创新的唯一主体,因而,早期的创新经济学研究主要集中于对创新企业的研究。随着开放式创新范式的确立,创新型经济的构成主体日益丰富,但企业仍然是创新产业化的关键。企业最接近于市场,是创新产业化、创新价值实现的必有主体。创新企业拥有市场资源、资本积累、生产经验等优势,在创新合作、创新孵化等创新活动中同样承担着不可替代的作用。

2.2.2 创新企业的环境敏感性

创新企业的环境敏感性,是指企业的创新性不仅源于内生的企业家精神,还有赖于市场、科技、政府等共同构成的外部环境的激发(图2-4)。环境系统对于创新企业具有不可替代的显著塑造作用。

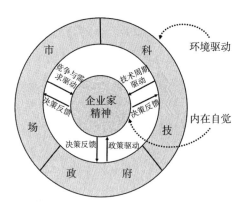

图 2-4　创新企业形成的内外动力构成

在早期的创新理论中,企业成员所具有的企业家精神被认为是创新企业形成的关键,具体包括了私人王国的建立、对胜利的热情、创造的喜悦以及坚强的意志(何树贵,2003)。而后,外部环境的创新塑造作用开始受到关注。研究指出,创新企业的动态演化过程很大程度上依赖于企业成长的社会条件,即宏观的生存环境系统。它是企业创新的外在动力系统,也有学者将其称为"他系统"(宋泽海等,2016)。创新企业作为一种特殊的社会经济组织,它进行资源再配置的过程必然是适应于环境系统变化的社会过程。如果不考虑环境系统对于创新企业出现和成长过程的影响,显然不足以解释企业的创新决策、成长路径以及创新企业的阶段性、风口性爆发现象。

关于企业创新机制的外部系统要素尚未形成统一的说法,但基本上都是围绕市场、科技以及政府三个基本的作用领域(殷俊,2008)。市场因素包括市场需求和市场竞争的综合影响。其中市场需求的变化将不断产生新的相对稀缺的消费要求,从而开启存在超额利润的创新领域;市场竞争则是通过向企业传导实际威胁和潜在威胁的方式,迫使企业从事创新活动,以确保在优胜劣汰的环境中掌握主动权、战胜竞争对手,并掌握更多资源。科技因素主要是指在不同的技术创新周期中,先进科学技术不断产生并终将服务于经济领域,企业则基于先进科技进行适应性的创新活动。从蒸汽机的发明引发的第一次工业革命、电力的发明开启的电气时代,到计算机技术和互联网技术支撑下的信息时代,每一次革命性的科技进步都推动了企业的创新升级和新兴业务的出现。政府因素主要是政府通过经济、财政、环境、产权等政策的设计,来形成相应的市场行动准则并引导公共资源的配置方式,从而激励或倒逼企业的创新行动。

环境系统将驱动创新企业的出现、集聚、壮大。企业内外条件的变化可能导致原有创新性的丧失,也可能重塑企业的创新性。基于这一理论启示,可以判断城市集聚创新企业的路径并非囿于单一源头,集聚创新企业既可能是吸引增量创新企业的过程,也可能是激发存量企业创新能力的过程。而土地产权制度设计等地方政府的空间治理实践,无疑是影响企业创新性的重要环境因素,并能够与企业所处的宏观经济环境、科技环境形成驱动合力。

2.2.3 治理模式:地租调整的激励与倒逼

1) 地租的认知:从"制度产物"到"治理工具"

地租是制度经济学领域的重要概念,也是一个与土地(空间)紧密相关的概念。地租理论发源已久,在不同的时代和分析语境中被不断演绎、丰富。时至今日,空间生产、内城绅士化等研究领域中地租仍然存在很多不同的解释语汇。作为一个相对抽象的概念,地租之所以被广泛而又复杂地运用在不同的解释场景中,正是由于它是一种空间、经济与制度相互耦合的综合认知视角。地租虽然抽象,却贴近于真实的世界。在经典地租理论思潮的演进过程中,对于地租的认识,总体上呈现由"制度产物"到"(空间)治理工具"的转变(表 2-1)。

表 2-1　经典地租理论的演进

理论流派	主要观点	理论特点
地租剩余理论学派	地租是土地剩余价值的具体体现。地租是土地所有权在经济上实现增价的形式,包含与土地产权紧密相关的超额利润	超越土地自然属性的视角,从产权制度角度认识地租的本质构成
地租边际生产力理论学派	地租是一般供求理论中的一种应用形式,地租数量取决于土地使用者的充分竞价	关注到土地交易场景中的定租逻辑,但是完全竞争市场的假设忽略了制度性设计与政府的作用
新马克思地租理论学派	国家和金融资本通过制度的设计,维护和促成"阶级—垄断地租",以保障资本积累和资本主义主要社会关系的再生产	带有批判视角,认为地租是国家和金融资本引导全社会资本流动和积累方式的制度性工具
地租调节学派	地租是一种可调整的制度和社会关系,可以缓解社会矛盾也可以促进经济增长。政府应该积极运用地租调节社会经济发展	抛开相对激进的政治批判,充分肯定了地租的制度工具属性和其在政府治理中的价值

最初,地租被视为由产权制度决定的超额利润。地租剩余理论学派最早提出并完善了地租的概念。在古典经济学的研究框架中地租被界定为土地产出农作物的剩余收入(配第,2013);作为一种剩余价值,地租的占有源自拥有法律保护的土地所有权(杜尔哥,2007),土地私有权的垄断对于地租形成有决定性作用(斯密,2014;李嘉图,2013)。马克思主义地租理论作为地租剩余理论的经典代表,指出"地租是土地所有权在经济上借以实现即增殖价值的形式"(马克思,2004);强调地租是特定社会经济制度的空间映射,包含着与土地产权紧密捆绑在一起的超额利润,产权是地租实现的基础。

而后,地租被视为由供需关系决定的价值形式。地租的边际生产力理论系统建构于新古典经济学的盛行时期或边际革命时期(周立群等,2010)。与地租剩余理论相比,地租边际生产力理论较少地讨论地租存在的社会经济根源和性质特征,而更多地在市场的供需框架中去讨论地租的具体数量(多少);地租被认为仅是一般供求理论中的一种应用形式(马歇尔,2013);每个土地需求者基于各自的判断,对土地进行估价,按照边际产出等于相应地租的基本原则,确定其愿意支付的最高地租(阿朗索,2007)。地租的边际生产力理论充分关注到了资本主义国家土地的具体交易过程,对于地租多少的确定形成更为直观的解释;但是,它缺乏对于社会经济制度架构的深入探讨,不足以全面反映现实社会中的地租形成过程。

在新马克思地租理论中,地租开始被视为由国家、金融资本操纵的制度工具。面对发达资本主义国家普遍出现的土地、住宅价格急涨现象,"阶级—垄断地租"的理论辨析成为新马克思地租理论的核心(孟捷等,

2014)。这里的"阶级"是指在支付地租时拥有共同利益的群体,并与其他群体的利益相互冲突(Harvey,1985)。在资本主义社会中,土地所有者拥有支配土地使用方式的垄断权力,并能将其转化为经济收益(Harvey,1973)。国家和金融资本通过制度的设计,维护和促成"阶级—垄断地租",以保障长期稳定的资本积累和资本主义主要社会关系的再生产。地租的形成与实现依托于特定的社会经济制度,同时,地租本质上也是维持特定社会经济制度的重要工具。

在最新的国际研究中,地租被视由政府动态调节的空间治理手段。地租调节学派认为地租是一种可动态调节、可解决具体社会问题的空间治理手段。它强调变化中的制度环境对地租内涵以及地租效用的重构,建构出制度嵌入(Institutional Embedding)的研究框架(耶格等,2017):把地租作为一种可调整的制度和社会关系来考察,并将其放置于更广阔的、动态变化的制度集合当中,进而思考如何使地租政策成为有用的制度工具。"调节"代表着政府有意识的积极干预(Boyer,1990)。它抛开了新马克思主义相对激进的政治批判,承认政府干预对于资本主义可持续发展的重要作用,研究政府不断化解发展矛盾的方法论(孙允铖,2014)。制度设计是调节学派尤为关注的重点,被认为是调节社会冲突、维持经济发展的主要手段(吕守军等,2013)。地租调节学派建构出了"地租制度—城市空间—经济运行(资本积累)"的逻辑链条,暗示着基于地租的空间治理对城市社会经济发展的有效作用。

2)地方政府对地租的赋值与定价

在中国特殊的政治经济语境中,地方政府深度介入城市地租价值的形成(赋值)与价格的兑现(定价)过程中。

(1)地方政府的地租赋值形式

与农业地租极大地依托土地肥力等天然属性不同,城市地租很大程度上是由社会经济系统所动态"赋予",在中国,更为直接地表现为地方政府对地租的赋值,是和城市规划与建设紧密结合的过程。具体表现为四个方面:①土地用途和开发强度管制的赋值效应。区位相同、自然条件相同的两块土地,因为不同的规划用途而产生不同的价值,比如工业用地、住宅用地、绿地等。而同样区位和用途的土地,被允许进行开发的强度也将直接影响着土地的地租。②配套设施与环境投入的赋值效应。既包括政府将荒地、农业用地变成城市用地所需要追加的土地平整和基础设施投入等,即将"生地"变为"熟地",也包括通过周边地区使用情况的改善(引导人口、企业集聚等),提升土地价值。③特殊政策和政府服务的赋值效应。政府通过划定特定区域的方式,给予区内土地使用者税收优惠等特殊政策,或提供特殊的政府服务内容,进而改变土地使用者的经营性收益。

(2)地方政府的地租定价形式

根据兑现类型的差异,地方政府设定了两类地租价格,这也是两类土地使用人的使用成本。①基准租,即土地使用权的出让金。政府根据不同的土地使用方式,在土地出让的过程中制定相应的定价规则。最终通过以出让金数量为单一标准的充分竞价,或含有使用人筛选条件的综合竞价来确定基准租值。②叠合租,是针对存量土地使用者的一系列政策性土地使用成本的集合,也是极具中国特色的地租兑现方式。例如,地方政府针对土地低效利用、高能耗利用而追加的税收和行政处罚等。叠合租并不是在土地使用权交易过程中产生的,而是产生于土地使用的过程。叠合租的兑现不仅依赖政府的土地所有权,更依赖政府强大的政治经济调控能力和对经济活动广泛的干预边界。正是由于存在叠合租的兑现方式,政府可以根据空间使用的特定诉求,动态调整土地使用人的土地使用(持有)成本。叠合租的存在是不是对土地使用权的侵占,在法理层面有待商榷。因此,政府在兑现叠合租的过程中也相对谨慎。不过,毋庸置疑,叠合租作为一项特殊的政策工具,丰富了政府干预企业经营发展的空间治理手段,也能够弥补由于基准租过低而导致的公共利益流失等问题。

3) 地租调整的内涵解释

地租调整是指地方政府对不同的土地进行差别化赋值和定价的过程。地租调整的根本目的是形成地租价值和价格之间的差值,简称为"地租价差",进而对企业产生租金激励和倒逼的不同效果(图 2-5)。"地租价差"是对"租差"理论的衍生。古典"租差"(Rent Gap)概念是由史密斯在分析城市中产化时提出的,是指潜在地租(最高且最佳的利用方式下的资本化总和)和当前实际地租之间的差额(Smith, 1996)。而本书提出的"地租价差",是与土地所有权紧密结合的,指地方政府在组织土地使用权交易和土地使用过程中可控制、可调整、可让渡的超额利润或成本。在众多空间治理手段中,地租调整依托的是与土地相关的一套政治经济政策集,是政府对于企业经营过程较为直接的干预,能够敏感地影响企业的成本—收益曲线,因此,也成为见效较快的空间治理方式。

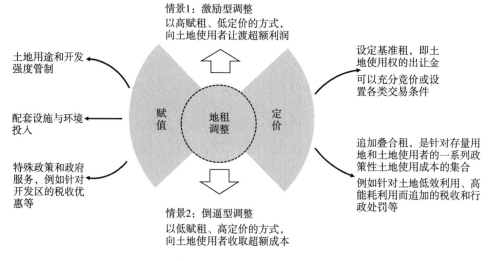

图 2-5 地租调整的基本逻辑

地租价差的存在将直接影响到土地使用的经济效益，政府可以基于此对企业经营行为进行干预。在土地使用的过程中，一方面，政府可以以高赋租（值）、低定价的形式，把超额的土地价值让渡给土地使用者，以激发土地使用积极性，将"地租价差"转化为企业生产经营的超额利润，这称为激励型调整。另一方面，政府也可以低赋租（值）、高定价的形式，向土地使用者收取超额成本，以影响土地使用者的经营积极性，这称为倒逼型调整。超额利润和超额成本都是"地租价差"的具体形式，出现于地方治理的不同场景之中，服务于地方政府空间治理的特定目的。

地租调整是塑造城市创新环境的治理过程。面向创新企业的地租调整，是指地方政府有目的地塑造出激励创新与倒逼创新相结合的用地政策环境，通过地租的主动调节以干预企业成本—收益曲线，进而实现集聚创新企业并持续提升企业创新积极性的治理目的。一方面，紧密结合产业发展、创新经济的宏观形势（经济周期、创新周期），通过激励型调整的方式，将超额利润让渡给企业，以吸引和培育城市增量的创新企业；另一方面，重视对存量企业创新潜力的激活，通过综合的地租调整方式，形成企业创新升级的倒逼与激励机制。

2.3 针对创新集群的空间治理理论

2.3.1 创新集群的主体价值

1）创新集群的内涵

创新集群是依托创新网络、以创新为核心竞争力的产业集群，是多个创新合作者在一定空间地域范围内形成的网络系统。自1985年开始，欧洲区域创新研究小组开创了创新环境学派（吕拉昌，2017），将创新环境引入产业集群的研究领域，强调地方社会文化作用下的关系空间对产业集群创新的重要价值（Aydalot，1988）。1987年弗里德曼首次用"国家创新系统"来概括日本1960—1980年代经济高速增长的原因，指出国家创新系统是由一系列国家内部的子系统构成，以保障公共、私人部门之间能够形成高效的创新合作网络关系（Freeman，1987）；创新网络被认为是一种对系统性创新的基本制度安排，呈现为创新过程中的合作关系（Freeman，1991）。1990年，美国管理学家波特正式提出"产业集群"（Industrial Cluster）的概念，将产业集群放置在国家竞争力的战略高度上，强调集群的竞争优势体现在提高生产效率、增强创新能力、衍生新企业（Porter，1990）；而后，他又指出集群竞争优势的可持续性需要依托于一定区域范围内的知识储备、关联网络以及激励制度等等，过远的距离会使优势消减（陈柳钦，2008）。波特是新熊彼特主义的代表人物之一，其产业集群竞争优势理论蕴含了对于创新竞争力的讨论，所指的产业集群本质上就是创新集群。受国家创新系统理论的启发，经济合作与发展组织（Organisation for

Economic Co-operation and Development,OECD)在《创新集群:国家创新体系的推动力》(*Innovations Clusters*:*Drivers of National Innovation System*)一书中提出,创新集群是由企业、高校、科研机构、风投机构、中介机构等创新主体构成,它们围绕各类创新链条进行合作、组建联盟,形成同时具有集聚经济和知识溢出特征的创新网络(OECD,2001)。

2) 作为产业集群的高级形态

产业集群是多个经济主体(企业、机构等)就近集聚并关联组织的地理现象。产业集群的形成有利于城市经济和集群内部企业的发展,它不仅仅是市场的自发组织结果,更应该被视为政府干预经济的空间治理手段。学术界对于产业集群特点与形成动力的认知呈现明显的深化过程(表2-2)。创新集群是基于创新经济和集群创新竞争力而提出来的概念,普遍被认为是产业集群的高级形态。

表 2-2 经典产业集群理论的演进

理论核心	基本主张	理论特点	代表性概念
外部经济	产业集群是以降低成本为导向的企业生产组织形式,企业通过邻近分工与共享本地资源以降低成本	从企业生产经营角度,解释了地理集聚现象	产业区、工业区位
政府干预	产业集群应该作为政府干预经济发展的重要手段,通过产业集中布局,提升整体经济效益	具有较强的政策导向性,强调了产业集群的政府治理	地域生产综合体、增长极
地方网络	产业集群依托于地方的各种社会关联网络,适应于"柔性专业化"生产模式的推广	从新的生产组织模式入手,确立了更丰富的网络观	新产业区
创新网络与系统	产业集群(创新集群)依托创新网络与系统,以创新为核心竞争力,是一种地域性的公共政策和政府治理行动	基于创新竞争力的导向,重新思考企业的集群价值与政府治理方式	创新集群

在早期经典的经济学与经济地理学研究中,产业集群被认为是以降低成本为导向的企业生产组织形式,是企业经济理性的自主选择(Marshall,1890);特定区域中的企业通过各种形式的邻近分工与共享产生关系,实现集群式生产的经济性(韦伯,1997)。进入 20 世纪,随着全球社会意识形态的剧烈变化,政府干预在产业集群形成中的作用日益凸显,地域生产综合体(费洪平,1992)、增长极(曾坤生,1994)等理论对企业自发的行为逻辑形成补充。在后福特制时代,适应于柔性生产的地方网络被认为是产业集群和地方根植性的关键因素。新产业区相关理论(含新产业空间)则开启了产业集群研究的网络观(专栏 2-1)。它们认为:企业集聚的主要目的不是节约运输成本、交易费用,而是建立密切而稳定的企业合作网络,产业集群被认为是企业关系的动态集成(马建会,2004);地方社会文化

(Bagnasco，1977)、正式和非正式的制度背景(Piore et al.，1984)，都是网络形成的关键因素；在产业组织模式变革和新劳动分工背景下，企业需要通过空间集聚，在相同的制度框架约束中，获得专业化效应并减少企业间联系的交易费用(Becattini，2004；Scott，1988)。产业集群研究中的政府干预、关系网络资本理念与新熊彼特理论结合，催生了创新集群概念的出现。

专栏 2-1 产业区与新产业区理论的比较

产业集群的研究可以追溯至19世纪末新古典学派创始人阿弗里德·马歇尔(Alfred Marshall)关于"产业区"(Industrial District)的理论探讨。他在1890年出版的《经济学原理》一书中根据对谢菲尔德(Sheffield)的刀具工业和西约克郡(West Yorkshire)的毛纺织区观察，创造性地提出"产业区"的概念，以此描述由一定历史、自然、社会条件所限定，中小企业集中分布且密切联系的产业专业化地区。他认为企业的地理集聚是由于外部规模经济的存在。产业区的外部经济大体包括：由企业之间劳动分工带来的效益提升，由地理邻近带来的运输、交易成本的降低，以及劳动力、服务、技术诀窍(信息)等生产投入和市场关注的共享。中小企业正是通过集群的方式实现外部经济，以最大限度地节约生产成本。此外，马歇尔还关注到中小企业集聚生产与地方社会的融合互动，强调了二者的不可分割性。不过，马歇尔的研究以中小企业组织为重点(强调与大企业的区别)，因此，关于外部经济和集群的相关分析显得较为笼统；虽然论述了集群生产的成本优势，却对集聚过程的形成缺乏讨论。

第二次世界大战以后，随着福特制生产方式在全球的盛行、大企业的大量崛起以及交通运输方式的普遍改善，人们开始怀疑中小企业因节约成本而集聚的现象是否还会存续，"产业区"理论在西方学术领域的影响力也因此而一度式微。直到1970年代末，出现在意大利中部和东北部的"第三意大利"(Third Italy)现象受到学者的关注，并开启了关于新产业区的理论探索。20世纪80年代初，美国社会学家皮奥勒(Piore)和撒贝尔(Sabel)，提出了"柔性专业化"(Flexible Specialization)的概念，极力推崇在后福特制主义时代(Post-fordism)专业化的、技术先进的中小企业集群模式，并强调在正式、非正式制度背景下地方合作环境的重要性。著名经济学家贝卡蒂尼(Becattini)在1990年对新产业区的概念进行总结和完善，认为它是具有共同社会背景的人们和企业在一定自然地域上形成的"社会地域生产综合体"；新产业区的首要标志是本地化网络，也就是区域内行为主体之间的正式合作联系以及其在长期交往过程中所发生的非正式交流关系。加利福尼亚学派指出企业间的关系并非单纯基于市场化的理性选择，地域惯例、文化、制度等都是决定企业行动的重要力量，也是降低交易成本的重要因素。

---

3) 作为有效的地域性治理手段

在国家竞争力和国家创新体系的研究启发下，创新集群不仅仅被视为一种自发的经济现象，更被广泛地视为一种地域性(或称为空间性)的公共政策和政府治理行动。实际上，波特在正式提出"产业集群"概念的时候，就带有浓郁的凯恩斯主义色彩和创新导向；创新集群可以看作是国家创新系统的地域子系统。从 1999 年开始,欧美国家就积极实行了集群动议(Cluster Initiative,CI),以促进区域内企业、政府和研究机构形成伙伴关系,推动集群发展。2003 年美国竞争力委员会和瑞典创新系统机构联合,开展了针对 200 多个集群动议的评估工作,建构了集群动议的绩效模型,并据此发布了集群政策白皮书。此外,联合国贸易和发展会议、联合国工业发展组织等机构也纷纷发表研究报告,以推动集群战略和政策在全球范围内的实践。学术界已经广泛关注到针对不同生命周期以及不同类型的产业集群应有的政府治理差异,并从治理集群外部性、提供公共产品、维护企业竞争的市场秩序等方面总结出多种治理方式(王业强等,2009)。

2.3.2 创新集群的网络依赖性

创新集群的网络依赖性是指创新集群的出现并不是产业集群规模增长的线性结果,而是高度依赖于创新合作主体和创新网络的形成。这是由产业集群组织模式的演化阶段和转换特征所决定的(图 2-6)。

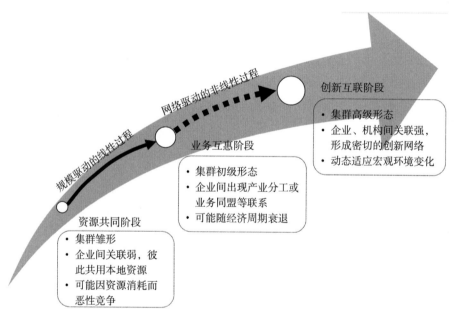

图 2-6 产业集群演进的阶段特征与转化动能差异

关于产业集群的差异或演化在学术界尚未形成共识,王缉慈认为广义集群包含了两种类型:一是基于创新的集群,常见于北美、西欧等地区的发达国家,是产业集群的高端路径;二是基于低成本的"生产集群",常见于发展中国家,是产业集群的低端路径(王缉慈等,2010)。生产集群是产业集群的初级形态,呈现"准集群"特征(魏后凯等,2008)。日本学者在对比全球范围内的多个产业集群的发展历程以后,提出产业集群的两阶段理论,即数量扩张期与质量提升期两个阶段(Otsuka et al.,2011)。阮建青等在此基础上提出产业集群成长(或称为成功)的三阶段理论,即数量扩张期、质量提升期和研发与品牌创新期(阮建青等,2014)。基于产业集群中企业与机构间联系的组织形式,本书认为产业集群组织方式存在三个阶段性特征与两个不连续的转化动能特征。

1)产业集群演进的三个阶段特征

(1)资源共用阶段

资源共用是指企业之间因为共同的资源利用诉求而集聚。资源共用是一种并不完整的"准集群"形态,是产业集群诞生的雏形;企业的集聚性强于集群性。这里论述的资源是广泛意义上有利于生产经营的客观条件(外部环境),包括基础设施、生产资料、劳动力、客户市场、区域运输条件、公共政策、社会关系等等,这些资源构成空间的区位价值。企业或创业者基于可预见的、更高的资源利用收益(相较于其他地区的成本优势),在空间上形成集聚。在资源共用阶段,集群中企业之间的关联有可能极为松散,甚至没有任何的业务交集,呈现地理临近但生产组织不临近的特点。部分资源稀缺性的存在,还有可能导致资源在不断利用过程中出现价值衰减。在资源总量不变的情况下,处于资源共用阶段的产业集群将受到明显的资源约束,在发展到一定阶段后有可能面临"规模不经济"的挑战,导致集群组织方式的再调整。

(2)业务互惠阶段

业务互惠是指企业之间形成协作生产和经营的业务互惠关系,是产业集群的初级形态。业务互惠有两种形式:一种是贸易型互惠,企业之间以产业分工或同产业中的业务分工为基础,形成相对稳定的产品供求关系;另一种是联盟型互惠,企业之间经营相似或相关业务,虽然没有直接的贸易往来,但是能够形成某种战略联盟关系,例如,共同做大地区性产品标识,打开市场窗口,共同争取到某一业务的市场定价权等。业务互惠阶段的产业集群本质上是集群中的企业内化为地区"资源"的过程,企业之间彼此互为可以提升生产经营效率的重要市场资源。相比于资源共用阶段,业务互惠阶段的产业集群将呈现更强的企业组织化特征,但该阶段的产业集群在较长的经济周期中仍无法内生性地避免企业竞争优势削弱、产能过剩的危机;一旦处于业务互惠网络核心的某一类或某一个企业出现经营问题,产业集群也将极为敏感地面临连锁式瓦解的风险。

(3)创新互联阶段

创新互联是指集群中企业与机构间、企业之间形成密切的创新合作关系,代表着产业集群的高级形态,即创新集群。在动态变化的经济环境中,创新能力的高低和持续提升路径将成为企业发展首要关注的问题;企业实现创新的组织方式,也将从封闭的、独立的线性创新模式转向开放的、网络化的非线性创新模式,以实现更加高效、多元的创新过程。产业集群对于企业的核心价值将不再是运输成本的节约,而是提供网络式创新协作的新范式,以孕育和提升企业的创新能力。相比于产业集群的前两个阶段,创新互联的行为主体更加多元,除了企业以外还包括能够激发和参与创新合作的教育、研究、政府机构等机构组织以及新型合作组织。这些机构和组织虽然不是产业化的主要力量,却是强化集体学习、协同创新的关键。此外,企业之间也会存在创新孵化、研发设施共享、研发需求外包服务等形式多样的创新合作关系。创新互联的价值导向并不是生产或扩大再生产的业务合作,而是共同探索可以用于产业化的"新变量",进而变革传统的生产经营方式。创新互联实现的方式不仅仅局限于正式的交易活动,还将伴生于非正式的交流与知识溢出。进入创新互联阶段的产业集群将呈现出更强的开放性、可持续学习和动态适应能力。

2)产业集群演进的两种动能转换

从资源共用到业务互惠阶段的集群演进,存在规模驱动的递进可能;而创新集群的出现并不是产业集群规模增长的线性结果,需要高度依赖创新合作主体和创新网络的形成。

(1)规模驱动的适用阶段

从资源共用到业务互惠阶段的集群演进,存在规模驱动的递进可能。假设本地资源的供给不存在约束条件或规模可以持续增大,那么企业集群的规模也将持续增大,进一步产生专业化分工和业务联盟的需求,有较大概率能够跨入业务互惠阶段,实现由线性集聚的量变引起组织模式的质变。业务互惠阶段的集群又存在显著的规模经济特征。一方面,企业集聚的规模越大,越有可能产生互通的业务需求。例如,核心制造企业的规模大、数量多,将进一步带动配套产品的制造商和副产品处理商的集聚;企业的大规模集中,产生公共业务外包需求的概率也将增大,进而带动生产或服务的承包企业的集聚发展。另一方面,企业集聚的规模越大,越有可能形成地区品牌效益,形成对于相似、相关业务的市场垄断,掌握市场的定价权。相比于资源共用阶段,业务互惠阶段的产业集群将呈现更强的企业组织化特征,而且将展现出集群规模化的循环累积效应。

(2)网络驱动的非线性挑战

尽管具有精专研究能力的高校和科研机构似乎已经成为国际创新型产业集群的"标配",但实际上创新合作相比于生产和经营的业务合作要更加困难。从创意或科学研究到产业化的过程需要跨越被称作"死亡峡谷"或"达尔文之海"的巨大阻碍。创新合作的达成需要深入的交流和宽松的合作环境,以破除企业之间、企业与机构之间在认识和运作制度上的藩篱。也正是由于对及时交流、深入交流、非正式交流等交流内容与方式的更高要求,创新互联阶段行为主体的近域依赖性或者说集群依赖性相比于业务互惠阶段更加明显。基于广泛合作、交流而形成的创新氛围也将成为一种不可移植和复制的地域性网络资源。值得注意的是,创新集群往往集聚大量的创新企业,但是创新企业的集聚并不意味着就能形成创新集群。毫无关联的创新企业也可能因为某些共享性的资源在空间中集聚,这样的产业集群仍然处于资源共用阶段。从前两个阶段到高级的创新互联阶段需要重新建构集群内部的创新驱动逻辑,不是一个规模增长的线性过程,而是组织模式系统创新的非线性过程。

3) 创新网络的"市场失灵"

集群在迈向创新互联阶段的发展过程中,容易出现"市场失灵"的情况,即集群中的主体较难通过纯粹市场化的过程组织出创新网络。基于此,政府对于创新集群的治理就显得极为重要。而市场失灵主要表现为两个方面:

(1) 创新网络的参与主体缺失

有些产业集群处于创新要素的"稀薄"区,在集群中缺少高校、科研机构、风投机构等在创新网络组织中至关重要的主体类型,导致集群创新网络的组织难度极大。

(2) 创新网络的协调失灵

不同主体之间由于存在信息不对称、交流机会不足、价值导向差异以及合作制度障碍等的约束,导致无法就创新合作达成共识。此外,由于创新的不确定和对既有发展路径的依赖,集群中拥有创新网络组织潜力的主体也可能并没有形成创新发展、开放式合作的意识,导致主体对创新网络的组织意愿较弱、参与度较低,造成功能性缺失。

4) 社会交往的网络效应

创新网络的组织方式包含正式和非正式两种。正式网络是指基于正式契约而建构的创新合作关系(Van Aken et al., 2002)。在正式网络中有明确的参与方、共性的创新目标,并以合作协议等方式清晰界定各主体在合作过程中的责权利。正式网络通常是产出创新合作成果的直接网络。非正式创新网络是指不同主体之间基于文化、习俗、管理、信任等而形成的非契约式的创新合作(马庆国等,2007)。非正式创新网络通常不以具体、明确的创新目标为导向,广泛依托于科研圈、校友圈、社交圈等社会关系之中,在科技研讨会、企业俱乐部等开放式、随机性甚至无意识的交流场景中形成。非正式创新网络可以促成正式网络的结成,也可以通过知识的交互创造出新的知识。因此,集群功能的组织不应该仅限于专业性的创新互动,也应该涉及多元化的社交过程,以充分激发各类非正式和正式的创新网络。

社会"弱联系"(Weak Ties)是创新网络(尤其是非正式创新网络)形成的重要依托。"弱联系"理论是由美国社会学家格兰诺维特提出的,弱联系是指一种联系范围较广、联系频率相对较低的人际交往纽带,区别于产生在家庭、工作搭档、商务活动中的强联系(Granovetter,1973)。弱联系往往承担着跨行业、跨阶层的"信息桥",能够帮助个体突破既有的资源界限。弱联系框定了个人社会关系的外延,对于弱联系的关注、参与和经营实际上就是不断打破封闭社会环境、意识形态、知识网络的过程。在没有明确的雇佣、合作、亲缘、交易等固定关系和既定角色的束缚下,弱联系往往能给参与者带来更加平等、自由和愉悦的体验,并使其在不经意间获得创新合作的机会。有学者甚至提出强联系的建立导向一个趋同而封闭的社会系统,弱联系才是社会系统多样性和开放性的表现(段楠,2012)。其实,某些情境中弱联系极有可能转变为强联系。例如,通过社交发现新的客户市场、新的创新合作者等等。关于弱联系的相关研究无疑为创新集群的功能多样性和广泛融合提供了理论支撑。

2.3.3　治理模式：链接型空间与融合型片区

网络链接是指地方政府为了应对创新网络形成的市场失灵,通过供给有利于创新网络形成的链接型空间和融合型片区(图2-7),对创新网络的组织模式进行干预,调动相关主体开展创新交往、合作的积极性,进而链接区域与地方之间、地方或片区内部的各类创新网络(主要包括创新合作网络、创新孵化网络以及潜在创新网络等)。网络链接是地方政府将创新网络实体化的过程,同时也是将实体空间"网络化"的过程。

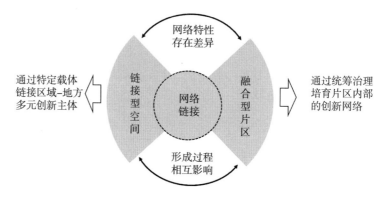

图2-7　网络链接的基本方式

1) 链接型空间的理论解释

链接型空间是政府出于激发地方创新活力的目的,有针对性地主导策划并推动建设的、具有显著创新网络链接效应的空间载体。判断链接型空间的两个基本标准,是空间形成过程中的政府主动干预作用以及空间形成后对于地方创新网络状态的重塑效果,能够促成地方内外广泛且密切的创新合作网络。它可能是一个或一群创新型机构的空间载体,且不局限于特定的产业门类、机构类型;本质上是一种针对创新网络的战略意图实施空间。地方政府借助(引进或激活)具有网络组织能力的创新主体,赋予物质空间网络属性,从而织补创新网络,链接创新资源,塑造出创新网络的组织中枢和触媒。

链接型空间具有制度空间(Institutional Space)(Martin,2000)、流动空间(Space of Flow)(Castells et al.,1994)与物质空间的复合属性(图2-8)。它是链接导向的制度空间,以吸引、组建具有创新网络链接效用、潜力的机构和组织为目的,往往在规划、建设、管理、运营等环节实施特殊的制度,也是创新交互的流动空间,是不同类型、不同地域创新主体的交互平台,汇集了活跃且关键的信息流、技术流、资金流、人才流;还是尺度灵活的物质空间,对于规模的依赖较小,可以是独立地块、独栋楼宇甚至是局部办公空间,链接效用的持续发挥并不依赖自身空间规模的扩张。

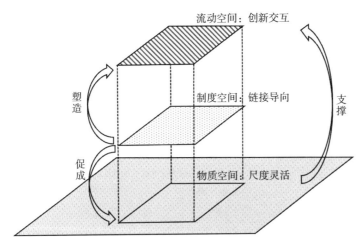

图 2-8　链接型空间的复合属性

链接型空间的出现,是对传统产业空间供给方式的积极补充,而非全面替代。它呈现出产业空间供给的若干新特征:其一,是更为精准的集聚。区别于以规模集聚为导向的传统供给方式,政府需要基于地方资源基础和创新需求,精准设计创新网络的链接方案和链接型空间的建设形式,定制化地匹配地方创新发展的潜力。其二,代表了更加柔性的合作。区别于以竞争激励为导向的传统供给方式,链接型空间重在针对不同地区、不同类型创新主体(政产学研)进行资源整合,政府需要以开放式治理为原则,建构鼓励多元主体共建共赢的制度基础,并通过动态调整、因地制宜的柔性方式介入链接型空间的建设和运营过程(既非"完全包办",也非"甩手不管")。其三,是更为精明的增长。链接型空间的出现并不是反增长的,而是强调通过有限且关键的空间供给,"针灸式"地驱动地方创新生态系统的完善与产业空间的高质量利用,将合理的规模增长作为创新网络驱动的结果,而非前置的目标、手段。总体而言,不同于服务增长的大刀阔斧式的空间"(园)区划",链接型空间是基于创新网络的"点睛之笔",是更为精细的空间供给(图 2-9)。

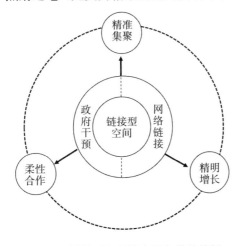

图 2-9　链接型空间的内涵与供给特征

链接型空间的供给与作用机制是通过制度空间的精明设计与物质空间的合理布局，重构不同类型、不同地域创新主体之间的多维邻近性，进而形成支撑和激发创新合作的流动空间。鉴于链接型空间的复合特性，可以有不同的分类标准，嵌入式、飞地式是其中较为典型的类别，分别对应着不同的地方基础、创新需求以及网络结构特征（图2-10）。

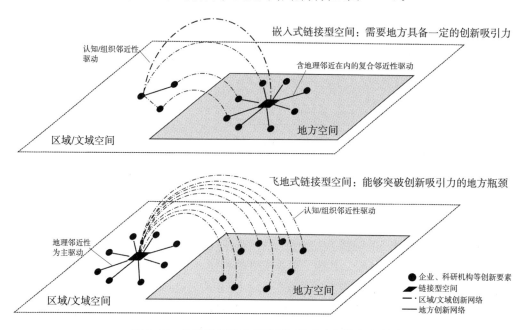

图2-10　两类链接型空间的适用情景与网络组织特点

嵌入式链接型空间是由政府将外部创新要素引入本地所形成的网络链接空间。此类空间的形成通常需要本地具备一定的产业基础、较明确的创新合作需求以及较好的人才服务环境等前提，即除了政府干预，地方禀赋，亦需对创新要素有一定的吸引力。在这种情景下，政府通过精准的对象遴选、低成本的场地（用地）支持，并匹配相应的税收和财政激励；将外部创新要素引入本地、组建新的机构。外部创新要素的嵌入能为本地创新合作的开展提供地理邻近性；政府从前期信息需求的收集、对接，到后期各项制度的设计实施，促成不同主体之间的认知邻近性和组织邻近性。更重要的是，嵌入式链接型空间本质上是地方与外部创新要素开展区域合作的在地化载体，为地方链接外部创新要素提供了稳定的媒介渠道，有助于地方利用外部要素的创新资源及其创新网络。嵌入式链接型空间不仅将加密地方内部的创新网络，更将激发外部创新要素及其创新网络与地方开展多元的创新合作。

飞地式链接型空间是由政府在创新活力较强、网络密集的外部地区布局的网络链接空间。此类空间适用于地区之间存在一定创新能级落差或禀赋差异的网络合作，尤其为那些受区位条件、产业基础等制约而缺乏创新要素吸引力的地区，提供了弥补地方短板的可能性。在这种情景下，政府通过购买土地、物业等市场化手段或区域间土地指标置换、签署合作框架等政府协商形式,在外创建具有较强管理服务权限的"飞地",进而通过低成本的场地支持,吸引创新要素在飞地集聚,以期为地方产业提供远程创新服务并孵化、培育具有在地产业化潜力的创新企业。政府通过管理与服务职能的异地渗透,创造出两地之间信息交往、政策衔接的认知邻近性与组织邻近性,在一定程度上克服地理不邻近的缺陷,而在"飞地"的空间布局上,往往选择创新要素密集、活跃的地区,为"飞地"周边创新网络的形成创造地理邻近优势。

链接型空间能够依托各类创新网络,"触媒"式地驱动地方产业空间的系统重构,达到"以点带面"的效果。通过技术服务网络,为地方传统企业的创新升级提供助力,推动结合生产过程的灰度创新(林雪萍,2020),进而提升存量工业用地绩效,驱动既有工业园区的集约化增长;通过创新孵化网络,为地方提供吸引高端人才创业、捕获未来产业的契机,培育创新企业并催生出相应的创新空间;通过成果转化网络,为地方提供将创新成果规模化生产的发展机遇,促进高新制造业空间的出现、壮大。总体而言,链接型空间能在保持微空间、微增长的状态下,成为撬动庞大产业集群进行协同创新的战略支点和地方产业空间重构的引擎。而在区域产业空间尺度上,链接型空间在一定程度上弱化了地理距离对于创新网络形成的影响,促成创新要素在更大范围、更为自由的流动和重组,并重新定义区域功能结构与地方的区位角色。总体而言,链接型空间将在一定程度上引发产业空间基于创新网络的"聚变"(内涵式提升的高质量集聚)与"裂变"(差异化协同的创新分工)。

2)融合型片区的理论解释

融合型片区本质上是要实现地理邻近基础上的多维邻近性。多维邻近性是创新网络形成的重要诱发因素。20 世纪 80 年代开始,在席卷全球的经济自由化风潮以及信息技术革命浪潮的推动下,生产要素的全球化流动过程日益加速。一些研究者认为信息技术革命将削弱资本、土地、劳动力等传统要素对于经济活动空间布局的影响,进而提出"地理已死""距离不再重要"的观点(谭文柱,2012)。面对"地理已死"的质疑,更多学者关注到地理邻近对于知识交互的重要作用。地理邻近的创新主体往往能够更频繁地进行面对面交流,这是主体之间高效开展创新协作、激发潜在合作可能的重要前提。尽管互联网等通信技术极大强化了信息的可贸易性(Tradability)和可编码程度(Codification),却无法有效传递伴生于面对面交流过程的隐性知识(或称缄默知识)。隐性知识的传递很难进行明确表述与逻辑说明,而需要依托具体的情景,具有一定的偶然性,是一种经验性的认知迁移。面对创新网络组织过程的不确定性和复杂性,隐性知识的传递有利于显性知识的交互和再创造。因此,面对面的交流更有助于共同解决复杂性问题、共同学习并产生彼此间的心理激励。此外,地理邻近有助于催生没有明确工作目的的随机交往,而这种非正式联系即使很弱,同样可能成为创新协作的重要驱动力。大量的实验都证明了知识溢出"高度地方化"的结论(Carlino et al., 2012)。地理邻近还有利于建构和加强服务于创新网络的多维邻近效应。除了地理邻近,学者发现认知邻近、社会邻近等同样对于创新网络的形成有着突出的影响(夏丽娟等,2014)。这些邻近性关乎创新主体的社会关系、知识背景、情感意识、制度规范等等,进而对创新主体的合作行为产生影响。不过在多维邻近性中,地理邻近往往成为实现其他邻近效应的前提,并利于多维邻近性的共同实现。创新网络是一个复杂组织,因此,在链接创新网络的时候需要注重多维邻近关系的主动搭建。

多维邻近性的研究视野提示了地理空间不应该被简单地视为物质性容器,要关注附着于空间之上多元网络的远近组织关系。在城市发展过程中,行政区划(或产业板块)管理边界往往会成为一种巨大的"制度距离",使邻近的城市空间之间无法正常进行要素流动和信息交往。由于政绩考核等的巨大压力,相邻地区的政府管理机构甚至存在恶行竞争的情况,这作为一种社会关系导致城市破碎化的空间治理格局,也不利于城市创新网络的发育,抑制了许多本可能进一步发育、壮大的城市潜在创新合作关系。此类现象需要在空间治理的过程中引起足够重视,并创造条件去统筹空间治理格局,以实现管理体制与创新功能的同步融合发展。

打造具有创新网络适应性的融合型片区,其本质就是:在特定范围的空间中创造多维邻近性;通过特定片区的整体空间布局与统筹管理,创造尽可能多的交往机会,有效促进不同主体之间的信息交换,降低创新网络的交易成本,提高创新网络的形成概率。值得一提的是,融合型片区与链接型空间的供给虽然在空间尺度和针对的创新网络对象上有所差异,但二者形成的过程可能相互影响。成熟的融合型片区往往需要由若干链接型空间的存在,而融合型片区的打造同样能够促进链接型空间的形成和壮大。

2.4 针对创意阶层的空间治理理论

2.4.1 创意阶层的主体价值

1) 创意阶层的内涵

创意阶层是渗透在各行各业的具有创新能力、进行创新活动的人才。进入21世纪以后,佛罗里达(Florida,2002)结合以创新为基础的经济内生增长理论,开创性地提出了"创意阶层"的概念,实现了对人力资本理论的补充与修正,也成为创新研究的重要基础理论。他提出:创意是一种创造有益、新颖形式的能力,是最重要的经济驱动力;"知识"和"信息"仅仅是创意的工具和材料,而创新则是创意的产品,这种产品既可以是全新的技术也可以是商业模式或方法;创意是指人的创新能力,创意阶层则是具有创新能力和创新职业特征的人力资本和社会群体。佛罗里达将创意阶层分为超级创意核心和创意职业人员两种类型：前者从事有较强创意性的常规工作，而后者广泛分布在各类知识密集型行业中。各行业领域随着创意工作内容的增加，都会出现创意阶层。因此，传统的劳工阶层与服务阶层的成员也有机会跻身成为创意阶层。创意阶层的理论建构起了经济增长、创新与人（创意能力、工作特性）之间的相关关系，将经济学的研究视野再次拉回到"人"这一本质视角。

2) 作为创新经济的关键"资本"

"人"一直是西方经济学中理解经济增长的重要维度之一，并经历了显著的人本主义流变（专栏2-2）。在不同的社会经济发展语境下，对人的认识经历了由劳动力到创意阶层的升级和演进（表2-3）。在农耕文明和工业文明时代，生产方式显著受制于资本、土地等生产资料，人的价值并未充分凸显；人被视为是标准化、可以培养的劳动力（邵琳，2014）。直至20世纪五六十年代，发达国家陆续出现以创新为主要驱动力的经济形态，人们开始普遍认为传统生产资料的价值将持续削弱并由知识和信息取代（Machlup，1962），由此诞生了"知识经济""信息时代"等一系列新概念。人作为创新的最基本载体，其价值内涵上升到了一个全新的高度，"人力资本"的概念应运而生（Schults，1961）。"人力资本"的概念突破了物质性资本的内涵限定，提供了全新而重要的分析视角。而后有学者结合"创新"理论和创新型经济的动力特征，在"人力资本"的概念基础上，进一步衍生出"创意阶层"的概念，认为它是具有创新能力、从事创造性工作的特定社会群体。

专栏2-2　从劳动力到人力资本：人本思想的萌芽

早在1662年，配第的《赋税论》就阐述了极其经典而有趣的观点："土地是财富之母，劳动是财富之父。"在这一著名论断中，可以看到"人"与"空间"这一对要素在经济中的基础性价值。配第还强调了劳动是人的经济价值的体现，不同人的自身素质不同，相应的劳动能力也存在差别。而后，在斯密、马歇尔等人的经典经济学巨作中，都可以看到关于人的经济价值的讨论。斯密强调了习惯、风俗和教育等后天因素对于个人素质的影响，认为教育和培训的投资有利于劳动力价值的提升和利润的创造；马歇尔认为一个国家和社会所承载的知识财富的重要性要远远大于物质财富，实用工具和科学艺术中所包含的思想是最核心的人类财富和遗产，政府应当承担起对于人的教育和培训责任，以保证整个社会经济的良性循环。

从20世纪五六十年代开始，随着知识经济时代的到来，经济学界出现了对人的价值的全新讨论。1945年第二次世界大战结束以后，战败国德国和日本只用了15年左右的时间就实现了经济的恢复，而且国民财富增长速度远远大于土地、资本等要素的耗费速度，继而引发了人们对于经济增长动力的思考。美国经济学家舒尔茨（Schults）率先提出了"人力资本"这一概念，认为人力资本是蕴含于人身上的各种知识、劳动、管理技能以及健康素质等的总和，可以通过教育、职业培训等方式的投入获得增值;人力资本是国家经济增长的关键因素,人口质量和知识投资在很大程度上决定了人类未来的前景。"人力资本"的概念突破了物质性资本的内涵框架,将"人"作为一种关键性的"资本",为理解新的经济动力提供了重要的分析视角。人力资本的理论体系在短时间内得到了快速的发展,并衍生出人力资本管理等相关研究。人力资本投资和知识积累被认为是区域经济持续发展的内生因素,能有效提升其他生产要素的使用效率,并能对其他要素进行替代。不过,人力资本理论在早期仍存在一定局限性,大量的研究将受教育程度作为衡量人力资本价值的主要标准,体现了对于知识积累的重视却忽视了个体的创造性价值。

表2-3 不同社会经济语境中"人"的价值与认识

时代背景	农耕文明	工业文明	信息文明Ⅰ（知识经济）	信息文明Ⅱ（创新经济）
经济学标签	劳动力		人力资本	创意阶层
价值内涵	重要性弱于土地等其他资源的一种生产要素,个体差异不大	可以提升的一种生产要素,重要性弱于资本(机械设备)等生产要素	经济增长的关键因素,通过教育、培训的方式提升和积累	构建创新型经济的关键,具有创新能力、进行创新活动

3) 作为城市经济发展的先决条件

经济学领域逐渐兴起的"人本"思潮,也深刻地影响着城市研究,并产生了全新的颠覆性假设和认知。在人力资本提出前的诸多经典理论中,企业和产业集群被视为推动城市经济增长和社会进步的主体,企业区位的选择以及集群机制是城市研究的关注重点。在人力资本视角的影响下,雅各布斯借1969年出版的《城市的经济》(*The Economics of Cities*),挑战了"由于企业和资本的集中带来城市发展"的主流城市经济学论点,认为城市发展的原动力是地理邻近的产业多样性与人力资本的集中(Jacobs, 1969)。格拉斯证明了人力资本对于企业集聚的核心吸引力,指出企业在城市中集聚是为了更好地享受"公共劳力蓄水池"的资源优势,20世纪以来城市的增长速度与人力资本水平呈现出显著的正相关(Glaeser, 1994)。而后诺贝尔经济学奖获得者卢卡斯进一步证明了人力资本的富集能显著提升城市的生产效率,并把这种作用机制称为"雅各布斯外部性"(Lucas et al., 2002)。人力资源也因此被视为是城市经济的存续关键。在"创意阶层"概念被提出后,越来越多学者认同创意阶层是城市经济实现创新驱动和可持续发展的决定性力量(崔人元等,2007)。人的集聚不再是城市经济发展的一种结果,而是启动城市发展的一种先决条件。

2.4.2 创意阶层的社会指向性

基于对"人"的重要性的充分认可,学术界开始重新思考人力资本(或创意阶层)为什么会在某一个地方集聚而不是其他地方,是什么导致人力资本(或创意阶层)的流动、壮大,并引发了关于城市价值体系由生产指向到社会指向的全新探索(图 2-11)。城市舒适性、地方品质等理论都试图解答怎样的社会环境(广义的生活环境)是对创意阶层有吸引力的。

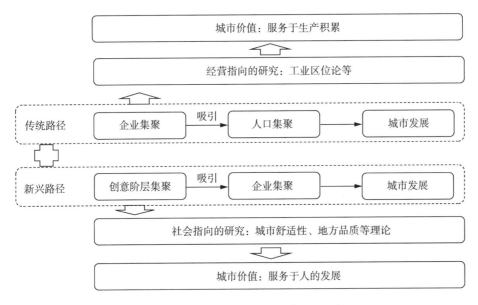

图 2-11　城市发展的路径与价值重塑逻辑

1) 关注城市舒适性

亚里士多德(Aristotle)曾经说过:"人们为了生活来到城市,为了生活得更好集聚在城市。"而城市经济学中的人力资源视野,让学术界重新关注到城市的"生活"属性,并推动关于城市人居环境的重新思考。城市舒适性(或译为便利性)理论得到了快速的发展,它强调当地特定的生活质量因素对于吸引人力资源集聚的重要作用,并将其作为人力资本集聚的机制所在(吴文钰,2010)。城市舒适性理论主要关注人的需求,认为优质的人才更加倾向选择在舒适度较高的城市生活,城市舒适性将替代传统的区位条件,成为推动城市发展的主要动力。这一理论初步建构出以优质生活吸引优质人才,进而集聚优质企业,促进城市发展的新逻辑。城市舒适性最早由乌尔曼提出,他敏锐地发现令人愉悦的生活环境是美国各地区增长率不同主要原因之一,并将其定义为城市舒适性(Ullman,1954)。不过,城市舒适性在最开始是立足社会富裕以及高度流动性的社会特征,因而并没有立刻获得广泛关注。直至人力资本理论的提出,该理论体系才进一步得到发展,营造城市的舒适性也成为城市治理的重要方向。

究竟哪些要素影响着城市的舒适性?不同学者的理解角度各有侧重。总体而言包括:①自然环境的舒适性。这类舒适性是由城市先天的地理条件所决定,是城市难以改变的自然本底,包括由河流、湿地、山川以及海岸线等地貌元素形成的自然景观,也包括湿度、温度、降水等气候条件

(Clark, 2004)。②人工环境的舒适性。这类舒适性包括具有文化传承价值的各类历史空间，能够提供各类文化活动和商业需求的公共服务设施，以及便捷的交通和通信基础设施(Glaeser et al., 2001)。③社会环境的舒适性。相比于前面两种对感官形成直接影响的舒适性，社会环境的舒适性则更多涉及对人心理所产生的影响，包括原有居民的友好程度、治安条件、受教育情况等等(温婷等，2014)。

2) 关注地方品质

佛罗里达基于创意阶层的社会特征，提出了"地方品质"的概念，可以视为对于城市舒适性的补充思考。他认为传统的物质空间（体育场馆、购物中心等）不足以吸引创意阶层人士，创意阶层在生活中追求的是丰富多彩、高品质、令人愉悦的事物和体验，兼容并蓄的宽容态度，最为重要的是，能够证明他们是创意人士的机会。地方品质是指一个地方区别于其他地方的独特吸引力，其中包括三个方面的要点：①环境。环境指建筑环境与自然的综合，是适合追求创意生活的环境。②人物。各种人物在此互动，每个人都可以丰富整个社区的生活。③事件。接头活动、咖啡厅微暖、艺术、音乐以及户外活动，可以创造出活泼、刺激、有创意的生活。在此基础上，佛罗里达罗列了劳动力市场、生活方式、社会交往、择偶市场、多样性、原真性、场景、身份等多个涉及地方品质的方面，并通过一系列的指标予以具体描述(Florida，2014)。尽管地方品质的内涵在界定上仍然相对笼统，体系并不完善，指标选取也存在诸多争议，但仍然为人们提供了基于创意阶层特点的城市舒适性反思，启发人们应该根据创意阶层的特征、个体创新活动的特征来重新理解城市的吸引力。

3) 关注包容共享

时至今日，从"人居"角度思考城市未来的发展，已经成为全球范围内的基本共识。2016年10月，在联合国第三次住房和城市可持续发展大会上正式审议通过的《新城市议程》就明确提出，未来需要多样化与公平、共享的城市，以提高生活质量，促进繁荣为愿景。《新城市议程》区别于以往强调城市是政治和经济中心的固有思维，把城市视为人的集合，是一个高度组织化的社会体，因此更加关注人与人之间的社会关系，更加关注人对于城市政治活动的参与、包容性的增长过程以及城市公共空间的价值(石楠，2017)。对于城市社会性、生活性特征的全球性共识，并不仅仅是出于人文主义的关怀，也是基于城市创新发展并实现可持续的理解。

4) 关注个人发展

个人发展关乎创意阶层的自我实现，对应于马斯洛需求层次的高级阶段。创意阶层对于生活氛围的独特追求，并不是完全剥离自我价值的创造过程，也不是否定工作条件对创意阶层集聚、壮大的影响。个人发展不同于为了解决生存问题的就业，而是需要依托更为系统完备的职业成长、创业环境，包括城市所能够提供的职业培训、创业孵化等条件。个人发展环境的优劣与创新企业的集聚状况、创新网络的形成状况都存在一定程度的关联,却也不完全等同。当前对于创意阶层个人发展诉求的研究尚未广泛开展,但是随着"人本"理念的普及与发展,以及青年发展型城市等新理念的提出与实施,相关研究和实践必然将得到进一步丰富。

5) 关注创新阶层的社会偏好

作为创意阶层概念的提出者,佛罗里达曾定性地描述了创意阶层所需要的生活状态,包括多样性、包容性、愉悦性、舒适性、认同感等;他也试图采用人均户外活动场所、休闲娱乐场所甚至是略显夸张和极具争议的同性恋指数等指标来衡量和评价城市的创意性。在佛罗里达的启发之下,国内的一些学者对创意生活的特征进行了延伸讨论,重新归纳为包容的文化环境、舒适的生活方式、紧凑的社交网络、多样的场所空间等方面(赵讷,2017)。总体而言,既有研究虽然从不同角度描述了创意阶层的需求,但是都聚焦于创意阶层的生活方式和所需要的社会氛围,并将其作为吸引创意阶层的重点。

不过,既有的研究并没有完整建构出相对清晰完整的"空间实践—创意阶层—社会氛围"互动逻辑,因而,有必要引入或建构一个更加开放的理论视角。创意阶层所需要的生活环境、社会氛围,能够对创意阶层形成吸引,并塑造或强化其群体特征;这在一定程度上反映出的是整体社会关系与个体行为之间的互相作用过程。因此,针对创意阶层的空间治理思路,需要嫁接社会关系与个体创新活动的相关性,并将空间实践的过程嵌入其中,进而理清具体空间治理方式。

2.4.3 治理模式:重塑社会关系的场域营造

1) 场域的相关概念

场域(Field)是关于人类行为的一种持续演进的解释性模式,是由社会成员按照特定的逻辑要求共同建构的,是社会个体参与社会活动的主要场所。在这一理论框架中,人的每一个行动均被行动所发生的场域所影响,而场域并非单指物理环境,也包括他人的行为以及与其相连的许多因素。该理论源于社会学的"空间转向"和"关系转向",由马克思主义社会学者皮埃尔·布迪厄(Pierre Bourdieu)提出。场域是他毕生所致力的关系主义方法论的结晶,也是所用之工具(包亚明,1997)。他认为场域由最为关键的三个要素组成:位置、网络和构型(布迪厄等,1998)。它首先是一个网络,网络中的行动者各自占据一个位置,位置对应着相应的社会资源和权力资本。个体所拥有的资本决定其所在的位置,而位置的变化又改变着个体所能拥有的资本,两者不断相互影响。构型指出了场域的可塑性,它能够吸纳、激活甚至改变进入其中的主体力量,场域中的行动者需要通过场域本身的规则和秩序才能发挥他们的能力,并确定各自在场域中的决策与行动。

在此基础上,布迪厄区分出场域中四类资本,即经济资本、社会资本、文化资本和象征资本;并进一步指出,场域就是各类资本竞争、比较和交换的场所。此外,他还特别提出了"惯习"的概念,惯习被解释为行动者的"持久的、可转移的禀性系统",类似而又区别于日常所说的"习惯"。它既包含了"习惯"中重复性、经验性的那一部分意思,又表达了行为习惯可被后天改变的属性,即行动者的惯习一直在变化中被重塑。代表外部规制的场域与代表主观能动的惯习同时影响着社会个体的实践活动,又在变化中相互构建。场域同样可以理解为不同行动者凭借各自的资本和惯习,依据一定的规则而进行一系列相互影响的网络空间结构(蒋阳等,2021;蒋阳等,2022)。

场域理论视角下的空间研究大致可分为两类:一类是研究特定空间边界限定的场域,比如旅游地理中的村庄旅游场域(郭文等,2013)、特定地域空间中的历史关系场域(郭岩等,2020)和创意城市空间场域(郑露荞等,2020);另一类是研究以关系边界限定的地理空间,比较典型的有旅游中的地方场域(陈晓亮等,2019)和创新、创意活动的场域等。场域理论以主体间关系为基本视角,与创新的网络化需求存在适应性,在被运用的过程中演绎出了全新的创新(创意)场域概念。创新场域(Creative Field)由斯科特提出,这个概念从城市和区域尺度研究了创新发展过程中公司、个人和专业化部门等机构之间的关系网络,并强调创新情景、学习型区域、区域创新系统等制度氛围对创新要素集聚的重要性(Scotta,2006)。我国学者则更具体地将场域理论与创新行为结合,不仅用场域理论解析了创新创业的过程(洪美玲,2019),还建构了创新场域的三大要素——创新资本、创新规则和创新惯习,特别强调了知识、信息和智力已经独立地成为当今最重要的创新资本(张国举,2007)。

场域理论与场景理论的内涵存在差异。场景理论认为都市生活设施和市民活动的不同组合,将营造出相应的都市"场景",继而孕育出各自的文化价值。场景对特定的社会群体产生吸引力,社会群体的增长和持续参与,又将促进城市经济社会的发展(吴军等,2014)。场景理论强调了空间的社会、文化属性,肯定了物质空间中所能传递出的文化与价值观,并能对个体行为产生实际影响(徐晓琳等,2012)。总体而言,场域理论比场景理论具备更强、更广泛的社会行为解释力;场景理论比场域理论更关注具体物质空间形态对于社会行为的影响,以及社会行为对物质空间使用内涵的定义和丰富。

2) 场域营造的内涵解释

场域营造可以解释为通过空间治理对于个体社会关系以及习惯的重塑、强化过程;面向创新经济的场域营造是指地方政府通过对空间形态、功能、运营方式以及使用制度等的创造性安排,有针对性地提供对创意阶层有吸引力、有塑造力的生活体验,以满足创意阶层对城市舒适性、地方品质以及个人发展等的全方位需求,进而促成有利于城市居民开展创新活动的惯习,以吸引、壮大城市中的创意阶层。基于中国地方政府强大的空间资源配置能力,场域营造可以依托的物质空间并不局限于休闲娱乐等生活配套设施,而是与创意阶层价值诉求相互契合的空间系统,包括居住、休闲、创业等各类空间;而场域营造的过程不仅仅是对物质空间的塑造过程,还包括依附于其上的制度设计,甚至包括推动空间建设过程中政府与社会的互动过程(图2-12)。

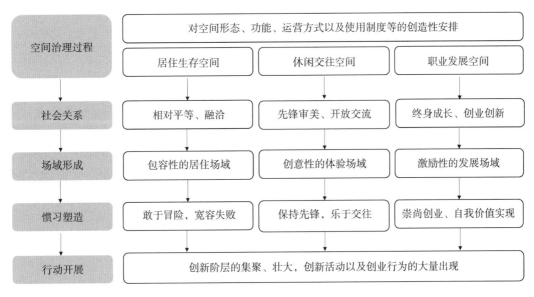

图 2-12　场域营造的基本方式

面向创意阶层,在不同空间中、不同治理过程中所形成的子场域,又共同构成城市整体的创新场域:

其一,地方政府可以通过对于居住空间的治理过程,形成相对平等、融洽的社会关系,以达到营造包容性的居住场域的目的,进而强化社会欢迎新居民、包容差异性的惯习,并促进城市新居民的到来和鼓励特立独行者的冒险选择。其二,地方政府可以通过对于休闲交往空间的治理过程,形成具备先锋审美、开放交流的社会关系,以达到营造创意性的体验场域的目的,从而强化社会的先锋意识以及乐于交往、分享的惯习,并开拓城市居民的创新思维,促进创造性活动的参与和开展。其三,地方政府可以通过对职业发展空间的治理过程,形成终生成长、创业创新的社会关系,以达到营造激励性的发展场域的目的,从而强化社会崇尚创业、自我实现的惯习,促进城市居民开展创业创新活动和自我技能提升活动。

3 地租调整：针对创新企业的空间治理

创新企业是驱动创新产业化的最直接主体，既具备更为突出的创新能力和创新意识，也保留着一般企业的利润偏好。因此，即便是创新企业，在空间布局和业务经营的过程中，仍然存在着空间的"寻租"倾向。而地租调整就是通过改良产业用地的供给和监管等过程，改变企业使用空间的成本—收益曲线，对企业的经营行为产生或激烈或倒逼的效用，进而激发企业的创新能力，促使其保持相对持续的创新积极性。

3.1 地租调整模式的总体治理逻辑

正如第2章所述，中国城市地租的形成遵循着地方政府系统性的赋值与定价（地租调整）逻辑。地方政府并不是销售土地使用权的市场单位，而是负责社会经济总体发展的代理人。政府并不需要在土地使用权交易的过程中一次性兑现所有的地租，也不需要"一定争取上限"的价值兑现方式。政府对于地租的定价服从于社会经济发展的系统性目标，地租价格有可能远低于地租的真实价值，却能够更好地带动社会经济的可持续发展，可谓"失之东隅，收之桑榆"。政府通过对地租价格的动态调整，或全部兑现，或让渡地租收益（给土地使用者），以满足特定时期的治理目标。因此，地方政府的地租调整，并不局限于对使用权交易环节的成本—收益均衡，而是遵循着社会经济发展的大循环。

3.1.1 面向快速工业化的地租激励

在快速工业化的宏观环境中，开发区建设模式所赋予的特殊的地租价值与工业用地的"竞次"出让方式相互配合，形成了巨大的"地租价差"，进一步转化为工业企业在土地使用过程中可以获得的超额利润，对于工业企业的集聚和发展形成有效的促进作用。值得一提的是，在地方政府的系统性治理逻辑中，工业用地的地租虽然没有在土地出让的环节充分兑现，但是地租收益的损失可以通过企业投产以后的税收带动、消费带动等方式在后续经济社会发展的大循环中得到反哺（图3-1）。

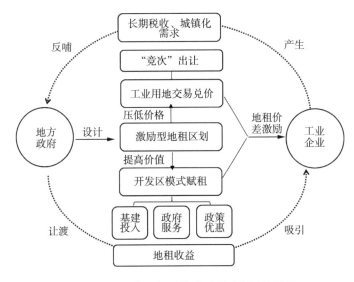

图 3-1　工业化目标下的激励型地租调整过程

1）工业用地"竞次"出让中的低定价

改革开放以来,地租调整的空间治理行为一直伴随并促进着中国城市的大规模工业化过程。其中,最突出地表现为工业用地的"竞次"出让方式。工业用地的"竞次"出让是指地方政府竞争性地压低工业用地出让价格,甚至零地价出让工业用地(彭山桂等,2015)。改革开放以后,面对工业化长期滞后的经济基础,大力推进、优先保证工业用地供给成为加快工业化进程的必然选择。在 2007 年之前,工业用地在土地管理的顶层制度设计中被界定为非经营性用地,地方政府可以通过协议出让的方式,将工业用地低价格、大规模地出让给企业(唐焱等,2012)。地方政府通过"多通一平"等高投入的方式将荒地变"熟",再通过低地价创造出丰厚的工业用地"地租价差",成为刺激、吸引企业投资和扩大再生产的重要治理手段。而随着工业用地粗放使用、过度供给等问题的暴露,2006 年国务院印发《关于加强土地宏观调控有关问题的通知》,明确规定从 2007 年 1 月 1 日起将工业用地纳入市场化配置范围,一律实行招标拍卖挂牌的出让方式。

虽然工业用地的出让过程逐步市场化和规范化,原国土资源部也通过工业用地出让最低价标准等相关规定来提高工业用地的地价回报。但在具体的工业用地出让环节中,地方政府通过量身定制竞买标准等方式继续实行"竞次"出让的治理倾向并没有改变。究其根本原因:一方面是在工业化作为主要经济动力的宏观环境下,工业用地的供给是保障城市产业持续发展、经济稳定增长的关键。另一方面,工业项目不同于商服、住宅等其他经营性项目(地方政府在当地的商服、住宅用地出让市场上享有一定程度的卖方垄断地位)(杨继东等,2016),其潜在设厂地点并不唯一,地方政府需要面对尤为激烈的城市间竞争,"竞次"出让成为应对竞争的必然选择。长期以来,工业用地与其他经营性用地地价的"剪刀差",成为地方政府土地经营的基本策略和推动工业化、城镇化的基本方式。

2) 开发区建设中的高赋值

除此以外,地租调整的政策手段还嵌套于各类开发区的建设模式之中。开发区是城市空间中具备特殊经济政策、管理体制、开发运作模式的地域,开发区的设立是国家、地方政府吸引外部经济要素、培育产业发展的重要空间治理手段。开发区治理模式本质上就是创造出一类具有特殊地租红利的地区,以打造引领区域或城市的增长极,实现率先发展。我国开发区建设始于1984年,迄今已经演变成为一个种类繁多、规模庞大的体系。自开发区设立以来,其管理体制、发展模式、主要职能不断丰富和调整,但依托制度红利的地租激励机制基本得到延续。开发区内的土地使用者相较于其他地区的土地使用者能获得更多、更特殊的地租价值。在经济政策方面,入驻企业可以享受特殊的税收优惠和财政补贴政策。在管理体制方面,开发区管委会往往是区域或城市之中相对独立、行政层级较高的政府派出机构,一方面具有较强的行政自治权限,另一方面其行政职责多以经济发展为主,而简化了大量的社会事务,保证了管委会能够高效地协助入驻企业解决其在发展过程中出现的困难,形成更加紧密的政府—企业联盟。在开发运作模式方面,开发区的建设与发展不需要在短时间内实现自我平衡,尤其是在启动建设和发展初期阶段,往往依托的是城市或更大区域的财政转移支付,以"资金大循环"对开发区的"资金子系统"形成支撑和保障(王慧,2006),而开发区内部产生的财政收益也常常无须在区外进行平衡,备受优待的运作模式使得入驻企业可以在一定时期内享受稳定的土地增值。

总体而言,在服务于快速工业化的治理目标时,地租调整的基本逻辑相对简单、直接,即通过激励型地租调整(高赋租、低定价)将地租价差转化为工业企业的超额利润,以吸引工业企业的投资和扩大再生产。地租调整的治理对象是生产性质相对明确的工业企业,且政府和企业通常存在增长的共识,因而更容易形成增长联盟。政府治理的重点就是鼓励工业企业延续相对成熟、可预见性较强的既有产业发展路径,进行扩大再生产。

3.1.2 面向创新企业的两种地租调整

在创新型经济的目标导向下,政府的地租调整手段同样能够发挥显著的作用。只不过在具体的调整方式上需要根据创新企业的形成特征进行相应调整,而且治理的难度也更大。正如工业化与创新驱动在内涵上的本质差异一样,创新企业和工业企业是两种判断标准截然不同的市场主体,创新企业开展创新活动的诉求也与工业生产有着巨大差别。适应于创新企业形成的环境敏感性,地租调整需要沿着吸引增量企业、提升存量企业的不同脉络,促进创新企业的集聚:

一方面,以激励型地租调整吸引增量创新企业。其治理重点在识别创新企业,把握创新企业诞生和迁移的机遇,通过创新型产业用地制度的设计形成激励企业创新的超额利润,在满足创新企业空间利用需求的同时向其让渡足够的租差。

另一方面,需要重塑存量企业的创新性,也称为存量升级的路径。治理重点是依托用地创新绩效考核的方式,以达到倒逼企业创新的空间治理效果,挖掘存量企业创新潜力,促使存量企业克服路径依赖的发展惰性,加大创新投入、提升创新能力。在地租调整的过程中,地方政府既需要与具有创新能力或潜力的企业达成发展共识,又需要处理企业路径依赖与政府创新诉求之间的意愿分歧,因此,政府的治理手段有时候会相对强硬。面向创新型经济的地租调整,既是针对创新企业不同集聚、发展路径而开展的空间治理,也是对工业化大推进时期传统治理经验的改良和丰富(图3-2)。

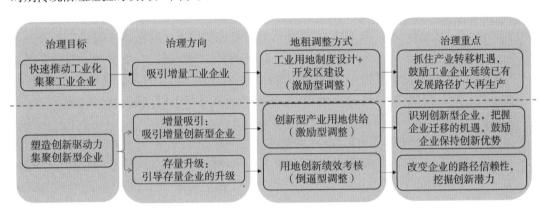

图 3-2 不同治理目标下地租调整方式的治理逻辑

3.2 激励创新的产业用地供给

3.2.1 把握创新企业增长的机遇

认识创新的区域分工是地方政府吸引增量创新企业的前提。当前,创新的全球化和区域化分工趋势日益凸显,随着创新企业内部创新环节的不断细分和复杂化,企业极有可能在新的地区布局创新型机构(图3-3)。创新的区域分工趋势,为地方政府争取外部创新企业的入驻提供了可能。

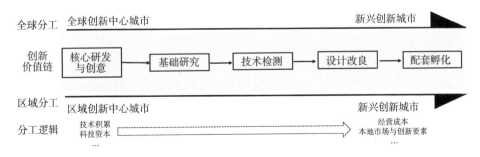

图 3-3 创新价值链的地理分工

1) 跨国企业的全球创新分工

创新的全球化特征首先表现为跨国企业研发流程的价值链分工。这一过程类似于传统的全球生产网络,发达国家或地区垄断了附加值高的设计和经营环节,而将具体的生产环节向成本更低的国家和地区进行布局;不同的是,创新的全球化场景针对的是研发流程中的不同环节。随着企业之间创新竞争的加剧以及创新过程的复杂化,研发流程将呈现出价值链的分化(李健,2016)。企业之间、地区之间将形成基于知识内容的创新分工,而不是基于模块化产品的生产分工。以软件企业为例,跨国企业在总部地区更多地从事核心环节的系统设计,而将开发调试、测试验证等支撑创新成果的非核心环节进行外包。例如,微软已经在美国、中国、德国和印度设立了全球四大研发基地,通过研发部门的全球化布局,充分利用各地区的人才资源,并持续推动研发的在地化服务。越来越多的跨国企业将像微软一样在全球布局研发分支机构和研发外包机构,带来城市创新发展的新机遇。这些跨国网络中的创新企业作为"全球创新网络—地方镶嵌"的"创新端口"(Innovation Hubs)(Hamdani,2003),成为城市创新发展的重要助力和需要积极引进的目标。

2) 后发者的"逆向创新"浪潮

更多的创新企业则是在"逆向创新"的全球化浪潮中脱颖而出。"逆向创新"区别于创新从发达国家"顺向"推广至发展中国家的一般过程,强调创新率先在发展中国家的新兴市场完成,并在其他新兴市场推广甚至"回溯"至发达国家(Dalum et al.,2005)。逆向创新的本质是后发企业借助(购买、学习)发达国家的创新成果并加以改良,在满足本国创新需求的同时逆向全球输出。阿里巴巴集团正是互联网逆向创新浪潮中涌现的代表企业。公司创始人马云在美国第一次接触互联网,并借鉴互联网和电子商务的思路;而后将西方国家先进的互联网技术、电子商务产业与中国消费者、中小企业的需求相结合,创新出符合中国国情的电子商务模式。当前,阿里巴巴集团已经成为全球电商市场份额最大的企业,不仅在印尼、巴西、阿根廷、俄罗斯等国家形成强势推广,更在法国、西班牙等国家与美国亚马逊形成业务竞争。阿里巴巴集团还结合中国的各种现实需求场景,推出"支付宝"等应用产品,成为巨大而多元的创新经济体。可以说,它是浙江省乃至中国本土企业在逆向创新浪潮中"逆袭"的缩影。后发者的创新"逆袭",能够帮助所在城市快速登上国际创新的舞台,因而,这类企业是城市在创新浪潮中需要敏锐捕捉和积极孵化的对象。

3) 创新的跨地区梯度迁移

创新的价值链分工同样驱动了国家内部城市之间的跨区域合作和企业创新机构在不同层级城市中的梯度迁移。随着一线城市企业经营成本(用人成本等)的增长,越来越多企业的研发中心开始从一线城市向二线城市转移(或扩容)。例如华为(总部深圳)、联想(总部北京)等高新制造企业已将新的研发中心布局在国家中部交通枢纽武汉,阿里巴巴(总部杭州)、京东（总部北京）、新浪（总部北京）、盛大游戏（总部上海）等互联网、软件巨头企业也将产品研发中心布局在环境优越且成本较低的成都。龙头创新企业除了在全国各大城市进行广域布局以外，在区域经济、交通网络联系较为密切的城市群中，更为频繁地进行分工布局。以药明康德生物技术公司在长三角地区的布局为例，该公司在上海布局了国际化的研发总部，在无锡布局了大分子药的生产和中试环节，在常州布局了小分子药的生产，而苏州和南京则分别承担着与核心创新环节紧密相关的安全测试、毒理研究和生物分析、药性评价的研发中心（图3-4）。面对区域的创新分工，二线城市或者全球城市区域中的城市将率先迎来承接创新发展的机遇，而随着创新流程的进一步丰富以及头部城市经营成本的持续上涨，创新的区域化分工也将更加明显。

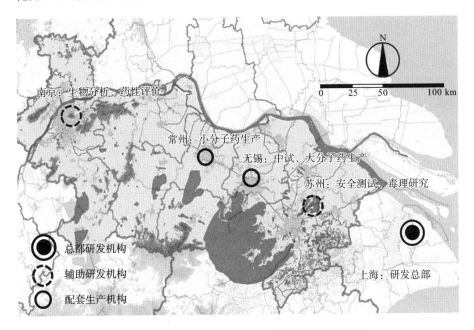

图3-4 药明康德生物技术公司各分支机构的布局

3.2.2 设置定向激励的全流程政策

借鉴传统工业用地制度的设计经验，地方政府设计出具有激励型地租调整效果的创新型产业用地制度，以吸引增量创新企业。作为一种独特的用地类型，创新型产业用地天然地体现出空间的政治经济特性。依托新型的产业用地制度，地方政府在提升土地使用价值的同时，降低创新企业的土地使用成本。由于企业都希望尽可能多地获得超额利润，倘若没有相应、合理的用地制度予以约束，地租调整很可能丧失对于"创新"的定向激励作用。因而，地方政府在设计用地制度时，不得不谨慎平衡地租吸引力和有效激励之间的关系，尽可能保障用地制度的创新激励作用，确保政府让渡(或损失)的地租收益尽可能转化为企业发展的创新动能。基于此,创新型产业用地制度普遍遵循着如下要点(图3-5):①通过创新企业(项目)的认定来明确租差的让渡对象,避免传统企业或传统项目的投机套利行为;②通过地租价差的形式设计明确租差的形成方式和规模,在满足创新企业空间需求的同时,作为政府与创新企业的主要谈判筹码;③通过经营状态的监管机制,督促创新企业保持创新积极性,验收企业所产生的创新价值,保障创新效应的持续形成。经营状态的监管机制是对前两个要点的呼应和检验。

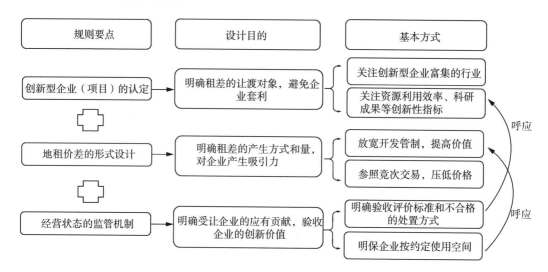

图3-5 创新型产业用地制度的设计框架

1) 创新企业(项目)的认定

相比于工业企业,创新企业的认定具有更大的难度。例如,对于一些已经集团化的成熟创新企业,其下属有众多的分支机构,地方政府需要辨别引进项目或分支机构是否属于企业的创新环节,筛选和排除一般性的生产或生产性服务环节。对于一些初创的企业,因其发展的不确定性也将造成鉴别难度。因此,创新企业的识别往往需要结合多条线索进行综合判断。①行业类型。虽然创新企业并不局限于特定的行业类型,但是确实存在创新企业相对富集的行业。例如,工业设计行业、咨询行业等生产性服务业,与技术革命周期紧密结合的新兴行业(新一代信息技术、生命科技、人工智能等)。②资源利用效率、科研成果等创新性指标。一旦创新企业脱离孵化阶段,它们对于包括空间在内的各种自然资源的利用绩效往往较一般企业更高,尤其是一些技术型企业通常具备创新技术、项目的专业认证。总体而言,创新企业(项目)的认定是一项复杂工程,充分考验着地方政府的治理能力,理想情况下应该由专门的政府组织和专业的评估团队协作完成。

2) 地租价差的形式设计

地租价差的形式设计,即政府对土地进行赋租和定价的具体规则安排。在赋租环节,政府可以通过放宽对土地使用的功能兼容性和开发强度的控制,在满足创新企业弹性使用的同时,赋予土地更高的短期经营性价值。而在定价环节,政府可以参照工业用地出让的竞次交易方式,压低创新企业使用土地的成本。创新企业的认定实际上也为地方政府的定向供地提供了可操作的前提,成为企业申请用地、参与竞价的筛选门槛。虽然地方政府在地租价差的设定上掌握较高的自由裁量权,但地租价差量的最终确定仍然是基于地方政府与创新企业、地方政府与其他地方政府之间的多向博弈。

3)经营状态的监管机制

由于地租价差的存在以及创新企业认定的复杂性,地方政府有权利,也有责任对企业的空间使用情况、经营状态进行持续的监管,以确保企业兑现政府预期的创新效应。监管机制是对创新企业(项目)认定环节的补充和验证,也是政府对企业创新贡献的验收过程,即明确验收合格的评价标准体系和验收不合格的处置方式。此外,监管机制也是为了确保企业按照事先约定的空间使用方式开展经营活动,避免企业利用相对宽松的开发管制,违规进行住宅、商业地产开发。

3.2.3 案例:主要城市创新型产业用地政策

早在2013年左右,深圳、南京等一批城市就已经率先开展了适应于创新型产业的用地制度探索;这些为创新型产业项目专门设计的用地,有些城市称之为创新型产业用地或科创产业用地,有些城市则称之为新型产业用地;尽管名称和用地编号有所差异,但内涵却大同小异,后文统一以"创新型产业用地"进行表述。2013版《深圳市城市规划标准与准则》专门新增了新型产业用地(M0),将其定义为融合研发、创意、设计、中试、无污染等(创)新型产业功能以及相关配套服务活动的用地;南京在2013年发布的《关于进一步规范工业及科技研发用地管理的意见》指出科技研发用地包含科研设计用地(C65)和生产研发用地(Mx),土地登记用途统一为科教用地(科技研发)。2015年国土资源部会同国家发展改革委、科技部、工业和信息化部、住房和城乡建设部、商务部联合发布了《关于支持新产业新业态发展促进大众创业万众创新用地政策的意见》,从加大新供用地保障力度、鼓励盘活利用现有用地、引导新产业集聚发展、完善新产业用地监管制度等方面对创新型产业的发展提出支撑性建议,鼓励地方政府针对创新型产业开展用地制度创新。在国家政策文件的号召下,越来越多城市意识到新型产业用地的价值,杭州、南京、福州、郑州、东莞、惠州等城市都已陆续主动探索并持续完善符合地方实际、激励创新型经济的用地政策(表3-1)。事实上,创新型产业用地制度最早在珠三角得到大量推广,主要是用于盘活存量工业用地,为传统工业用地(M)更新为创新型产业用地(M0),创造便捷运作的政策窗口,但随着政策的全国性推广和完善,该政策日益成为城市提升创新竞争力的重要空间治理手段之一。

表 3-1 国内部分城市出台的新型产业用地政策(截至 2022 年 12 月)

城市	时间	政策文件
南京	2013 年 1 月	《关于进一步规范工业及科技研发用地管理的意见》
	2018 年 2 月	《关于创新名城建设土地保障政策实施办法(试行)》
	2021 年 1 月	《关于促进产业用地高质量利用的实施方案》
	2021 年 3 月	《南京市空间要素保障创新计划和若干配套政策》
杭州	2014 年 1 月	《关于规范创新型产业用地管理的实施意见(试行)》
	2019 年 8 月	《关于进一步规范全市创新型产业用地管理的意见》
上海	2016 年 3 月	《关于加强本市工业用地出让管理的若干规定》
	2019 年 11 月	《关于支持临港新片区园区平台提升创新服务能力工作的实施意见》
福州	2017 年 8 月	《福州市人民政府关于创新型产业用地管理的实施意见(试行)》
东莞	2018 年 9 月	《东莞市新型产业用地(M0)管理暂行办法》
	2020 年 9 月	《关于完善东莞市新型产业用地(M0)项目管理的补充规定》
	2022 年 12 月	《东莞市新型产业用地(M0)管理办法(修订)》
郑州	2018 年 12 月	《关于高新技术产业开发区新型产业用地试点的实施意见》
	2019 年 3 月	《关于新型工业用地管理的实施意见(试行)》
广州	2019 年 3 月	《广州市提高工业用地利用效率实施办法》
	2020 年 4 月	《广州市新型产业用地(M0)准入退出实施指引(试行)》
深圳	2019 年 3 月	《深圳市工业及其他产业用地供应管理办法》
佛山(顺德)	2019 年 3 月	《顺德区村级工业园升级改造新型产业及综合型产业用地管理暂行办法(试行)》
惠州(惠州仲恺高新区)	2019 年 7 月	《仲恺高新区新型产业用地(M0)管理暂行办法》
济南	2021 年 3 月	《关于支持新型产业发展用地的意见(暂行)》
苏州(昆山、太仓)	2019 年 7 月	《昆山市科创产业用地(Ma)管理办法(试行)》
	2019 年 12 月	《昆山市科创产业用地(Ma)项目资格准入和管理实施细则(试行)》
	2021 年 8 月	《太仓市新型产业用地(M0/Ma)管理办法(试行)》
贵阳	2019 年 7 月	《贵阳市新型产业用地管理暂行办法》
	2021 年 9 月	《贵阳国家高新区新型产业用地项目实施管理办法》
无锡	2019 年 8 月	《关于调整市区科研设计用地和商业用地出让政策的通知》
	2022 年 2 月	《关于规范新型产业用地管理的通知》

续表 3-1

城市	时间	政策文件
南宁	2020 年 7 月	《南宁市创新型产业项目用地管理暂行办法》
成都	2020 年 4 月	《关于加强新型产业用地(M0)管理的指导意见》
	2021 年 2 月	《关于加强科研设计用地(A36)管理的指导意见》
青岛	2020 年 4 月	《关于加强新型产业规划用地管理的通知(试行)》
烟台	2020 年 5 月	《烟台市新型产业用地(M0)管理暂行办法》
	2021 年 5 月	《关于在烟台经济技术开发区开展新型产业用地(M0)试点工作的实施意见》
宁波	2020 年 10 月	《甬江科创大走廊创新型产业用地(M0)管理办法(试行)》
	2022 年 4 月	《宁波前湾新区创新型产业用地(M0)管理办法(试行)》
武汉	2020 年 12 月	《关于支持开发区新型工业用地(M0)发展的意见》
	2021 年 3 月	《关于开发区新型工业用地(M0)项目管理实施细则(试行)》
天津(滨海新区)	2020 年 11 月	《关于支持新型产业用地高效复合利用暂行办法》
嘉兴	2021 年 7 月	《嘉兴市创新型产业用地(M0)管理实施意见(试行)》
重庆	2021 年 10 月	《关于加强中心城区新型产业用地(M0)管理的指导意见(试行)》
沈阳	2021 年 7 月	《关于支持创新型产业用地发展的实施意见》
岳阳	2021 年 11 月	《中国(湖南)自由贸易试验区岳阳片区新型产业用地(M0)试点管理办法》
洛阳	2021 年 12 月	《关于新型产业用地管理的实施意见(试行)》
宜宾	2022 年 4 月	《关于加强中心城区新型产业用地(M0)管理的指导意见(试行)》
昆明	2022 年 7 月	《关于支持创新型产业用地发展的指导意见(试行)》

1）严格的准入要求

创新型产业用地的供给对象通常需要通过一系列的准入评估，地方政府在识别创新企业、设置招引门槛中有较高的自主裁量权。通过准入要求的设计，政府可以筛选、聚焦创新企业，确保地租优惠政策的精准供给。需要注意的是，准入要求的设置虽然是政策设计的起点，但是具体的门槛设计却与后续的政策优惠条件紧密相关，且与城市自身发展条件与治理的诉求相关。准入要求难度通常应与政策优惠力度成正比，才能保证政策实施的合理性；而不同城市还应该根据自身创新发展的阶段具体调整准入要求与政策优惠的偏差。自身创新基础和吸引力较弱的"招"商型城市，更加倾向于以相对较低的准入要求，配合相对较高的政策优惠，自身创新基础和吸引力较强的"择"商型城市,往往以相对较高的准入要求,配合相对较低的政策优惠(图3-6)。

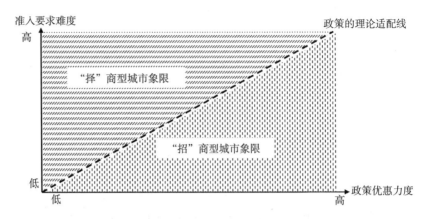

图3-6 准入要求与政策优惠的关系

可以说,从准入要求的设计开始,便能够体现出政府与企业、政府之间的治理博弈过程。具体而言,通常从如下几个方面进行政策设计:

(1)产业门类的原则性要求

一方面,地方政府会根据城市发展的产业特征和意图,明确产业门类的倾向,以期加快形成具有竞争力的特色化、专业化的创新型产业集聚;另一方面,针对产业发展的不确定性,对于创新型产业的筛选仍然会保留一定的门类弹性,强调土地使用服务于创新活动;或是采用负面清单的模式进行要求。例如,南京市指出,对市科学技术委员会(即科委)认定的新型研发机构、符合"4+4+1"产业定位的科技成果转化和产业化项目,优先安排用地计划,强调创新发展对于城市产业体系现代化的支撑作用。杭州兼顾了重点产业与创新活动的特征:将创新型产业定义为新旧动能接续转换的新业态,主要涵盖研发、设计、孵化、试验、检验、检测、认证等环节,并专门制定了创新型产业分类目录;强调要立足产业基础、体现杭州的产业特色,同时也与浙江省的创新发展目标形成呼应;创新型产业分类目录与国民经济与社会发展五年规划相吻合,包括文化创意、信息软件、物联网等产业类型。还有城市采用"正面产业清单引导+负面产业清单限制"的模式,例如,武汉一方面提出在符合全市"965"现代产业体系目录的总体要求基础上,由各开发区管委会自行设计具体产业准入门类;另一方面明确提出新型产业用地项目不属于《产业结构调整指导目录(2019年本)》中淘汰类、限制类产业。广州、郑州、东莞、惠州等城市则更加开放,没有点出具体的产业门类,仅强调企业创新活动的特征,例如,东莞指出创新型产业用地是服务于"融合研发、创意、设计、中试、生产等新型产业功能以及相关配套服务的用地"。广州强调创新型产业用地"为适应创新企业发展和创新人才的空间需求,用于研发、创意、设计、中试、检测、清洁生产等环节"。总体而言,由于创新产业业态的变化,除了部分有明确产业发展战略诉求的城市外,大部分城市倾向于弱化对于产业门类的要求。

(2) 关键指标的个性化设计

企业使用创新型产业用地将得到显著的超额利润,因此,对于创新型产业用地,受让企业的资格审查也相对严格。各城市通常都提出了系统的考核要求,包括投资强度、税收产出、创新性项目认证、综合能耗等等;并且常常对相关指标进行动态调整,以适应城市与区域产业发展的实际情况。例如,杭州的准入指标包括容积率、固定资产投资强度、单位用地税收、研发经费支出与主营业务收入比、研发人员与从业人员比、单位能耗增加值、单位排放增加值等。福州、东莞等城市在指标项上较为简单,主要体现为投入强度和税收产出。值得一提的是,杭州的相关要求经过一轮调整,2014年版创新型产业用地政策试行以后,由于当时设置的准入门槛偏低,市场对创新型用地的"投机"热情异常高涨,因此各区不得不在具体的操作中提高指标要求。尽管如此,还是有些创新性不足的项目混入其中,因此,在后来发布的补充政策中,杭州提高了全市的基准标准。

部分城市根据创新产业项目的投资主体、创新活动的特点、开发形式、空间特征等进行了细分,差异化设置准入指标(表3-2)。例如,南宁根据投资主体的差异,将创新型产业项目分为企业建设研发型总部(第1类)、专业运营商、市属和城区(开发区)所属国有平台公司开发建设的创新型产业项目(第2类),以及利用中心城(镇区)空闲或低效用地开发建设的创新型产业项目(第3类),设置了不同的指标要求。宁波前海湾新区根据创新活动的侧重点差异,将创新型产业项目分为产业类M0项目和科技研发类M0项目。其中:产业类M0项目重点关注项目投资情况,对固定资产投资强度、单位用地达产税收有明确要求;科技研发类M0项目重点关注科技产出和人才团队情况,对研发经费支出占主营业务收入比例、研发人员数量占从业人员总数比例有明确要求。昆山市根据新增、存量两种开发形式提出了不同的准入要求,新增产业项目参照产业定位、投资强度、产出效益、环境影响、安全生产及资源利用等构成的项目评价指标体系进行打分,确认是否具备准入条件,整体准入指标相对较高且条目全面;"工改Ma"用地要求则相对简单,仅需要亩均新增投资不低于400万元、亩均销售额和亩均税收贡献达到上年度昆山市工业企业资源集约利用综合评价企业平均水平的120%。广州根据产业用地的不同区位价值,将市区分为中心城区、外围地区两类片区,设置了不同的创新型产业用地准入标准。

表3-2 国内部分城市创新型产业用地的准入指标比较

产业准入指标	杭州(2019年)	宁波前海湾新区(2022年)	宜宾(2022年)	南宁(2020年)	广州(2020年)
固定资产投资强度	≥500万元/亩	≥500万元/亩(产业类)	≥300万元/亩	—	中心区≥1 200万元/亩;外围地区≥800万元/亩
单位用地税收	≥50万元/亩	≥50万元/亩(产业类)	≥12万元/亩	≥50万元/亩(第2、3类)	中心区≥120万元/亩;外围地区≥80万元/亩

续表 3-2

产业准入指标	杭州 (2019年)	宁波前海湾新区(2022年)	宜宾 (2022年)	南宁 (2020年)	广州 (2020年)
研发经费支出的主营业务占比	≥5%	≥10%(科技研发类)	≥3%	≥3% (第1类)	—
研发人员与从业人员比	≥30%	≥50%(科技研发类)	—	—	—
单位能耗增加值	≥5 万元/吨标准煤	—	—	—	—
单位排放增加值	≥1 000 万元/吨	—	—	—	—
单位用地营业收入（产出率）	—	—	≥600 万元/亩	≥2 000 万元/亩 (第2、3类)	中心区≥2 000 万元/亩；外围地区 ≥1 200 万元/亩
年产值 （营业收入）	—	—	—	≥10 亿元 (第1类)	—

更多城市在市级层面并没有提出统一的明确指标，而是将指标考核的权限下放给所在区和高新区，要求由各基层管理部门制定细则，在合同中予以明确，给予基层治理留有足够弹性，也充分考虑了不同地区发展的差异性。例如，东莞在其2018年发布的《东莞市新型产业用地（M0）管理暂行办法》中提出，投资强度（投资总额/占地面积）不低于600万元/亩，年产出比（年度工业总产值/占地面积）不低于1 200万元/亩的基本要求，而在2022年发布的修订版中仅仅提出要重点支持的三类方向：符合市产业发展方向的行业龙头企业；市属、镇属国有独资或控股企业开发建设新增用地M0项目；支持高成长性企业通过"联合竞买"方式开发建设新增用地M0项目。这样的政策设计给予基层政府更大的自治权力，在增加基层治理灵活性的同时，也增加了挑战性。笔者认为适当的底线要求与合理的放权设计相互结合，更有利于政府及时响应层出不穷的创新业态和空间利用需求。

（3）审查机构的多级化设置

考虑到准入资格审查的重要性和复杂性，各个城市对于负责准入项目审查的机构都予以明确。审查机构通常是一个跨部门、专业性较强的联合组织；存在区（含开发区）级、市级审查两类组织模式。例如，杭州提出由各区政府牵头成立创新型产业投资项目准入评估机构。广州、郑州也是相似的区级审查模式，强调由区级政府组织发改、商务、科技创新等部门进行综合审查。福州、南京、东莞等城市则是采用市级审查模式：①福州要求由园区管委会提出申请，由市级项目准入评估机构[由市发展和改革委员会（发改委）、市经济和信息化委员会（经信委）联合牵头，市财政局、市投资促进局(投促局)、市科技局、区政府等部门配合成立]对申请项目进行评审。②南京针对政策扶持力度较大的国家重大科技创新平台、科技创新项目,要求由市科委认定。③东莞采用的是分类分级审批模式,针对所有新增用地项目和用地面积超过75亩(0.05 km^2)的项目,要求组织招商引资创新工作领导小组会议(分管招商引资、自然资源的市领导参与),对相关准入条件、监管协议等实行一次性过会审议;其他项目的开发主体准入认定由市投资促进部门负责受理,用地规划业务由市、功能区自然资源部门负责受理。

(4) 用地布局与规模的限制

在推进创新型产业用地政策的过程中,部分地方政府有意识地采用划定试点地区的方式,体现非均衡的空间治理意图,突出对创新空间的战略引导,同时避免创新型产业空间冲击既有城市空间格局(尤其为了杜绝以创新型产业的名义,低成本入驻城市商务中心区的情况)。例如,福州规定创新型产业用地政策适用于金山投资区、福兴经济开发区、福州市软件园、马尾科技园、仓山科技园等主要的新兴产业园区。广州规定,优先在科技创新平台、广深科技创新走廊、产业集聚区周边、连片更新改造区域等范围选址;同时提出原则上不允许布局的限制性地区。南京为了更有针对性地推动"两落地,一融合"(科技成果项目落地、新型研发机构落地、校地融合发展),对高新区范围和高校周边地区(用地边界1 km范围内)提出了更加低廉的土地出让金标准和更加宽松的分割转让条件。郑州、惠州、宁波等城市都是在特定的高新区范围内进行率先试点。东莞在2018年试行的管理办法中采用正面引导的方式进行政策设计,试点范围包括《广深科技创新走廊(东莞段)空间规划》中的省、市创新核心平台和创新节点,由市统筹、市镇联合统筹的地块,以及市招商创新办确定的市镇联合重点招商的区域等。而在2022年修编的管理办法,则更加明确限制布局的空间:工业保护线内限制布局,各镇街(园区)保护线内项目总量不超过5%;市级核心区内原则上不布局相关项目,市级核心区包括市行政文化中心区、东莞国际商务区、枢纽型轨道交通站点500 m范围内区域。

此外,基于谨慎实施的考虑,部分城市对于创新型产业用地的总体规模和单个产业项目的用地规模均进行了约束。例如,东莞明确新增用地M0项目实行年度规模管控,全市每年认定的新增用地M0项目用地规模原则上不超过300亩(0.2 km^2),按照综合择优的原则进行遴选。因引进重特大项目,确需突破年度用地规模总量的,由属地镇街(园区)提出申请,报市政府审定。南宁提出,城区(开发区)在本辖区划出一定区域作为创新型产业项目用地试点,原则上每个城区试点区域面积不超过50亩(约0.03 km^2),高新区、经济开发区(经开区)、东盟经开区、自贸区南宁片区试点区域面积均不超过200亩(约0.13 km^2),若试点面积供应完毕且已建项目经评估效果较好,可向市人民政府申请增加。涉及重大创新型产业项目且需要增加试点用地面积的,实行"一事一议"。太仓市提出,位于城镇开发边界内,但在规划的产业基地和产业社区外的存量工业企业申请"工改 M0/Ma",需经市新型产业用地联合预审领导小组审核;同时按全市工业保障规模的 12% 确定 M0/Ma 用地总规模,各产业基地、产业社区中的 M0/Ma 用地均不得超过各自工业保障规模的 12%。

2)明显的地租价差

通过创新型产业用地的开发形态以及出让制度的设计,地方政府可以以高赋租、低定价的形式,把超额的土地价值让渡给创新企业。各个城市都通过用地管理的政策设计,希望将创新型产业用地与传统工业用地、商务商业用地进行一定的区分,形成级差。其总体思路是将使用功能向市场价值更高的商务商业用地方向进行偏移,而将用地成本参照市场价值较低的传统工业用地进行偏移,在满足创新企业功能性空间需求的同时,让渡部分土地出让(或更新)的政府收益,创造"地租价差",将其转化为企业生产经营的超额利润,进而对创新企业产生吸引力和激励作用。

(1)较高使用价值的综合开发

相比于传统的工业用地,创新型产业用地具有灵活的土地使用方式和更高的土地价值(表 3-3)。在城市用地分类标准中,创新型产业用地虽然大都作为工业用地的中类,但实际的开发形态却更加接近以商务办公为主的综合体。创新型产业用地的开发强度与功能管制设计不仅体现出对创新企业经营需求的空间回应,也是政府对于土地进行赋租、增值的过程。各城市对于创新型产业用地多是采用下限要求的方式进行容积率设定,下限标准通常在 2.0—3.0。此外,大多数城市都赋予创新型用地一定的兼容性,以厂房和研发用房为主要用途,同时可以配建一定比例的商业、公寓等配套生活设施。创新型产业用地的兼容性越大,也就意味着土地短期的经营性价值更高,土地资本化的潜力更大。兼容性越高,一定程度地体现出政府更大的招引力度和让利决心。但是为了防止产业项目的非产业化(地产化、商业化),实际上,相关的配套比例仍不能无限扩大。例如:杭州明确行政办公及生活服务设施的用地面积不得超过总用地面积的 7%,建筑面积不得超过地上总建筑面积的 15%;广州则要求配建面积不超过总建筑面积的 30%;而东莞则曾提出产业用途的建筑面积不低于项目总建筑面积 50%,但由于实施过程中存在一定问题,后来又修订了相关政策,要求配套用房计容建筑面积不得超过总计容建筑面积的 30%,其中的宿舍用房计容建筑面积比例不得超过总计容建筑面积的 15%。

表 3-3　国内部分城市新型产业用地的准入指标比较

城市 (政策年份)	容积率规定	配套用房规定
杭州 (2019 年)	原则上不低于 3.0	行政办公及生活服务设施的用地面积不得超过总用地面积的 7%,建筑面积不得超过地上总建筑面积的 15%

续表 3-3

城市（政策年份）	容积率规定	配套用房规定
广州（2019年）	原则上不低于3.0	配套行政办公及生活服务设施的计容建筑面积不大于总计容建筑面积的30%；独立占地建设的，其用地面积不大于总用地面积的10%
东莞（2022年）	原则上不低于3.0，不超过5.0，在满足城市空间品质、公共服务设施、交通设施和市政设施承载能力的情况下，可适当提高容积率上限至6.0	配套用房计容建筑面积不得超过总计容建筑面积的30%，其中的宿舍用房计容建筑面积不得超过总计容建筑面积的15%
太仓（2021年）	容积率不得低于2.0，原则上不高于5.0	配套用房的建筑面积不得超过项目总计容建筑面积的30%
南宁（2020年）	原则上不超过3.5[利用中心城（镇区）空闲或低效用地开发建设的创新型产业项目，容积率不超过5.0]	创新型产业项目产业用房建筑面积不低于项目总建筑面积的80%，配套用房应当相对集中统一设置且建筑面积不得超过项目总建筑面积的20%。其中，企业建设研发型总部项目配套用房建筑面积不得高于总建筑面积的10%，利用中心城（镇区）空闲或低效用地开发建设的创新型产业项目配套用房建筑面积不得高于总建筑面积的7%
武汉（2021年）	—	新型工业用地(M0)项目的产业用房的计容建筑面积占总计容建筑面积比例不小于70%，配套用房的计容建筑面积不大于总计容建筑面积的30%。其中，配套公寓及员工倒班房建筑面积不大于总计容建筑面积的15%
重庆（2021年）	新型产业用地(M0)原则上按照容积率不低于2.0，不高于3.5，建筑高度一般不超过24 m，最高不超过40 m进行控制	新型产业用地(M0)项目的辅助用房用地面积不得超过项目总用地面积的7%，建筑面积一般不宜超过项目总建筑面积的20%，严禁建设成套住宅、专家楼、宾馆、招待所和培训中心等不为新型产业生产服务的配套设施

（2）有限灵活的地产经营价值

产业用地开发后能否分割出让，直接影响到土地经营性价值，也可能导致产业用地的"地产化"风险。从企业角度，适度的分割销售能够有效摊薄土地成本和迅速回笼资金，并有利于自己组织存在产业关联的上下游企业就近集群;但从政府而言,产业用地的供给初衷是希望能够让"目标"企业专心从事生产、提供税收和就业,而分割销售等经营权限的赋予将会带来更多的企业投机行为,出现企业"二房东"的现象,并扰乱经营性用地市场。因此,对传统工业用地的分割出让权限虽近年来有所放松,但在全国层面总体上仍比较严格。

而针对开发形式更加丰富的创新型产业用地,政府在分割转让的管理方面则更为慎重;尤其是限制分割与商业商务用地等经营性用地在功能上有明显重叠的生活配套设施部分。面对巨大的利益诱惑,部分企业存在虚假申报、将土地开发以后进行分割出让的经营倾向。为了防止企业以创新型产业用地进行房地产开发的套利行为,各城市都制定出了相应的动态监管和分割转让管理规定(表3-4)。例如,福州、重庆直接提出创新型产业用地不得分割转让。杭州指出原则上不允许分割转让,因孵化企业、上下游产业链关联企业、子公司或控股公司首次公开募股(Initial Public Offerings,IPO)上市等特殊原因确需产权分割的,可办理分割登记,且应由政府优先回购;另外,还对存在对外出租需求的企业,规定了承租对象的准入标准和租金标准。广州同样规定配套行政办公及生活服务设施不可分割转让,产业用房的分割转让也有细致的准入、销售要求。太仓要求配套用房均需整体自持,可用于租赁;产业用房可分割转让比例最高不得超过地块总计容建筑面积的70%,且有明确的单宗出让最小面积要求。

(3) 较低使用成本的地价测算

与土地的高价值形成鲜明对比的是土地出让金的低标准。土地出让金的基本定价需要综合考虑用途、分割比例、容积率、出让年限等约束性要素,但针对创新型产业用地,大部分城市主要参照工业用地底价略有上浮

表3-4 部分城市分割出让的政策设计

城市 (政策年份)	分割出让的政策要求
杭州 (2019年)	创新型产业用地原则上不得分割登记、分割转让。创新型产业用地达标验收通过后,因孵化企业、上下游产业链关联企业、子公司或控股公司IPO上市等特殊原因确需产权分割的,经区、县(市)政府、新区管委会审查批准并报市政府备案后,可办理分割登记、分割转让手续。分割登记、分割转让的总面积不得超过地上总建筑面积的50%,应以幢、层作为最小分割单元且每层建筑面积不得低于500 m²。受让对象应是符合创新型产业指导目录要求的企业。创新型产业用地地上建筑物原则上以自用为主,确有剩余的,可由区、县(市)政府、新区管委会指定机构统一承租后对外运营,或经区、县(市)政府、新区管委会审查批准后由用地单位对外出租。创新型产业用地地上建筑物用于出租的,承租企业必须符合创新型产业指导目录要求,租金原则上不得超过同时期同区域商务办公用房租金的50%,具体由区、县(市)政府、新区管委会负责监管

续表 3-4

城市 （政策年份）	分割出让的政策要求
广州 （2020年）	新型产业用地（M0）的配套行政办公及生活服务设施不可分割转让，产业用房可按幢、层等固定界限为基本单元分割登记、转让，其分割转让按照《广州市提高工业用地利用效率实施办法》及以下要求执行：①分割转让的建筑面积不超过项目分割转让时已确权登记产业用房建筑面积的50%，最小分割面积不小于500 m²。②分割转让对象应为从事研发、创意、设计、中试、检测、无污染生产等环节的制造业企业、信息服务业企业、科技服务业企业、生产性服务业企业，分割转让对象的产业类型应符合本指引规定的产业准入要求。③分割转让对象的受让面积土地产出率或税收强度，应满足投入产出监管协议约定的土地产出率或地均达产税收折合产业用房单位建筑面积强度的要求。未达强度要求的企业可先租赁产业用房，待满足条件后再行分割转让
东莞 （2022年）	①新增用地M0项目原则上以自持为主。确需分割转让的，可限价（成本+微利）分割转让给拟上市企业、"专精特新"企业等优质企业的总部使用，分割转让比例由市招商引资创新工作领导小组审定。②"工改M0"项目可分割转让的计容建筑面积不得超过项目总计容建筑面积的49%。③集体经济组织开发建设M0项目、已出让土地转M0项目不得分割转让。④占地面积小于50亩（约0.03 km²）的新型产业用地（M0）项目不得分割转让。同一开发主体将多宗相邻新型产业用地（M0）作为一个项目整体规划且占地面积超过50亩的，不受此限
太仓 （2021年）	配套用房均需整体自持，可用于租赁。产业用房按幢分割的，每个基本单元建筑面积不得少于2 000 m²；产业用房按层分割的，每个基本单元建筑面积不得少于300 m²。产业用房可分割转让比例最高不得超过地块总计容建筑面积的70%。开发主体在项目竣工后按规定期限向市不动产登记部门申请办理不动产首次登记。产业用房自完成首次转让之日起5年内不得再次转让。届满5年的产业用房优先由原开发主体或政府按原转让价格进行回购。原开发主体或政府放弃回购的，产业用房可在市场上进行转让
武汉 （2021年）	新型工业用地（M0）产业用房分割转让比例不超过产业用房总计容建筑面积的50%，可按照幢、层、套（间）等固定界限为基本单元分割登记，产业用房分割转让建筑面积不得低于500 m²。配套用房可以分割转让，但应当与产业用房相挂钩，受让人购买配套用房占配套用房总建筑面积的比例原则上不得超过其持有产业用房占产业用房总建筑面积的比例。用于租赁，承租主体必须符合所在开发区管委会制定的项目准入条件，入驻申请表和租赁合同需要报开发区管委会备案

或者在商业地价基础上大打折扣，且大多留有一定的议价空间（表3-5）。武汉等对于分割出让要求比较宽松的城市，还将可分割出让比例作为地价调整的参考因素。值得注意的是，虽然创新型产业用地仍然执行招拍挂出让，但是由于有系统的准入要求和详细的申请—考核过程，在具体执行过程中可以达到类似于协议出让的定向供地效果。因此，土地出让的竞价情

况并不激烈,多数情况可以实现基准价出让。杭州甚至提出可采取限地价、竞亩均税收或竞达标时限等方式确定竞得人,充分保证创新企业能够以较低成本拿到创新型产业用地。

表 3-5 部分城市创新型产业用地的定价规定

城市 (政策年份)	用地定价的政策要求
杭州 (2019 年)	创新型产业用地出让起价按工业用地评估价的 1.5 倍修正后评估、确定。具体起价由区、县(市)政府、新区管委会集体研究确定
广州 (2019 年)	新增新型产业用地(M0)的出让底价按照同地段办公用途市场评估楼面地价的 20%,乘以该地块的总计容建筑面积(不含须无偿移交的建筑面积),并按照实际出让年限修正后确定,且不得低于土地取得成本、土地前期开发成本和按规定应收取相关费用之和,不低于国家、省规定的土地出让最低价。计价公式为:$P=C\times20\%\times S\times(N/50)$。其中:$P$ 为新型产业用地出让底价,C 为出让时点同地段的办公用途市场评估楼面地价,S 为该地块的总计容建筑面积(不含须无偿移交的建筑面积),50 年为工业用地最高出让年限,N 为实际出让年限。存量普通工业用地经批准调整为新型产业用地(M0)的,须按同地段办公用途市场评估楼面地价的 20%,乘以该地块的总计容建筑面积(不含须无偿移交的建筑面积)补缴土地出让金,并按已出让土地使用权剩余年限进行年限修正
东莞 (2022 年)	新型产业用地(M0)项目的土地出让底价应根据区位、用地面积、容积率、可分割比例、建筑功能配比、实际出让年限等因素确定。"工改 M0"项目的土地地价按照"三旧"改造相关规定执行。已出让土地转 M0 项目的土地地价按照《东莞市建设用地规划条件管理暂行规定》评估后补缴土地出让金
太仓 (2021 年)	新增 M0/Ma 用地应委托具有资质的第三方评估机构开展地价评估工作,出让底价经市工业用地上市工作领导小组集体决策报市人民政府批准后确定。出让底价评估应综合考虑用途、分割比例、容积率、出让年限等约束性要素,新型产业用地(M0/Ma)土地出让底价介于普通工业用地与商业办公用地之间,利于新型产业项目的错位发展。"工改 M0/Ma"用地以新增 M0/Ma 出让地价为基础,按照不动产权证书剩余使用年限进行修正,在扣减原土地使用条件下用地价格后确定补缴土地出让金
南宁 (2020 年)	土地出让(或租赁)价格以工业用地价格为基准,按工业用地地价的 1.5 倍修正后评估确定
武汉 (2021 年)	新供应新型工业用地(M0)的土地出让(租赁)起始价格按照以下公式计算:$P=N\times[M/50+15\%\times(C\times S/40)\times(1+Q)]$ 其中:P 为新型工业用地(M0)出让(租赁)土地价格,N 为新型工业用地(M0)土地出让(租赁)年限,M 为同地段的工业用地 50 年期市场评估价格,C 为同地段的办公用地 40 年期市场评估楼面地价,S 为该地块的总计容建筑面积,Q 为分割转让比例。已供地调整为新型工业用地(M0),项目开发主体应当按照新型工业用地(M0)的土地出让价格与原用地土地价格的差额补缴土地出让金

续表 3-5

城市 （政策年份）	用地定价的政策要求
重庆 （2021年）	最低可按工业用地基准地价的70%确定，但不得低于国家规定的工业用地出让最低价标准

3）动态的监管机制

在动态监管方面，"先租赁后出让"的弹性供地制度成为大部分城市的首选（表3-6）。租赁期就是地方政府对于企业创新性的考察期，在通过达产验收后，方可办理剩余年限的土地出让手续。例如，杭州明确提出3

表3-6 相关城市动态监管的政策设计

城市	动态监管政策内容
杭州 （2019年）	出让模式可实行一次性整体出让，也可按规定采取"先租赁后出让"分阶段供地。履约保证金按不低于总地价的30%收取，项目通过达产验收的，全额退还履约保证金，未通过达产验收的，按规定没收履约保证金。达标考核应在项目竣工验收通过后3年内完成。采取"先租赁后出让"方式供应的创新型产业用地可以免收履约保证金。达标考核通过的，由区、县（市）政府、新区管委会出具项目达标验收意见，并退还履约保证金；达标考核未通过的，履约保证金不予退还并按规定追究违约责任，同时给予最长不超过两年的整改期。整改期满仍未达标的，经区、县（市）政府、新区管委会审查批准后，规划和自然资源部门按规定解除土地出让（租赁）合同，土地使用权按原出让价格扣减相应使用年限后予以补偿，地上建（构）筑物和不可移动的设备、设施按评估价予以补偿
福州 （2017年）	实行（6+N）年限（不超过30年）的土地出让模式，土地出让金一次性收取。其中，6年为建设（不超过3年）、达产验收期（至少3年），该期限内土地使用权不办理登记，并不得转让、出租和抵押。如达产验收中税收指标未达标，允许企业按税收指标补足差价，并视为验收通过。履约保证金按不高于约定的最高年限土地出让金总额的30%缴纳，项目通过达产验收的，全额退还履约保证金（含同期银行活期存款利息），未通过达产验收的，按规定没收履约保证金
广州 （2020年）	实行"先租赁后出让"、弹性出让方式供应的，租赁期满或弹性出让年期届满后，经评估达到要求的，可在法定最高出让年限内以协议出让方式续期。在达产及以后阶段连续两个考核期未达到投入产出监管协议约定事项要求的，可选取以下一种或多种方式处理，并在投入产出监管协议中予以明确，由各区政府、广州市空港经济区管委会指定相关部门执行：①新型产业用地（M0）土地供应对象不得享受广州市工业和信息化领域的竞争性财政奖励或补助。②按照投入产出监管协议约定的税收要求，新型产业用地（M0）土地供应对象补缴税收实际缴纳值与约定税收值之间的差额，应以缴纳违约金的方式缴纳。③暂停出具"产业用房分割转让受让主体认定意见"。④将新型产业用地（M0）土地供应对象的违约行为列入信用信息档案，通过信用广州网统一向社会公布，市、区政府及相关部门在招商引资、竞争性政府资金扶持等方面予以参考。⑤收回建设用地使用权。⑥各区政府、广州空港经济区管委会结合本区实际制定的其他违约处置方式

续表 3-6

城市	动态监管政策内容
南宁（2020年）	城区政府（开发区管委会）、五象新区管委会作为创新型产业项目监管的责任主体，负责对项目投资建设履约监管协议书的履约情况进行定期或不定期核查，每年至少组织一次巡查。对达不到项目投资建设履约监管协议要求的，城区政府（开发区管委会）、五象新区管委会应按项目投资履约监管协议和土地出让（租赁）合同追究违约责任。通过验收的，由城区政府（开发区管委会）、五象新区管委会出具"创新型产业投资项目达产验收意见书"。未通过达产验收的，责令项目业主限期整改，整改期限最长不超过1年；逾期仍未通过达产验收的，收回项目业主未销售及其持有的地上房产、建（构）筑物和不可移动的设备、设施，回购价按原出让土地使用权价格扣减使用年限后确定，对地上房产、建（构）筑物和不可移动的设备、设施按照建造成本评估折旧后予以补偿

年的达标考核要求，福州则实行（6+N）的出让模式，前6年为建设（不超过3年）和达产验收期（至少3年）。如果企业在规定的初评期和整改期内均未能达到合同中关于准入要求的承诺，政府则有权收回土地使用权，并对地上建（构）筑物价值按重置评估价进行补偿。部分城市允许企业通过额外补缴的方式对未达标的税收额进行补足；另设置了税收奖励线，针对税收贡献突出的企业，通过提高可分割出让比例或专项财政补贴等方式予以奖励。

4）治理效果与反思

创新型产业用地制度的设计成为创新企业集聚的重要政策动力。杭州作为长三角地区较早设计实施创新型产业用地的城市之一，其对于创新企业的集聚效应已经显现。以拱墅区为例，2017年初，该区将原本规划为住宅用地的1 164亩（0.776 km^2）土地进行整合，成片调整为创新型产业用地，并以此为核心启动"运河智慧网谷"（后被创建成为"运河智慧网谷特色小镇"）的建设（图3-7）。运河智慧网谷特色小镇位于杭州中心城区的北部核心，若用地性质不调整，拱墅区政府可以通过土地出让获得100亿元至200亿元的财政收益，而调整以后反而需要财政支付上百亿元进行基础设施等配套投入。拱墅区政府这一看似"赔本"的决策，实际上是为了实现创新立区、产业立区的目标。创新型产业用地的拿地成本较低，受到许多互联网企业的青睐。互联网企业运营模式是相对轻资产的，除了上市需要以外，固定资产投入的意愿并不是太高。而创新型产业用地的推出，给互联网企业大大"减负"，能够让企业更加专注于人才和技术的资金投入。当然，在招引企业的过程中，拱墅区政府也相应地提出投资强度不低于1 000万元/亩、单位用地产值（营业收入）不低于2 500万元/（亩·年）等显著高于杭州市基准要求的准入门槛，从政策准入上淘汰低端落后的产业，实现了优地优用。截至2022年底，新浪产业园、奇虎360产业园、滴滴汽车产业链总部中心、顺丰全球创新中心、华为云产业园等多个创新型产业项目相继落户。依托创新型产业用地的政策带动力，企业集聚速度显著增强,可预见的税收产出也更为显著。

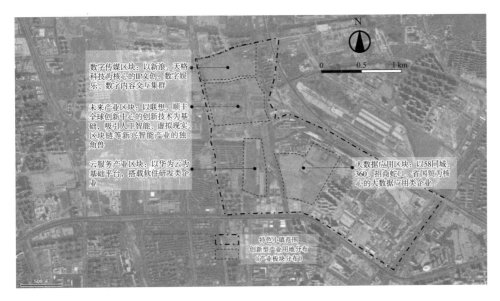

图 3-7　运河智慧网谷特色小镇的创新型产业用地与企业分布

　　创新型产业用地政策的设计实践,不断启发着各地城市政府整体产业供给思路的优化调整。许多地区虽然并没有专门设计出针对创新型产业用地的管理办法,但是开展了针对重大产业项目的定制化用地政策探索,这些重大项目往往也是创新型项目。它的基本思路与创新型产业用地政策极为相似:强调在土地供给之初,明确重大项目的遴选机制,形成高标准的土地利用"正面清单",进而针对性、系统化地配套土地供应的优先、优惠政策,推动从项目准入到供后监管等环节的体系性创新。例如,深圳虽然没有专门设置 M0 用地的管理办法,但是从产业用地体系上分类区别了重点产业项目与一般产业项目,并采用"双轨"管理模式。而在土地供给阶段,许多城市推动了针对重大项目的"带产业项目挂牌""带设计方案挂牌"供给方案,实现定向供给,降低企业用地成本,并建构混合用途项目的分析论证机制,定制化满足项目功能混合的利用需求。此外,许多城市开始推广弹性的出让年限,推动"X+N"分段弹性年期供地方式,一方面降低企业拿地的成本,另一方面便于政府进行后期监管。例如,苏州工业园区就提出了分段弹性年期(10+N)出让模式,针对新兴产业技术变革快、投入周期长的特点,设置产业用地出让的"期中考",企业可以分段支付地价,通过中期评估后可以续期。而为了完善土地供给后的产业监管考核和动态治理,"双合同"出让方式日益普及。通过签订"投资监管协议",政府可以提出分割比例、验收条件和全周期监管等更为细致的用地要求,明确监管实施主体和实施方式。总体而言,创新型产业用地的政策实践,虽然仅仅是庞大用地供给体系中的"小切口",却已经成为创新时代、治理现代化阶段城市政府优化产业用地供给模式的重要试验场,为产业用地政策的持续改革提供了重要参照。

不过,当前创新型产业用地制度的设计仍处于摸索阶段,大量的制度细节都有待在实践中不断调整完善。相比于传统工业用地制度,创新型产业用地制度的设计难点与特殊的时代背景、复杂的创新企业特性紧密相关。一方面,创新型产业用地诞生于土地紧约束的总体环境中,城市在吸引创新企业的同时不得不慎重、严谨地考虑土地的创新绩效,以期精准地把有限的土地和丰厚的地租差价用在"创新"上。地方政府需要在积极让利和定向供给之间反复权衡,避免政策红利的漫灌与土地的粗放利用。在未来,地方政府必然需要根据城市自身的创新发展潜力、用地政策的市场反馈和土地资源的约束情况,不断调整创新型产业用地制度的政策细节。例如,尽管深圳是较早设立新型产业用地(M0)的城市,但截至2022年仍未出台M0的专项管理政策,M0更多的是作为城市更新中传统工业用地再开发的一个政策"窗口",M0所附带的让渡给企业的红利比后来的其他城市更少。M0更多地被视为一种不同的用地类型,而不强调其特殊的政策属性,这与深圳以存量为主的土地条件以及已经形成的全域创新的产业环境相关,也与深圳整体更为完备的产业用地政策体系相关。另一方面,创新型产业的界定、企业准入门槛、持续监管机制仍然是制度设计的主要难点。由于企业的创新活动较难以度量,当前大部分的制度是以一定的开发投入强度和税收贡献作为替代性的衡量标准,这一评价标准显然具有较强的局限性。标准的模糊性就难免导致许多非创新型的企业(项目)混入其中,沦为用地成本相对低廉的商务地产项目,并极有可能带来商务地产供给过量和公共地租收益流失的风险。如何让创新型产业用地所附带的地租优惠真正服务于创新企业、服务于企业创新能力的持续提升,这些都有待准入和监管机制的不断完善。

3.3 倒逼创新的用地绩效考核

3.3.1 立足存量企业升级的潜力

把握创新的多元路径是地方政府推动存量企业创新升级的治理前提。创新类型较为多元,不仅有技术门槛较高的研发创新,更有类型丰富的非研发创新。基于传统企业在创新升级方面的诸多潜力,地方政府通过用地绩效考核以激励和倒逼存量企业根据自身所处的行业类型、经营基础寻求合适的创新路径。

1) 创新类型的二分法

"研发"和"非研发"是描述创新的两种基本类型(图3-8)。研发创新源于技术,是与企业科学研究与试验发展(Research & Development, R&D)投入呈现较强相关性的创新类型。非研发创新源于创意,涵盖了研发以外能够为企业改变生产函数、创造新业务、提升效益的各种创新类型。

研发创新的特征是创新的资金和技术门槛相对较高,创新孕育和领先效应的持续时间都比较长,不易被赶超,创新带来的变化往往是颠覆式的;相反地,非研发创新的特征是资金和技术门槛相对较低,创新孕育和领先效应的持续时间都比较短,较易被模仿和赶超,创新带来的变化往往是渐进式的。非研发创新大多依托的是企业(或企业家)现有的知识储备或者外部支援,并非通过企业内部系统化的研发活动来实现。

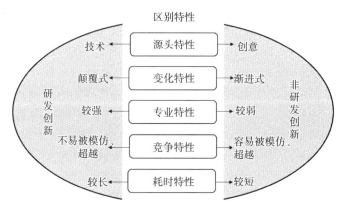

图 3-8 研发与非研发创新的区别特性

研发创新与非研发创新是相互依存又截然不同的创新类型。在宏观经济的发展过程中,非研发创新往往是基于研发创新的运用,呈现研发与非研发的螺旋式互动。通常认为,两类创新的相互配合最有利于企业的创新发展。但事实上,不同业务特点、规模的企业以及企业的不同发展阶段,迫切需要和能够实现的创新侧重点均会有所不同。差异的创新特质也将导致企业、园区甚至城市气质的巨大差异。值得一提的是,虽然服务业领域的非研发创新现象更为普遍,但创新类型与产业类型并不对应。例如,信息产业的研发创新部分是算法架构,而制造业的非研发创新过程是物联网运用等。

2) 适用于存量企业的非研发创新

相比于显示度较高、早已经形成广泛共识的研发创新,非研发创新在近年才开始受到重视。由于不需要高额和系统的研发投入,非研发创新被认为是传统中小企业实现创新升级的重要途径(杨桂菊等,2015)。2007年,针对欧盟 27 个国家的"创新晴雨表调查"显示,有一半左右企业的创新活动是基于非研发的(Arundel et al.,2008)。在"传统"(发展历史悠久、产业门类出现较早)企业中经常被提及的"工匠精神""隐形冠军"均与非研发创新紧密相关。"隐形冠军"这个概念由德国知名管理大师西蒙教授首次提出,据统计全球有 3 000 多家"隐形冠军"企业,仅德国就有 1 300 多家,占半壁江山,其次是日本,中国仅有 68 家;94%的"隐形冠军"产品都处于市场的成长期和成熟期,只有 5%和 1%的产品分别处于市场进入期和衰退期(西蒙,2015)。这说明,"隐形冠军"的产品均不是新产品,但是产品在市场上有长期的需求。"隐形冠军"是非研发创新的典范,对它们而言,创新不是对技术颠覆性突破的盲目追求,而是一种持续完善的过程,包括技术、运营流程、系统化和全方面服务。对此,德国企业森海塞尔首席执行官(Chief Executive officer,CEO)曾说过,使我们公司变得强大的是改良,而不是革命。此外,在逆向创新浪潮中,非研发创新也是后发企业和后发国家实现弯道超车的主要起步方式(徐雨森等,2016)。当前中国的互联网企业,主要是以非研发创新见长。

针对城市的存量企业,地方政府一方面鼓励资金实力和技术储备能力较强的企业加强研发投入,通过扩容或并购研发机构的方式,提升自主创新能力,形成研发创新驱动力。另一方面,积极支持企业量力而行地进行非研发创新活动。相比研发创新,非研发创新有更多的实现方式和适用场景,包括技术和知识采用、反求工程与模仿创新、集成创新、市场创新等等(郑刚等,2014;Evangelista et al.,2006;傅家骥,1998)。不过,由于非研发创新的增效持续时间相对较短,企业往往需要高频率的创新行动来维持在行业中的创新性和领先地位;相应地,能够有效推动企业非研发创新的治理方式往往也应该是高频、持续且动态变化的。

3.3.2 实施创新绩效监测与动态治理

为了推动存量企业的创新升级,地方政府以用地创新绩效考核的方式倒逼企业创新。绩效考核既是针对存量企业的考核,也是针对存量用地的考核。地方政府以存量产业用地的创新绩效指标为依据,判断企业的创新竞争力,形成动态更新的年度绩效榜单。针对创新绩效较高的用地企业,执行财政补助、税收优惠等政策,提高土地使用价值,为企业的创新活动提供更高利润;针对创新绩效较低的用地企业,执行税、费增缴或补缴等政策,提高土地使用成本,加速传统企业淘汰或创新升级的过程(图3-9)。此外,地方政府还可以将存量企业的创新升级与城市空间的重构优化相结

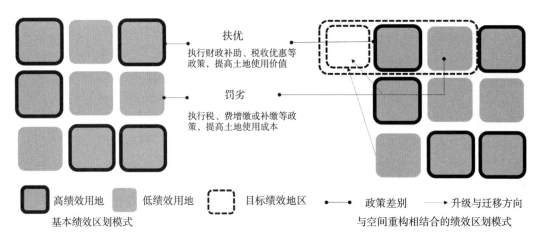

图 3-9 基于用地创新绩效的两种调整类型

合。根据城市空间的总体战略格局,设置不同的绩效目标地区,引导高绩效存量企业向目标地区集聚,同时淘汰、外迁区内未能达到绩效目标的企业。根据预设的空间结构可以设置区位不同、绩效目标不同的多个目标绩效地区。

由于创新投入直接对考核结果产生影响,存量企业将会加大、加快创新升级的过程,尤其会积极开展机器换人、"互联网+"等非研发创新。虽然需要增加一定的创新投入成本,但是只要能够提升考核排名,企业便可以获得地方政府在财政和税收方面的巨大反哺,平衡企业的创新投入成本,显著提高企业利润。要素资源不断向创新企业倾斜,也促使更多企业重视有效的创新投入。考核榜单的持续更新就意味着企业需要持续保持创新发展的紧迫感和主动性。通过用地创新绩效的考核,地方政府有意识地为存量企业塑造出更为紧张的创新竞争氛围,是较为强势的空间治理方式。因此,存量企业也将出现更为明显的两极分化,部分存量企业在地方政府空间治理中得到了创新升级的正向动力,实现创新竞争力的快速提升;而另一些存量企业则不堪政府与市场的双重压力,陷入加速衰退的过程(图3-10)。

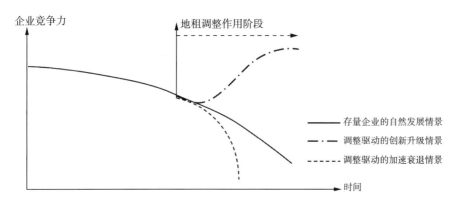

图3-10 地租调整对于企业竞争力的影响情景

1) 用地创新绩效的评价方法

用地创新绩效评价可以视为传统土地集约利用评价的升级版,体现出"创新"的价值导向。一方面,增加"创新"指向的直接评价指标,例如,全员劳动生产率、R&D经费支出与主营业务收入之比等等;另一方面,涵盖"创新"指向的间接评价指标。例如,与土地集约评价相类似的亩均税收、亩均增加值等,以及反映企业土地利用效率和经营效益变化的趋势性指标。通过创新指标的加权,综合衡量企业用地创新绩效。当然,用地创新绩效的评价需要以扎实、统一的数据统计为基础。由于涉及的指标统计口径和执行机构较多,精确的绩效评价需要动用大量的统计力量,理想的方式是建立基于空间的绩效监测与评估信息平台,这也是智慧城市建设的应有方向,但是在短时间内对于大部分城市仍然较为困难。

2) 动态实施的分类调整方法

在用地创新绩效评价的基础上,地方政府分档、分类地设计地租调整方案。地租调整的总体原则是"扶优罚劣",即对于用地创新绩效较高的企业进行奖励,使其获得更多的超额利润,而对于用地创新绩效较低的企业进行惩罚,增加企业的用地经营成本。地方政府以创新绩效作为衡量标准,通过对电价、水价、排污费、用地、用能、信贷等资源要素的差别化配置,显著地影响企业经营收益状况和创新积极性。针对存量企业的地租调整,在一定程度上这也是地方政府强制规训存量企业的过程。为了避免政府过度干预而引发的经济波动和社会矛盾,创新绩效考核和分类治理的具体方式,需要在企业的反馈和市场的检验中动态调整。

3.3.3 案例:绍兴市存量用地绩效考核政策

绍兴市是存量用地绩效考核的实践缘起地,也是利用绩效考核驱动企业创新发展的典型代表。由绍兴市首创实施的"亩均论英雄"改革样本入选"改革开放40年地方改革创新40案例"。绍兴自古就以"酒缸、酱缸、染缸"而闻名。改革开放以来,由"染缸"传承演进而来的纺织印染产业成为绍兴的支柱产业,并锻造出"轻纺之都""世界布市"等国际品牌形象。仅柯桥区(原绍兴县)面料交易量就能占到全球1/4,印染产能占全国1/3;纺织印染长期以来占柯桥全区工业经济总量的60%以上,柯桥也被称为"托在布上的城市"。在周边城市不断引进和培育电子、汽车等装备制造业的区域环境下,绍兴依然保持着纺织印染产业一业独大的产业格局。纺织印染产业作为主导产业虽然经济贡献巨大,却存在着低端锁定的问题:企业规模总体较小、产品附加值相对较低、土地利用较为粗放、环境压力尤为严峻。由于工艺简单、附加值低导致大量企业在全球化竞争中丧失定价权,产业利润不断摊薄,平均每米纺布印染的利润甚至降至0.1元以下。

早在2006年,柯桥就在全国率先开创了"亩产论英雄"的发展理念,以提高"亩产效益"为核心,以节约集约用地、节能降耗减排等为重点考核方向,基于企业效益的"排行榜",建立导向、准入、制约、激励"四大机制";进而引导企业实现科学发展,促进城市经济结构调整和发展方式系统转变。在浙江省委、省政府的鼓励和支持下,"亩产论英雄"的实践在全省层面迅速推广,并不断完善。2013年,浙江省在总结绍兴改革实践的基础上,启动了以"亩产效益"为导向的资源要素市场化配置改革试点。而后,柯桥区作为全省24个要素市场化配置扩面改革试点县市区之一,发布了《加快推进资源要素市场化配置综合配套改革实施意见》,建立起了更为系统的企业效益综合评价和差异化的要素配置机制。"亩产论英雄"的发展理念和制度设计在具体实践过程中得到了不断调整优化,逐步与存量企业的创新升级过程相结合,形成内涵丰富的"亩均+"绩效评价体系。基于地方实践,2018年浙江省人民政府发布了《关于深化"亩均论英雄"改革的指导意见》,在全省深化"亩均论英雄"改革大会上,总结归纳出腾笼换鸟、机器换人、空间换地、电商换市、品牌增值、兼并提效、管理增效、循环利用、设计赋值、新品迭代等极具创新导向的"提高亩均效益十法"。为了贯彻落实浙江省的指导意见精神,绍兴市人民政府于2018年发布了《关于深化"亩均论英雄"改革的实施意见》,用地创新绩效考核的治理方式日益完善。绍兴市存量用地绩效考核政策主要体现了三个环节的创新。

1) 考核体系的设计创新

2015年,绍兴柯桥区率先对规模以上工业企业、限额以上服务业企业、资质以上建筑业企业进行企业效益综合评价。根据不同的企业特性设置了相应的评价标准,以亩均税收、亩均增加值为基础指标,叠合了企业的用电、用水等能耗情况。其中工业企业按纺织、印染、五金机械及其他四个行业进行排序,服务业企业按商贸、文化旅游、物流、高技术服务及其他五大行业进行排序,建筑业企业实行全行业排序(表3-7)。各行业中的企业被分成A、B、C、D四类,其中:A类企业是指各行业综合效益排名在企业总数前10%的企业及上市公司;B类企业是指各行业综合效益排名在前10%—60%的企业;C类企业是指各行业综合效益排名在前60%—90%的企业;D类企业是指综合效益排名倒数10%的企业,即按照淘汰落后产能等计划需实施整厂关停淘汰的企业。

表3-7 绍兴市企业效益综合评价分类

企业大类	排序公式	排序行业
规模以上工业企业	企业亩均税收/区域企业平均亩均税收×30% + 企业单位能耗税收/区域企业平均能耗税收×20% + 企业单位排污税收/区域企业平均排污税收×20% + 企业亩均增加值/区域企业平均亩均增加值×30%	纺织、印染、五金机械及其他四个行业
限额以上服务业企业	企业亩均税收/区域企业平均亩均税收×60% + 企业单位用电税收/区域企业平均用电税收×25% + 企业单位水耗税收/区域企业平均水耗税收×15%	商贸、文化旅游、物流、高技术服务及其他五大行业
资质以上建筑业企业	企业税收/区域企业平均税收	全行业

随着绍兴创新发展战略目标的确立,全市层面的考核体系呈现从集约到创新、企业到板块的完善过程。考核对象和指标体系进一步扩容(表3-8)。首先,指标体系的创新导向不断增强。在亩均税收、亩均增加值、单位能耗增加值、单位排放增加值等传统评价指标基础上,增加了"全员劳动生产率""R&D经费支出与主营业务收入之比"两个创新内涵突出的评价指标。其次,考核对象范围扩大,空间概念增强。针对工业的绩效评价,除了覆盖全市规模以上工业企业外,还增加了实际占用土地5亩(约3 333.33 m²)以上的规模以下企业;此外,在企业综合评价基础上,明确开展产业集聚区、经济开发区、高新园区、小微企业园区、特色小镇等产业板块的亩均综合评

价,作为城市分区治理、资源差异化倾斜的决策依据。

表 3-8 绍兴市用地考核的指标与对象

评价对象	基础指标	具体对象
工业企业	亩均税收、亩均增加值、全员劳动生产率、单位能耗增加值、单位排放增加值、R&D 经费支出占主营业务收入之比	规模以上工业企业和实际占用土地 5 亩以上(含)的规模以下工业企业
服务业企业	亩均税收、亩均营业收入	限额以上服务业企业
产业板块	亩均税收、亩均增加值、全员劳动生产率、单位能耗增加值、单位排放增加值、R&D 经费支出占主营业务收入之比	产业集聚区、经济开发区、高新园区、小微企业园区、特色小镇

2)实施机制的设计创新

实施机制总体呈现从价格机制到全要素引导的特征。根据绍兴市的改革精神,柯桥区差别化地执行金融、财税、土地管理、用能、用水、用电、排污以及政府管理服务政策,持续增加 A、B 类企业的正向激励和 C、D 类的反向倒逼力度。在《印发柯桥区加快推进资源要素市场化配置综合配套改革实施意见和印染行业开展资源要素市场化配置改革实施方案》明确提出:A、B 类企业可以享受城镇土地使用税减免、优先供地、提高财政奖补比例;D 类企业不仅不能享受相关奖补政策,还要面临用电、用水、排污等提价倒逼政策。例如,A、B、C 三类企业的水价按正常收取,但是 D 类企业一旦超过核定用水计划,超过部分需缴纳超计划用水费;超计划用水量达 30% 以上,则按正常水价的 3 倍收取。又如,实行分类分档的差别化财政奖励补助政策:针对 A 类企业,在原补助标准的基础上再补助 20%;针对 B 类企业,按标准享受财政扶持政策奖励补助;针对 C 类企业,各类财政扶持政策奖励补助资金总额降低 20%;针对 D 类企业,不得享受财政扶持政策奖励补助。

除了价格机制以外,绍兴市还强调要进一步提升精准治理机制,形成全要素的引导(表 3-9)。针对产业板块,实施低效区域的"低产田"改造提升工程,通过整合优化、对标提升,合理转移和淘汰不适合继续留在当地发展的低端产业,全面推进工业园区改造升级;同时,完善新增建设用地计划分配与存量建设用地盘活挂钩制度,对排名较好的产业板块在年度计划指标分配上分别给予倾斜,优先保障发展要素;对上年度评价指标表现较差的地区,年度计划指标实施中给予一定程度的压减。

表 3-9 绍兴市"亩均论英雄"改革的创新治理方向

评价对象	管理引导方向
A 类企业	加大正向激励力度,深化企业服务制度,落实领导联系重点企业制度,建立绿色服务通道,在政府性评先评优、试点示范项目申报、重点科技项目攻关、重大创新载体建设、人才引进等方面予以重点支持

续表 3-9

评价对象	管理引导方向
B 类企业	针对指标短板,帮助其制订转型升级和绩效提升计划,采取针对性措施进行重点帮扶
C 类企业	帮助其制定限期整改和转型升级计划,开展政策咨询、税收辅导等专项服务,同时强化跟踪督查
D 类企业	不得享受各类补助奖励政策,责令限期整改,督促其制定切实可行的转型升级行动方案;对不符合产业政策的,坚决实施关停淘汰

3) 政策空间的划定创新

绍兴柯桥区在实施企业绩效考核的同时积极开展了印染产业集聚升级工程,通过特殊的绩效目标区划方式实现空间集聚与企业创新升级的联动协同。柯桥区原来是绍兴市郊的一个县,印染企业多起步于 20 世纪 80 年代,当时虽然柯桥区的经济实力就已经颇为强劲,但县城空间、园区空间缺乏统一、合理的规划引导,建设水平较差。随着城镇化的加速和城市的扩展,不少企业已经被居民区、村庄包围。散乱的布局不仅对居民生活产生了较大的影响,导致大量的群体上访事件,也不利于污水处理等工业基础设施的统一配置。

自 2010 年起,柯桥区发布了《关于推进印染产业集聚升级工程的实施意见》,按照"集聚整合、控量提质、节能减排"的基本要求,加快印染设备提档升级、印染产品结构调整和先进适用技术应用,确立印染产业集聚升级的总体目标。柯桥将滨海工业园区作为企业集聚升级的全新产业载体,通过与企业签订集聚协议的方式,在鼓励企业技术改进的同时,引导企业向滨海工业园区集聚。滨海工业园区实际上是促进企业转型升级的一种新型政策区:落户的企业需要满足企业规模、工艺装备、企业管理、环保管理、资源消耗、投资强度等一系列准入门槛要求;但同时也享受土地出让价格折扣优惠、行政事业性规费减免、技改贴息、排污费奖励等方面的特殊政策;没有能力在滨海工业园区落户的存量印染企业则将逐年被整治淘汰。政府积极鼓励企业的并购重组,组建资本实力更强、技术水平更高的节能环保新型印染企业。滨海工业园区最早是在 2002 年开始筹建的,但一直到《关于推进印染产业集聚升级工程的实施意见》出台以后,才真正承担起全区创新升级和集聚重组的平台,整个园区的发展进程显著加快。通过区内、区外的差别化政策,支撑地方政府在集聚区外"淘汰落后产能"、在滨海工业区内"重塑先进动能"的产业战略目标和空间重构设想。

经过五年的努力,印染产业集聚升级工程虽已初见成效,但与最初设想的 80% 的集聚目标仍有差距。部分企业虽然具备升级潜力,但是一旦搬迁就需要支付固定资产投资、人员安置、职工通勤等一系列的费用,企业经营的压力在短时间内激增。许多企业因一时难以承受这样的经济负担和运营风险,不得不延缓技术升级的进程。因此,政府经过摸底调查和政策评估后,决定采取缓一缓的态度,给企业多一些过渡的时间,同时也加强了短期资金的扶持力度。于是,2015年柯桥区发布了《关于进一步推进印染产业集聚升级工程的意见》,区分出了不同地区的绩效考核目标和梯度明显的扶持、倒逼政策。将全区印染企业空间布局划分为集聚区、提升区和退出区(集聚区与提升区以外的其余陆域范围)(图3-11)。集聚区是滨海工业园区的核心区,该区内企业须严格按照绿色生态示范园区要求,从设备、工艺、产品、管理等环节切实发挥节能、环保、创新的示范引领作用。滨海工业区除集聚区之外的区域列为提升区,该区域内企业必须严格按照环评、能评等核准要求组织生产,进一步减少各类污染物排放,并在"十三五"期末,达到集聚区的生产标准和管理要求。其他区域为退出区,到"十三五"期末,该区域内原则上不再保留印染企业。相比于2010年实施的政策,政府通过设置提升区允许企业先集聚、再提升,给创新实力不足的企业一定的过渡时间,同时通过加强银企对接服务、追加财政性存款资金等方式,增强对企业创新升级的扶持力度。此外,鉴于尚有60多家未签约的印染企业位于退出区(截至2022年),政府一方面积极沟通,了解并试图帮助企业解决集聚升级过程中的困难,另一方面继续加大了倒逼力度,不再新增电力容量、能耗总量、排污容量,坚决淘汰落后产能。

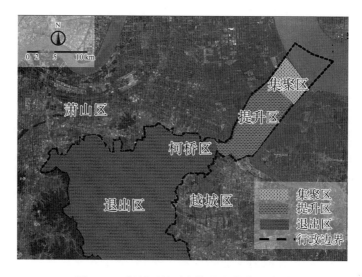

图3-11 柯桥区针对印染企业的分区治理

最后说一下治理效果与笔者的反思。

用地绩效考核制度充分盘活了既有(存量)企业的创新积极性:一方面,塑造了低效企业主动创新的外部动力。差别化的政策倒逼机制,加重了低效企业的运营成本与生存压力,极大地增强了企业自我改造、自我提升、自我转型的紧迫感,使淘汰落后、行业整治等专项工作有"章"可循、有"度"可量。另一方面,加速了优质资源向具有创新主动性和潜力的企业集聚;将稀缺的土地供应、有限的财政专项资金投向在考核中胜出的企业,促进了资源要素的优化配置,在"退低进高"的过程中,避免劣币驱逐良币。

用地创新绩效考核制度成为企业创新升级的重要政策动力。以柯桥区为例,2015年至2017年,全区印染行业亩均税收从13.2万元/亩提高到20.1万元/亩;单位能耗增加值由411.5元/吨标准煤提高到813.6元/吨标准煤;2017年区规模以上工业企业完成技改投资338.1亿元,同比增长10.7%。部分企业通过政府的考核激励,加快了"机器换人"的智动化过程。例如,某化纤企业2016年在绩效考核中得到了A的评级,获得了政府技术改造的专项资金支持,于是次年便追加了8 000万元投资,完成后节约用工300人,同时,年减少物耗1 200万元,提高劳动生产率50%。另有一些企业则加快了传统纺织印染产品工艺的升级,继而打开国内外高端消费市场。例如,某无水印染企业,不断通过技术调整从考核的B档上升为A档,产品从原来的简单纺布升级为无缝墙布的制造和印染,并正式进入国内外高端、终端商品市场,从完全依靠低端国际市场转型为80%内销、20%出口国外的双向市场格局。

用地创新绩效考核制度有效促进了企业与空间的同步优质重组。至2015年,绍兴柯桥区通过印染产业集聚升级工程在滨海工业园区签约落地企业92家,并整合为82个项目,形成一批新的创新龙头企业。如投资5亿元的浙江创宇印染有限公司,是由新宇漂染公司、丝绸印花定型厂、怡创印染公司、鑫峰印染公司计4家印染企业整合重组而成;浙江大昌德印染有限公司的"前身"是昌荣染织公司、大湾染织公司、大湾化纤公司、美得宝印染公司、宏锋印染公司、金金纺织印染公司;浙江恒晨印染有限公司的"前身"是福全毛纺染整公司、天成印染公司、冠南针纺染整公司、亚太印花公司。截至2017年底,柯桥区全面完成了印染产业集聚升级工程,全区印染企业数量由集聚前的212家整合到107家,并全部落户滨海工业园区,行业整体水平大幅提高,质量效益明显提升。同时,在滨海工业园区之外关停、整改近70家印染企业,砍掉全区近1/3的印染产能。在考核政策的倒逼作用下,大批印染企业以集聚滨海工业园为契机,实现了高新化、智能化、绿色化发展,共同建立起特色鲜明、创新引领的产业园区。2019年柯桥区将滨海工业园区进一步定位为绍兴全市的集聚升级平台,围绕"绿色高端、世界领先"的目标,积极承接绍兴全市的印染企业,为全省传统产业改造提升提供柯桥方案。

不过,绩效考核的地租调整手段属于相对强势的空间治理方式,因此,地方政府对干预力度的把握和动态调整显得尤为重要。对存量企业的倒逼过程往往需要处理企业路径依赖与政府创新诉求之间的意愿分歧,政府与企业达成发展共识的过程也并非都是"情投意合"的携手联盟,可能表现为政府对于企业的规训和企业的被动适应。考核体系所附带的政策集合是一种土地使用过程中追加的"叠合租",企业对于这种形式的地租定价往往也容易产生抵触情绪。以柯桥区为例,在推动绩效考核和印染产业集聚升级工程的过程中,部分企业就表示出对于转型阵痛的无奈和消极情绪;即使是第一批迁址落户滨海工业园区的企业也表示过对于前期投入巨大的担忧。设备引进、工艺升级的一次性投入较大，低污染的生产方式也意味着成本的提升。此外，由于滨海工业区远离主城区，工业区内几乎没有成熟的居住配套，导致人工、通勤成本上涨。因此，在印染产业集聚升级工程的第一阶段，市场的响应并不积极，并没有达到空间治理的预期。基于第一阶段治理的市场反馈，在印染产业集聚升级工程的第二阶段，地方政府着力加强了配套政策的支持力度，以补偿企业在转型阵痛中被动提高的经营成本。可见，虽然地方政府驱动存量企业创新升级的基本方向是正确的，但是具体操作的过程应该秉承谨慎有序的原则，充分考虑企业创新发展的现实痛点，主动调整治理节奏、强度。

4 网络链接:针对创新集群的空间治理

创新集群是产业集群的高级阶段,作为一种复杂的经济组织形态,能够极大提升城市、国家的生产效率和创新竞争力。即使是在市场化程度极高的西方国家,创新集群也被视为一项重要的公共政策,而建构创新网络则是推动创新集群形成的关键治理手段。基于创新网络形成的多维邻近性等客观规律,空间治理过程能够促成不同地域、不同创新主体之间创新网络的链接,发挥空间实践的网络化建构效用。区别于传统的或集聚或分散的"位"空间治理,转而实现更为有机、精细的"流"空间治理。

4.1 网络链接模式的总体治理逻辑

4.1.1 面向集聚与增长的园区治理

在中国的政治经济语境中,政府在经济领域中的参与度较高,政府—市场的互动更为频繁,政府的主动干预显著伴生于产业集群形成和发展的过程之中。改革开放以来,无论国家层面还是地方层面均出台了促进产业集群的系列公共政策,涵盖促使集群形成、引导集群壮大和避免集群衰亡等方面。

1)计划经济时期的产业基地建设

早在计划经济时期,受到苏联地域生产综合体理论的影响,中国就通过产业集群的方式在全国进行生产力布局。国家政府全权投资建设,在全国布局了若干个专业化的工业基地。即使是在"三线"建设时期,也坚持"大分散、小集中"的原则,在局部地区形成专业的产业集群。例如,成都作为轻工业与电子工业的主要基地,绵阳、广元作为核工业与电子工业的主要基地,重庆作为常规兵器的制造基地,贵阳作为光电工业基地,安顺作为飞机工业基地,等等。计划经济时期投资建设的产业集群,虽然在改革开放以后面临着巨大的市场冲击,但仍然在不同程度上为地区后续产业集群的现代化、市场化发展提供了重要的"种子"。在计划经济时期,由于政府在经济发展中的全能型角色,并不存在产业集群的治理过程,政府包揽了产业集群形成和发展的所有环节。产业集群的布局是以军事、政治、经济综合效益的最大化作为依据。

2）改革开放以后的"开发区"治理

改革开放以来，开发区成为中国政府对产业集群进行空间治理的主要方式。开发区是政府为实现产业发展目标而创立的有地理界限的各类产业园区。在市场化和全球化的过程中，外商的直接投资和对接国内市场的本土企业是推动产业集群形成的两股市场力量。尽管这两种集群力量在形成的动力机制上略有差别，但政府的集群治理方式却极为相似，即通过建设开发区的方式促进企业的集聚和进一步的增长。

开发区的最初形态是国家批准的一类对外开放的特殊政策性区域（保税区、经济技术开发区），以促进外来企业在华有序地投资与集聚。而后，开发区的内涵在实践过程中逐渐扩大，各级、各类开发区层出不穷，泛化为由政府进行统一管理、空间高度集聚的产业集群开发模式。由于开发区最早是面向对外开放，因此大量的外商投资项目均直接落户于开发区之中，从一开始就呈现地域空间高度集中、边界相对清晰的产业园区组织形态。

相比于外资企业高起点的开发区建设模式，本土企业则更多地诞生于乡镇社区之中，依托集体资产或闲置的各类资源，在"草根"的环境中自发生长，政府在集群初期的空间治理力度较小。依托本土企业发展起来的产业集群在初期总体上呈现在大空间尺度上的有机集群、中小空间尺度上的高度分散。在所谓的"一乡一品""一县一业"的产业集群中，是大量零散分布的企业，生产与居住等功能混杂甚至混合。这种集群形态广泛存在于改革开放初期的长三角、珠三角地区，例如浙江绍兴的纺织产业集群、乐清的工业电气产业集群，以及广东顺德、东莞等城市中涌现出的一大批专业镇。作为自发形成的产业集群，本土企业在发展初期的"大集中、小分散"的空间特征具有组织灵活、起步成本较低的优越性，也受制于个体企业发展认知的局限性。随着产业集群和企业的不断壮大，交通市政设施难以提升、生产和生活干扰巨大等空间矛盾开始凸显，生产、生活环境的持续改善受到显著制约。因此，21世纪初开始，本土企业的产业集群普遍经历了一轮由政府主动推动的"产业进园区"的空间治理过程，企业在有明确规划的开发区中更有秩序、更高密度地集聚，从而打破了无序、分散的原生空间格局。

3）传统治理方式的总体特点

在改革开放以来快速工业化的过程中，开发区一直是支撑产业集群形成和发展的重要空间载体和开发手段。在适应快速工业化的过程中，地方政府已经积累出一套相对成熟的开发区治理经验。开发区的管理和运作模式总体上是以企业集聚与增长为导向：一方面体现为依靠政策环境和基础设施的供给，创造出具有地租优势的共享性空间资源，进而吸引企业在特定的范围内集中布局；并且在产业集群发展的过程中不断增加供给力度，创造相对宽松的供给环境，以增量空间支撑增长过程，继而呈现出大量的开发区扩容、一区多园现象。另一方面体现为在企业的招引和布局中，将同类和相关产业进行就近布局并积极引进龙头企业，以形成规模化的链式产业分工，创造集群内部企业之间业务合作的可能性。以集聚和增长为导向的开发区治理实践，显著加速了中国产业集群融入全球化产业分工的进程，加快了城市的规模化增长与现代化建设过程，为国家、城市吸引新兴企业积累了可迁移、可借鉴的经验（图4-1）。

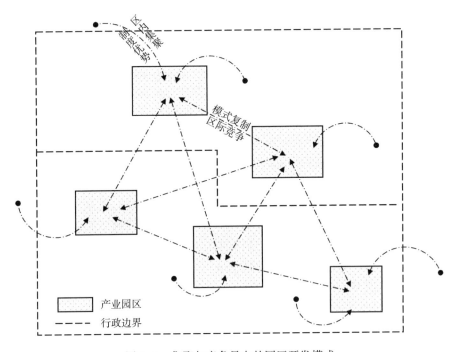

图4-1 集聚与竞争导向的园区开发模式

以集聚与增长为导向的开发区治理，虽然能够为产业集群提供现代化的基础设施，但其本质上仍然属于相对传统的集群治理方式。供给共享性资源和链式招商引资这两种治理方式分别作用于产业集群演化过程中的资源共用阶段和业务互惠阶段，即对应着集群组织方式的准集群形态和初级形态（图4-2）。传统的治理方式，与其说是针对"集群"的治理，更像是针对"集聚"的治理。"集聚"所带来的"集群"效应是间接且不可预知的，地理临近有利于企业关联的形成，但地理临近并不能保证企业关联网络的必然形成。而且，传统治理模式侧重产业合作的业务"集聚"，也无法满足集群式创新的更高需求。在培育产业集群的过程中，通过供给共享性资源来促进产业的集聚相对容易，将松散的集聚关系转化为具有业务联系的集群也并不难，但若要塑造出协同创新、动态繁衍、可持续发展的创新集群则是对政府治理全新而巨大的挑战。正如企业在自身周期中存在从增长到创新的不连续路径，从传统治理方式到创新治理方式之间同样存在着系统性的变革。

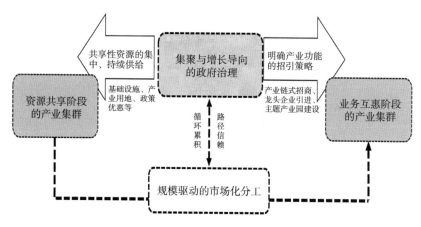

图 4-2 传统治理方式下的产业集群组织特征

4.1.2 应对创新网络的传统治理局限

尽管服务增长的供给经验至今仍然发挥着重要作用,但从增长到创新并不是从量变到质变的线性过程,创新网络的形成更依赖不同创新主体间的多维邻近性。其中:地理邻近是指创新主体所处的物质空间距离较短,有利于隐性知识等信息的传播(Morgan,2004);认知邻近是指创新主体拥有相似的知识基础、价值判断与事件理解等个体感知,是创新互动产生的前提(Nooteboom,2000);组织邻近(广义上包括制度、文化等邻近内涵)是指创新主体隶属同一组织或受到统一的制度约束,通过集体关系使合作网络"内部化",从而降低合作的不确定性和交易成本(Miörner et al.,2018;顾伟男等,2019)。不同的邻近性会相互影响和替代,地方创新网络往往需要多维邻近的叠加,而区域甚至全球创新网络的形成则主要依托认知、组织邻近性以克服地理不邻近的障碍。

面向增长的传统产业空间供给方式往往忽视了创新网络对于多维邻近性的需求,甚至加剧认知、组织等的差异和冲突,亦可称为"距离"(王雨等,2022),导致集聚不邻近、集聚不集群的情况。一方面,规模集聚的过程往往无法有针对性地吸引符合网络需求的关键性创新主体,且无法有效消解不同主体之间的认知和制度距离。部分地区由于创新要素的先天缺失以及区位、能级等制约因素,根本无法通过规模增长吸引到所需的创新资源,面临集聚"失灵"的无奈;部分地区空有高校、科研机构等创新要素,却因为主体之间信息不对称、诉求差异、体制约束等原因,无法形成创新网络。另一方面,多园竞争的方式强化了政府"以邻为壑"的地方保护意识,加剧地区、园区间的认知和组织距离,阻滞了跨区创新网络的形成;甚至出现地理越邻近(资源相似)、政府间危机和竞争意识越强,导致认知和组织距离越大的"邻近性悖论",以致地理邻近性的失效(图 4-3)。

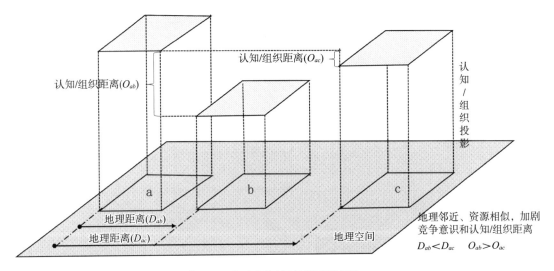

图 4-3 地区、园区间的邻近性悖论

4.1.3 面向创新网络的三类链接模式

在经历过快速的工业化与城镇化之后,中国的资源要素成本不断攀升、资源约束日益趋紧,尤其是在那些产业集群基础较好的先发地区。在产业转移的全球化趋势中,原来低成本的区位价值被替代,处于资源共享阶段的产业集群将率先面临发展风险;部分产业集群虽然呈现出了业务互惠阶段的集群组织特点,通过高度的组织化在一定程度上提升了产业发展的地方根植性和抗风险能力。但是,原有产业集群的业务互惠网络仍然无法直接赋能企业的创新活动。在企业创新压力日益增长、创新诉求日益迫切的背景下,在从传统产业集群向创新集群升级的过程中,地方政府开始积极介入创新网络的链接工程,主动破除集群增长模式、传统集群治理模式的路径依赖,确立集群的创新竞争力。

针对不同的创新网络,地方政府有三个维度的空间治理方式(图4-4):①植入协同创新载体。地方政府积极搭建集群内外之间、集群内部之间各主体的交流合作载体,以促进产学研等协同创新网络的形成。在这个过程中,地方政府主动收集并响应、促发集群中各类创新主体的合作需求,依托协同创新载体的建设,精准地嫁接集群内外的创新资源。②激活创新孵化载体。为了形成丰富、高效的创新孵化网络,地方政府积极鼓励和引导各类具有创新孵化能力的创新主体开展创新孵化,最大限度地提升创新的衍生效应。在这一过程中,地方政府充分利用各类创新源头资源,了解主体的孵化诉求和能力,尊重并依托相关孵化运营主体的专业判断。③打造创新融合区。为了促进各种潜在创新网络的形成,地方政府以适宜于创新网络形成的功能组织模式和统筹(行政)管理模式,打造网络型片区。在这一过程中,地方政府需要从创新主体和创新网络的空间需求出发,营造若干情景以激发地区创新发展的可能性。

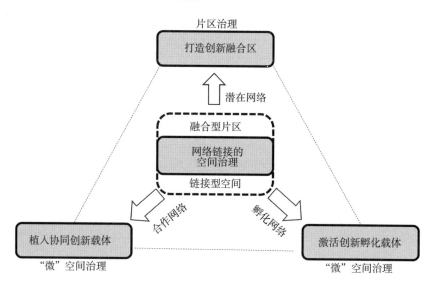

图 4-4 三种创新网络链接方式的治理逻辑

4.2 链接产学研创新网络的协同创新载体治理

4.2.1 识别产学研创新网络的组织痛点

产学研创新网络作为典型的跨界合作网络,其创新价值尤为突出、创新势能极大。产学研创新网络表现为企业、高校以及科研院所围绕技术创新而进行的多方合作,并由政府、金融机构、科技中介服务机构等作为辅助主体参与其中(张在群,2013)。一般而言,在产学研创新网络中,企业作为技术的需求和接收方,高校以及科研机构作为技术的产出和出让方。企业、高校以及科研机构以联合研发、成果共享、风险共担为基本原则,以创新资源共享、创新优势互补为基础,开展创新活动的协作,完成技术的创新和新产品的开发。产学研创新网络作为一种跨组织边界、跨组织类型的创新合作网络,实现了基础科学和产业发展的链接,既有利于企业快速获得创新的竞争优势、弥补自主研发弱的短板,也有利于高校和科研机构将科学知识资本化。产学研创新网络有助于不同组织间技术、人才、信息和管理的高效整合,是产业集群激活创新潜力、持续提升创新能力的重要动力源泉。然而,产学研创新网络也有其显著的组织痛点(图 4-5)。

1) 主体异质性所形成的组织痛点

作为一种跨主体边界、跨主体类型的创新网络,产学研创新网络具有天然的组织难点。首先,不同主体之间的机构性质和价值导向存在明显差异。企业是以获取收益最大化为目标,对于创新带来的经济效应尤为敏感;高校和科研机构则多强调学术产出,以论文、专利等科技产出作为评价

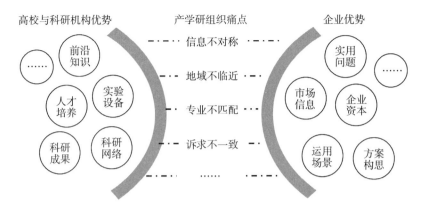

图 4-5 产学研创新网络的各方优势与组织痛点

学术成果的标准,对于应用研究和科技成果产业化的重视不足。其次,不同主体之间的信息不对称。主体之间价值导向和工作重心的差异,导致不同主体相互认知的不全面。高校和科研机构缺乏对于市场信息的收集与研究考证,而企业同样对高校和科研机构的研发行为了解甚少。因此,不同主体之间创新合作的交易成本通常较大。如何在不同价值导向中寻求利益分配的契合点,如何确定创新合作的目标与类型等都需要不同主体进行反复的沟通、不断换位思考。为了应对产学研创新网络的组织难点,发达国家早已建构起一套相对完善的科技中介服务体系。相较而言,科技中介服务体系在中国仍待发育,政府则需要充当"中介"角色,以主动积极的治理方式弥补市场发育的不足。当前,从"产学研"向"政产学研用"的系统性升级已经成为组织产学研创新网络的基本共识。其本质就是强调产学研创新网络形成中的政府干预力量,强调政府主动介入创新合作的系统工程之中,加快不同主体之间的磨合,克服产学研创新网络自组织中的难点,使科技成果能更加高效地转化为产业发展的创新动力。

2)地域不邻近所形成的组织痛点

在产业集群中组织产学研创新网络还需要解决企业和高校、科研机构在地域上不邻近、不匹配的问题。由于产学研创新网络中不同主体合作的交易成本较大、对于频繁交流的依赖性相对较高,即使是在信息网络和交通网络日益畅通的当下,地缘邻近对产学研创新网络的促进作用依旧凸显。产业集群内部产学研创新网络的建构,对于集群组织模式的创新升级和可持续发展意义重大。然而,中国高校、科研机构相对集中地分布在重要的国家、区域中心城市之中,与广泛分布的产业集群在空间上存在突出的不均衡状况。高校、科研机构的布局和城市的行政层级有较强相关性,整体上呈现自上而下、计划性的布局特征。相反,改革开放以后,许多产业集群原本就是以较低的成本作为成长优势,发育于"草根性"突出的环境中,本地的创新资源多是稀薄或缺失的。即使在部分产业集群的周边区域布局有高校、科研机构,也往往因为科研优势和集群的主导产业不相匹配,而无法形成有效合作。这些集群依然处于有效创新资源缺失的状态。产业集群中的企业固然可以通过直接与集群外的机构建立创新合作通道,解决在发展过程中的创新协作诉求,但无疑要支付较大的交易成本,也并不利于频繁、密切地进行交流。尤其对于中小企业而言,远距离、跨地域的网络链接方式往往是力所不及的。

4.2.2 植入协同创新载体的关键环节

植入协同创新载体是指由地方政府在集群内部牵头建构协同创新的网络中枢和实体空间,以有效地链接本地企业的创新需求和高校、科研机构的研发资源(图4-6)。

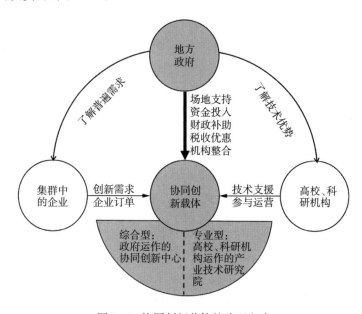

图4-6 协同创新载体的治理方式

针对本地创新资源的瓶颈,理想的方式是通过协同创新载体的布局,尽可能地将具备合作条件的高校、科研机构等外部创新资源引入集群内部,打造产学研合作的公共枢纽,最大限度地实现创新合作的在地化。协同创新载体的打造有利于解决产学研网络中不同类型主体之间信息不对称的问题,改善大部分产业集群所面临的企业和高校、科研机构在地域上不均衡、不匹配的状况。尤其针对那些自下而上发展起来、以中小企业为主体的产业集群,协同创新载体的植入能够快速、高效地为产业集群注入创新活力。在协同创新载体的组建过程中,地方政府作为发起人和主要的组织者,根据本地产业集群中各企业面临的普遍创新诉求,选定协同创新载体的主要运营方和联合参与者,相关的参与主体通常包括区域内外高校和科研机构、核心企业、中介服务机构等。在明确联合对象的基础上,地方政府以场地支持、资金投入、财政补助、税收优惠等方式启动协同创新载体的建设。协同创新载体在运营模式上通常有两种:其一是由科研机构或高校主要负责设立相对独立的产业研究院,其二是由地方政府负责整合各类高校或科研机构资源形成综合服务中心。在具体的空间形态上,协同创新载体通常需要相对独立的空间,以办公形态为主,根据具体的功能需求可以兼有用于检测、中试等厂房形态的空间。

协同创新载体是链接超域—地方网络的中枢空间。创新网络链接的是跨组织边界、跨区域边界的分散化的创新资源(Ernst,2009),创新网络的形成能够在一定程度上突破空间的约束,提供出超域的组织方式;但更加全面的创新地理视角则是创新的"全球—地方化",强调了创新网络全球—地方协同作用的复合特征(贺灿飞等,2015)。地方政府通过协同创新载体的植入,不仅能够促成不同主体之间的联动关系,更能够架构地方网络与超域网络的联动关系。通过协同创新载体的建设,将集群外的高校、科研机构的技术力量引入集群,打造集群与外部创新网络接驳的关键端口,实现超域资源的远程投影和地方化锚定;同时,通过协同创新载体塑造更为紧密的集群内部创新网络,提升集群内部创新合作的组织化水平(图4-7)。

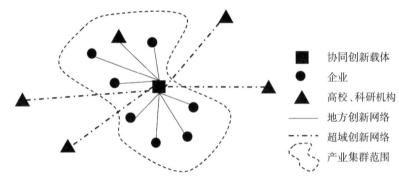

图4-7 协同创新载体的网络组织示意

4.2.3 案例:无锡与东莞的协同创新载体治理

1)无锡惠山区的"一镇一院一产业"模式
(1)治理背景

无锡惠山区位于无锡西北部,区域面积327 km²,其前身是有着"华夏第一县"美誉的无锡县。惠山区是苏南乡镇企业的发祥地之一,也是无锡市企业密度最大的地区。20世纪80年代,惠山区的企业凭借邻近上海的区位优势,大量聘请"周末工程师",并依托改革开放的制度红利和低成本的生产优势,快速形成以冶金、印染、纺织、机械等为主的传统产业集群。然而,随着2007年太湖蓝藻危机、2008年国际金融危机的相继爆发,资源承载力的约束条件不断趋紧,低端产品的国际需求和竞争力显著下滑。破除资源依赖的低端产业化路径,全面实现企业的创新升级和集群竞争力的提升成为惠山区必须确立的二次创业目标。然而,依靠乡镇企业起家的产业集群在自主创新方面先天不足、制约明显。当时,惠山区90%以上的企业是规模以下的中小企业,中小企业数量将近9 000家;囿于资金、人才、装备等方面的限制,独立开展技术研发的先天条件不足。从产业集群的科研条件来看,无锡市仅有一所综合性高等院校——江南大学,而且其中最具优势的学科为食品科学与工程,并不匹配惠山区的主导产业;惠山区的无锡职教园,虽然集聚了多所高职院校,但主要培养的是一线技术工人,并不具备足够的研发实力和高技术人才的培养能力。总而言之,惠山区产业集群特色鲜明、创新需求尤为迫切,但内生创新能力严重不足。

(2) 治理过程

为了弥补企业创新的技术短板,惠山区开始探索"一镇一院一产业"的创新网络链接模式,把高校、科研机构的资源以产业技术研究院的方式直接引入惠山,打造"家门口"的创新升级引擎。根据不同乡镇的产业特色和创新需求,由政府出面,在全国范围内联系相关领域具有技术积累和研发实力的高校、科研机构,通过建设产业研究院的方式,有针对性地将这些外部的创新资源引入惠山区(图4-8)。打造扎根本土的科研服务平台,定制化地解决本地产业集群发展过程中的创新瓶颈。其中,政府出资建设并提供场地、财政补贴等定制服务,高校、科研机构以技术入股。产业技术研究院是独立法人,采用市场化运作的模式。在组织上遵循理事会领导下的院长负责制,由政府(区和街镇领导等)与高校、科研机构共同组成理事会。理事会作为最高决策机构,每年至少召开两次会议,进行研究院发展战略定位、建设规划审议、重大事项决策等工作。院长由高校、科研机构的专家担任,全面主持研究院的日常工作,定期向理事会报告研究院的建设情况、科研情况、院企项目合作情况等工作。成立后的产业技术研究院以对本地企业的技术服务、合作开发、共建实验室等创新合作活动为优先工作,在此基础上也可以承接区域(市外)的创新合作业务。

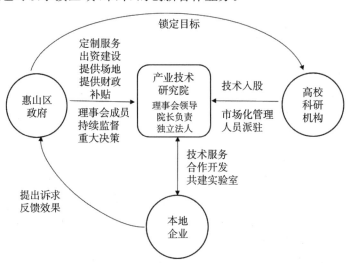

图4-8 无锡惠山区产业技术研究院的基本治理模式

惠山区政府推动多个产业技术研究院的建设,形成匹配乡镇产业基础的多点嵌入。早在2008年惠山区就开始尝试设立协同创新载体,筹建了中国科学院电工研究所无锡分所。不过当时的治理模式并不清晰。直至2012年,相对成熟的"一镇一院一产业"治理方案才正式出台。此后,围绕机械、冶金、电机电气、新材料、电子信息、新能源等惠山区的传统优势产业,各乡镇(街道)快速地"衍生"出具有学科优势、满足本地需求的协同创新载体。至2014年惠山区就已经基本完成了主要产业研究院的布局,先后与东北大学、哈尔滨工业大学、华中科技大学、南京航空航天大学等高校设立了多个产业技术研究院。产业技术研究院的优势技术领域,基本覆盖了惠山区的所有传统支柱产业(表4-1)。产业技术研究院以办公楼宇为载体,建筑面积从几千到几万不等,灵活集成研发办公、孵化加速、产品展示和销售、会议交流、人才培训等功能,广泛分布在各街镇的主要制造业板块周边。例如,作为国内外享有盛名的"焊管之乡"与"冷轧之都",钱桥是江苏冶金金属制品制造重镇,也是中国最大的钢带类金属制品加工流通基地之一;基于此,惠山区就与冶金相关技术见长的东北大学,在钱桥建设了东北大学无锡研究院。2015年开始各大研究院基本建成并顺利运行,惠山区政府又先后出台了《关于扶持产业技术研究院发展的实施意见》《惠山区产业技术研究院专项资金管理操作规程》以支持六大研究院发挥创新的产业化带动作用。

表 4-1 无锡惠山区各产业技术研究院的基本情况

研究院名称	筹建时间	面积/万 m²	所在街道	技术优势
中国科学院电工研究所无锡分所	2008年11月	0.22	堰桥街道	从事新能源发电技术、电气交通新技术、电力设备新技术、电力节能技术、电力系统技术及电气工程前沿技术研究,联动风电产业等新能源产业
东北大学无锡研究院	2012年6月	0.30	钱桥街道	以冷轧、特殊钢等主要技术研究方向,联动冶金新材料产业
哈尔滨工业大学无锡新材料研究院	2012年7月	0.50	玉祁街道	以材料表/界面工程、功能膜材料、功能晶体材料及器件特种胶接与密封材料为研究重点,联动新材料产业
华中科技大学无锡研究院	2012年10月	2.40	堰桥街道（惠山经开区）	从事数字化、智能化制造技术与装备的产业化研发,联动机械制造等产业
南京航空航天大学无锡研究院	2014年11月	0.54	洛社镇	以数字化设计制造、特种加工、光电检测、电力电子等技术为重点研究方向,联动电机电气、电子信息等产业

注:研究院正式投入运营时间在筹建后1—3年内。

（3）治理效果

产业技术研究院作为地方与外部高校、科研机构（简称"总部机构"）的合作载体，既是组织地方创新网络的重要枢纽，同时也是维系地方与总部机构间的持续合作、激发更多开放创新网络的积极触媒，实现了从植入"地方"到重塑"地方"的效用演进，形成了全兴的地方创新网络空间体系（图4-9）。

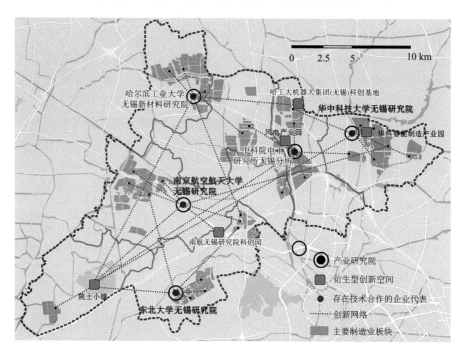

图4-9 惠山区产业技术研究院及其地方创新网络空间体系

第一阶段，充分依托总部机构的创新资源，为本地企业提供技术服务，提升产业空间绩效。在政府牵引与推动下，研究院全面参与了"单元级智能化改造""车间级协同提升"和"智能工厂"等建设工程，成为产业园区智能化升级的重要助力。在这个过程中，研究院实际上是地方与总部机构开展技术合作的"柔性"平台，应对地方技术需求的动态变化，在部门架构和人员组成上大都进行过调整。以华中科技大学无锡研究院（简称"华科研究院"）为例，从最初的5个部门扩张到9所、5中心、1室的规模；期间陆续与230余家本地企业建立了稳定的技术服务关系。

第二阶段，发挥总部机构以及自身的技术储备、人才培养优势，孵化新兴科技企业，孕育高新产业空间。例如，华科研究院以华科校友为主要孵化对象，投资建设了华科智能制造产业园，培育了集萃华科、中车时代、黎曼机器人等一批高新技术企业；此外，南航无锡研究院科创园、哈工大机器人集团（无锡）科创基地、风电产业园等产业空间也都是在总部机构的支持下由研究院直接投资或参与建设的。

第三阶段，深入参与地方创新生态体系建设，促进多种形式的创新交往与合作，广泛吸引高端人才，衍生出丰富的创新空间。研究院与地方龙头企业共同组建成了冶金新材料、新能源技术、智能制造、精密制造等多个产业联盟,促进企业间技术交流和设备共享。整合总部机构资源开展各类人才培训服务,进一步活跃地方创新创业的交往氛围。例如,培训企业"创二代"的高级管理人员工商管理硕士(Executive Master of Business Administration,EMBA)以及针对企业高层管理者、专业技术人员的终身学习平台等。充分借助研究院的"专家朋友圈",形成开放的院士、专家技术咨询库。截至 2021 年底,惠山区与 49 名中外院士进行了多种形式的产学研合作。其中:由院士领衔的新型研发机构 6 个;由院士出资创办企业 10 家;各类远程技术合作项目 30 多个。为此,政府在阳山镇桃花岛景区建成"院士小镇",将其作为院士们创新创业的交流和实践平台,并聘请丁汉院士(华科研究院院长)为首任镇长,以期带动更多院士支持地方发展。

总体而言,以产业技术研究院为枢纽的地方创新网络及其空间体系已日益成熟,研究院链接的总部机构及其外部网络为地方提供了持续发展的支撑。无锡的相关建设行动引起了省、市的广泛关注,进而在"十三五"期间,以产业技术研究院为代表的新型研发机构成为江苏推动创新型省份建设的重要抓手。截至 2020 年,共有省级新型研发机构 438 家,吸纳就业人员 1.6 万人,年开展技术服务 4.5 万多项次,转化科技成果近 1 000 项,累计引进、孵化企业 4 000 余家,年收入超 100 亿元。

2) 东莞横沥镇的"一镇多校一中心"模式

(1) 治理背景

横沥镇镇域总面积达 45 km², 是东莞市东部地区的主要产业集聚区,先后获得"广东模具制造专业镇""中国模具制造名镇"等称号。横沥镇的模具产业起步于 20 世纪 90 年代,依靠土地、劳动力等生产成本优势,搭乘国际制造业转移的"便车",在近 20 年的时间里快速发展成为拥有千家企业的模具强镇。2008 年金融危机以后,外贸出口型企业的订单量锐减,国内各地模具产业之间的竞争压力加剧。作为"世界工厂"的东莞在经历了快速发展之后,劳动力红利和比较成本优势逐步丧失,传统制造业品牌和技术的短板愈加明显。横沥镇作为东莞专业镇的典型代表,创新升级迫在眉睫。然而,由于中小型传统企业对原有发展模式的路径依赖和自主创新能力的缺乏,至 2011 年,全镇依然没有摆脱"小而散"的低端制造路径,在模具行业总产值持续下降的情况下,仍然有 80% 以上的企业从事接单加工。横沥镇已经无法通过既有内部资源的整合跳出低端制造的路径依赖。基于此,横沥镇政府创造性地提出了协同创新中心的治理模式。

(2) 治理过程

2012 年前后,横沥镇政府开始积极谋划引进外部创新力量,打造协同创新模式。建设产业协同创新中心是政府推动产业集群创新升级的治理选择。产业协同创新中心采用"政府主导、立足产业、高等院校为支撑"的联盟治理模式(图 4-10)。协同创新中心位于横沥镇西城创意产业园(图 4-11),总建筑面积为 2.5 万 m²。它不仅是中心理事会的办公场所、企业—高校间创新交流与合作的场所,也是为企业提供科技金融等全方位服务的场所。

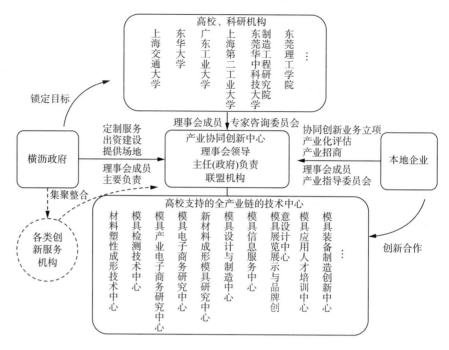

图 4-10　东莞横沥镇产业协同创新中心的基本治理模式

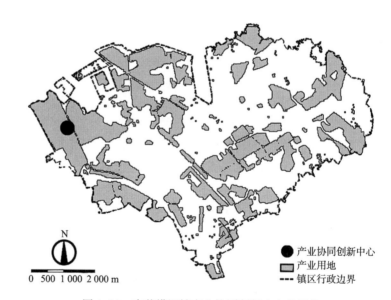

图 4-11　东莞横沥镇产业协同创新中心的区位

区别于"一镇一院"或"一镇一校"的产学研模式,横沥镇模具产业协同创新中心重在对各类高校、科研机构资源和综合服务的广泛集成,是由政府负责的联盟组织,并非独立法人。地方政府经过多番沟通与游说,联合上海交通大学等 7 家高校院所作为共建单位。产业协同创新中心以"理事会"作为管理中枢,其下设立"专家咨询委员会"和"产业指导委员会"两个委员会。作为主要的决策机构,理事会由镇政府、本地企业、高校院所派员共同组建,确保决策能达成多方共识;协同创新中心的主要负责人(主任、副主任)由政府派驻公务人员(含高校的挂职公务人员)担任。专家咨询委员会以大学教授为主,主要提供技术指导和咨询服务;产业指导委员会由企业代表组成,主要负责评估科研成果的产业化潜力、提供产业科研需求信息等,保证产业协同创新中心经营与决策的市场合理性(黄辉宇等,2016)。

共建单位的选择是以模具产业链上不同环节的创新需求为依据,力求推动模具产业的全链创新升级。例如,上海交通大学和华中科技大学各拥有一个国家级模具实验室,能够在制造环节帮助企业提升工艺水平;东华大学凭借电子商务的研究优势帮助企业拓展网上销售渠道;上海第二工业大学、东莞理工学院能够在新型应用人才的培养方面提供支撑。因此,在产业协同创新中心之下,根据共建单位的创新优势,分别组建了10个子中心。包括:与上海交通大学合作建设的模具检测技术中心、材料塑性成形技术中心;与东华大学合作建设的新材料成形模具研究中心、模具产业电子商务研究中心;与广东工业大学合作建设的模具设计与制造中心、模具信息服务中心;与上海第二工业大学合作建设的模具应用人才培训中心、模具展览展示与品牌创意设计中心;与东莞华中科技大学制造工程研究院合作共建的模具装备制造创新中心。此外,产业协同创新中心还整合了广东融易创业投资等基金公司、招商银行东莞支行等银行机构、远东国际租赁等租赁担保机构以及小榄生产力等科技服务机构。

在发展过程中,横沥镇产业协同创新中心作为政府、企业、高校之间的合作桥梁,其基本的治理模式不断演化;不仅借助高校的技术力量帮助企业解决技术难题,而且开始为企业甚至社会培训技术人才。2019年,由产业协同创新中心携手上市公司深圳市银宝山新科技股份有限公司和广东省机械模具科技促进协会三方共建的横沥智新职业培训学院落成,该学院致力于为乡镇乃至全市的机械模具及智能制造企业提供技术人才的职业培训工作。在组建的过程中,由产业协同创新中心提供培训场地、设备设施等使用权以及相关政策性支持,而深圳市银宝山新科技股份有限公司则负责模具学院的日常管理和具体运营,发挥企业的市场化运作优势。这一合作进一步促成银宝山新科技有限公司在横沥镇投产建设银宝山新智造工业园(园区总建筑面积约50万 m^2,项目计划总投资20亿元)。可以说,横沥镇产业协同创新中心作为重要的触媒,系统重塑着横沥镇的创新生态圈。凭借创新网络的组织经验和网络资源基础,横沥的产业协同创新中心从原来仅仅针对模具产业的创新合作服务,逐步向全产业覆盖的2.0版本升级,实现一个平台联动多个学校、带动多个产业的广谱协同创新格局。

(3)治理效果

产业协同创新中心的设立切实地促进了企业与高校的创新合作,实现了产业集群与城镇竞争力的同步提升。在产业协同创新中心的带动下,横沥镇产业的创新氛围日益浓厚,产业发展逐步实现由订单驱动向创新驱动、由高速增长向高质量发展转变。截至 2019 年底,横沥镇近五年引进高校院所科研团队 30 多个,促成镇内外校企"产学研"合作项目 86 项,实现成果转化 67 项,协助孵化企业近 46 家。例如,华中科技大学、重庆汽车研究院与中泰模具合作对热成型生产线进行技术创新,天倬模具与中国航天科工集团共同打造了汽车冲压模具智慧制造产业示范基地,擎洲光电与同济大学共同研发了儿童卧室专用智能灯,等等。在外贸出口市场整体疲软的宏观形势下,横沥镇的模具产业逆势上扬,"十三五"期间模具行业产值保持年增长 20% 以上,并逐渐将招商引资的标准从低端的塑料玩具模具向汽车、智能制造等高端产品转变。得益于创新竞争力的提升,横沥镇也因此于 2016 年首次跻身全国百强镇,此后常年位居百强镇之列,而且排名呈现总体上升趋势,成为广东科技界的"黑马"。横沥镇的创新发展实践受到了省、市政府的广泛关注和肯定,并成为东莞积极推广的专业镇创新范本。

4.3 链接创新孵化网络的孵化载体治理

4.3.1 尊重创新孵化网络的多样性

创新孵化网络是指驱动创新企业不断涌现和成长的多主体联动过程,是既有企业和各类机构向初创企业、创业者提供创新资源、激活创新活力的过程。创新孵化网络是存量创新资源充分整合和再利用的过程,是持续培育创新企业、推动创新主体不断裂变的关键网络体系。创新企业、高校、风险投资机构、综合服务机构等都是具有创新孵化能力的重要主体。创新孵化网络的存在有利于增加新企业诞生率、提升企业创新创业成功率。对于初创企业而言,创新孵化网络提供了一种成本和风险相对较低、创新创业价值更可预见的支撑环境。由于创新创业活动的高失败率,有意识地整合创新资源、构建高效的创新孵化网络早已成为全球各地创新治理的重要共识。创新孵化网络按组织类型可分为集成式和发散式两类(图 4-12)。

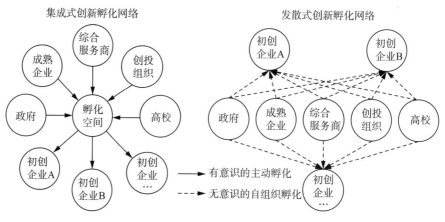

图 4-12 两种创新孵化网络的组织方式差异

1)有意识运营的集成式创新孵化网络

集成式创新孵化网络以孵化载体为中枢进行组织,有明确的运营和孵化目标。孵化载体的运营主体将自有或可协调的网络资源进行整合,为入驻其中的初创企业、个人提供系统的创新孵化支援;在网络结构上呈现由专业孵化载体为枢纽链接众多既有创新主体和初创企业的特征。孵化器、众创空间都是专业孵化载体。最早的孵化载体是企业孵化器,其概念发源于20世纪50年代的美国,伴随着新技术革命的兴起逐步成为推动创新经济发展的重要工具;特指为初创企业提供各方面支持、推动科研成果产业化的经济服务组织(王艺博,2013)。中国的孵化器出现在20世纪80年代中后期,武汉东湖创业服务中心是最早的科技企业孵化器。近年来兴起的众创空间通常是指入驻门槛相对更低、市场化运营程度更高的孵化载体。在已有的研究中,创新孵化网络通常被视为是依附于孵化载体的创新网络,而研究创新孵化网络的主要目的是改良孵化载体的运作机制(王国红等,2013)。可见,孵化载体对于组织创新孵化网络具有重要意义。集成式创新孵化网络的具体结构特点是由孵化载体的运营模式所决定。孵化载体的不同运营机构在创新孵化网络的组织方面各有优劣(表4-2)。

表4-2 各类孵化载体运营机构的优劣

主导机构	主要优点	主要缺点	孵化绩效
成熟企业	先进技术积累、设备配置、资金实力、市场信息与产业化经验,孵化成功率高	孵化覆盖面相应较窄,总体上开放性不足	高
综合服务商	以提供包括咨询、培训、中介等创新共性服务为主,入孵门槛通常相对较低,旨在通过共同办公营造协同创新氛围	无法提供结合创新项目特点的专业性扶持	中
创投组织	由民间资本和风险投资机构设立,具有较强的市场敏锐度,创新成果资本化的运作经验丰富	存在跟风(口)投资、短期投资回报偏好	中
高校、科研机构	核心的网络资源是科研项目基础以及规模巨大的人才网络	创新网络的综合性相对较弱,依托校友群体建立的网络也存在不稳定性	中
政府	以提供内容丰富的政策扶持为主要优势,对于盈利的要求不高,成本不敏感	通常都需要向其他专业机构购买孵化的外包服务,孵化效率低	低

2)无意识溢出的发散式创新孵化网络

除了集成式创新孵化网络以外,更广泛存在的是发散式创新孵化网络。发散式创新孵化网络是指既有创新主体与初创企业之间直接的、自组织的创新联动关系,包括创新主体在发展中无意识(非主动)、偶发性的资源外溢与衍生过程。发散式创新孵化网络的出现往往以密切的社交、商务互动为基础,通常是围绕具有突出创新溢出特质的主体(亦可称为"孵化主体")进行组织。孵化主体主要包括企业、高校和科研机构。孵化主体虽没有主动、有意识的建构孵化载体,却成为创新企业出现和发展的重要源头。孵化主体的创新溢出特质体现为知识信息和创新人才的流动与互动。例如,成熟创新企业的技术人员可能在获得技术和灵感以后离开企业开始创业,高校学生和教授可能在取得科研积累以后开始创业,等等。这种自发形成的创新人才链(关联),虽然不是基于核心主体与初创企业之间的主动合作,但有效形成了创新孵化的网络关系。不过,由于发散式创新孵化网络的资源往往具有一定的局限性,初创企业在依附于源头网络的同时,还需要自行开展与其他创新孵化网络的对接。相比于集成式创新孵化网络,发散式创新孵化网络由于组织性较弱而呈现更加"草根"的孵化状态,但这种自组织的成长过程同样富有生命力。值得注意的是,对于某个初创企业而言,可能同时身处于集成式和发散式两种创新网络之中。例如,孵化载体中的在孵企业同样可能与孵化载体以外的相关主体存在一定的孵化关系,出现由两种基本组织形态叠加嵌套而成的混合孵化形态。

4.3.2 作为创新孵化网络的"孵化者"

激活创新孵化载体需要地方政府作为孵化创新网络的"孵化者",即地方政府需要通过适当的政策干预,挖掘既有创新主体的孵化潜力,通过各类孵化载体的打造、运营和巧妙布局,促进集成式创新孵化网络与发散式创新孵化网络的耦合互动(图4-13)。在这个过程中,地方政府一方面通

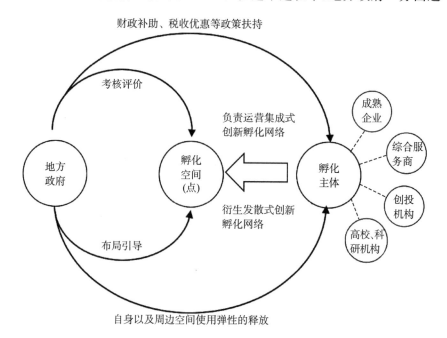

图4-13 针对创新孵化载体的治理模式

过政策手段激发相关创新主体的主动孵化意识,鼓励其牵头组建各类孵化载体,培育集成式创新孵化网络;另一方面,关注发散式创新孵化网络的衍生活力,引导孵化载体围绕核心孵化主体进行配置,充分释放核心孵化主体自身的存量空间和周边空间的使用弹性。

1) 政府作为创新孵化网络的"孵化者"

通过打造孵化载体以形成集成式创新孵化网络,这无疑是十分高效的孵化网络治理模式。然而,创新孵化网络的运营对于专业性的要求相对较高。政府虽然拥有广泛的资源调动能力,但是其独立运营孵化载体的绩效往往不佳,不得不依托于综合服务商等更加专业的主体。在既有的治理实践中已经暴露出许多地方政府重管理、轻服务,重建设、轻维护等问题。毕竟大部分地方政府缺乏创新孵化的经验,大包大揽的政府干预不仅将导致财政投入的巨大浪费,还有可能破坏原生的创新孵化网络,扰乱自组织的孵化秩序。随着孵化载体的发展以及孵化企业对于网络资源要求的不断提高,多主体联合主导、紧密合作的孵化模式已经日益成为主流,旨在最大限度地集成创新孵化网络,充分发挥不同主体在组织创新孵化网络方面的资源优势。地方政府则以恰当的方式分担创新孵化过程中的成本与风险,即作为创新孵化网络的"孵化者";将自身定位为网络组织的"中介"服务部门,主动减少对孵化载体的直接运营与管理,通过间接治理的手段,联通不同的网络资源,创造宽松活跃的孵化氛围;同时兼顾集成式创新孵化网络和发散式创新孵化网络的耦合,更加全面地激发市场的创新孵化积极性。

2) 通过间接治理,激励孵化主体组织的集成式创新孵化网络

与协同创新载体的治理不同,地方政府采取积极而间接的孵化载体治理方式,不直接参与企业孵化过程,而是充分发挥成熟创新企业、高校以及科研机构、创投机构、综合服务商等主体在创新孵化方面的资源优势,充分利用各主体专业化的网络组织能力。鼓励孵化载体以专业化、市场化的方式进行运作。间接治理具体表现为地方政府根据孵化空间运营主体和入孵企业的实际贡献和发展潜力,给予相应的财政补助、税收优惠等政策;对于孵化载体的空间使用方式给予一定自由。

3) 围绕源头布局,利用发散式创新孵化网络

地方政府积极引导孵化载体在各类孵化源头周边集聚,以充分利用可能存在的发散式创新孵化网络,实现集成式创新孵化网络与发散式创新孵化网络的耦合。孵化载体的空间形态可以是孵化办公区或是独栋孵化楼宇;空间利用形式既可以是新建或拆除重建,也可以是原建筑功能置换。孵化载体相对灵活的空间形式,为源头集聚提供了可能。值得一提的是,在本地缺乏创新源头的情况下,可以采用"创新飞地"的形式,在创新要素(创新源头)更加密集的行政区外地区,异地设置综合性的孵化空间,进而建构区域的创新孵化通道。

4.3.3 案例:杭州与衢州的创新孵化载体治理

1) 杭州经验:充分释放本地潜力

(1) 治理背景

杭州是中国民营经济的代表城市,拥有大量具备自主创新活力的明星企业(图4-14)。2022年,杭州上榜"中国民营企业500强"的企业数达到41家,和2021年相比新增5家,占全国的8.2%,占浙江省(107家)的38.3%;这意味着杭州市"中国民营企业500强"的企业数已连续二十年居全国城市第一。在科技革命的全球化浪潮中,杭州率先孕育出了阿里巴巴、海康威视等一批龙头创新企业。以民营企业为主的市场环境有利于人才和技术的自由交流,更容易形成协同发展和良性竞争,因此,创新孵化的企业源头储备相对充足。此外,杭州拥有高度活跃的社会资本,创新创业的金融潜力较大。根据睿兽分析数据库的相关统计数据,杭州市2022年中国一级市场投融资次数仅次于深圳、北京、上海,位列全国第四位(图4-15)。

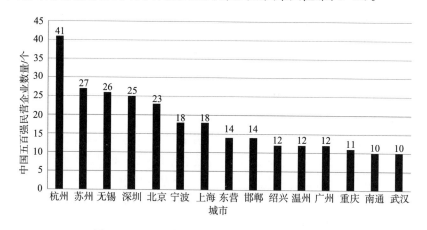

图4-14 2022年主要城市民营企业500强数量

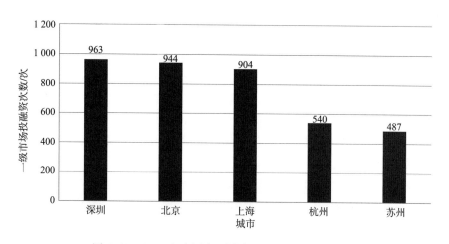

图4-15 2022年中国主要城市一级市场投融资数量

然而,在过去相当长的一段时间内,杭州的民间资本虽然丰厚、活跃,但并没有和创新发展形成有效链接。浙江经济很大的特点就是藏富于民,在杭州,民间资本的力量更是突出。很多企业家的思维比较灵活,也喜欢参与资本的运作,不会一直局限在原来的主营业务范围里面,比较愿意介入高风险、高收益的投资领域。但是相当长时间里面,这些资本并没有找到适合的投资渠道,只能在主营业务和房地产之间打转。在创业创新战略和孵化载体政策出来之前,这些资本并未流入创新创业领域。

(2)治理过程

为了充分释放杭州民营经济和社会资本的创新孵化能力,地方政府积极推动孵化载体的间接治理。创新孵化载体包括科技企业孵化器和众创空间,其中,科技企业孵化器是面向技术和运营模式相对成熟的初创企业,众创空间则面向尚在酝酿企业成立计划的创业者。地方政府间接治理的模式与城市创新创业的本地基因(基础)有机结合,充分激活了杭州创新创业的潜能,塑造出活跃的创新孵化氛围。当前,杭州已经成为中国创新型城市的新兴代表,是中国互联网创新创业的重要名片之一,其治理的主要经验体现在如下方面:

一直以来,杭州政府本着尊重市场的原则,对于创新创业的市场行为持积极鼓励的态度。早在2015年,杭州就制定了《杭州"创新创业新天堂"行动实施方案》,提出要以提升自主创新能力、完善创新创业政策和制度为重点,以大力发展众创空间和开放式综合服务平台为突破口。基于尊重市场的基本治理导向,杭州进一步制定了《杭州市科技企业孵化器认定和管理办法》,明确提出要通过政府的创新治理将民营企业、人才、社会资本充分调动和整合起来,鼓励各类组织和个人利用自有的资金、房产等资源参与到孵化器的建设和运营过程之中。政府重在建立一套合理的认定体系,并提出相应的扶持方式(图4-16)具体包括:根据评价结果和孵化实绩,对市级以上孵化器给予经费资助;鼓励科技企业孵化器举办各类创新创业活动并通过政府采购服务、发放创新券等方式进行资助。

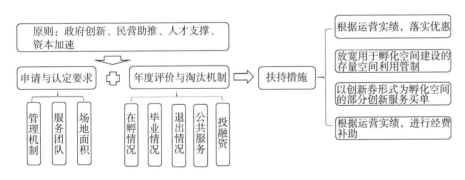

图4-16 杭州市科技企业孵化器的治理框架

在孵化器空间的利用方面,特别鼓励对闲置的商业用房、工业厂房、仓储用房等存量房地产资源的再利用,对于有利于城市功能布局优化、经济转型升级且经过政府认定和批准的项目,将给予特殊的政策扶持。杭州针对孵化器的间接治理方式,极大激发了各类主体参与创新孵化的积极性,科技企业孵化器和众创空间大量涌现。为了规范众创空间的经营行为,防止孵化器建设的"地产化"倾向,杭州市人民政府办公厅印发的《关于加强众创空间建设进一步推进大众创业万众创新的实施意见》和杭州市科学技术局、财政局印发的《杭州市众创空间认定和管理办法》相继出台,划分出标准化众创空间、专业化示范众创空间、国际化示范众创空间三类市级孵化载体并明确相应的扶持条件。通过一系列政策意见的实施,实现市场配置机制和政府风险补偿、风险调控机制的有机结合。

此外,地方政府积极鼓励主营机构基于自有空间资源和创业者对孵化源头的偏好,布局与孵化源头显著邻近的孵化空间。例如,杭州政府在建设梦想小镇的时候就充分考虑到其周边富集的创新源头(图4-17)。"梦想小镇"的建设启动于2014年,在2018年入选了最美特色小镇50强,它也是杭州创新创业的网红地标。在筹建之初,地方政府就预判到阿里巴巴西溪园区的重要创新辐射带动作用,也考虑到杭州师范大学、浙江海外高层次人才创新园(简称"海创园")可能溢出的人才网络,因此,将其定位于孵化器的集聚载体。梦想小镇中的两个主要板块即互联网创业村和天使村的最初定位分别就是:鼓励和支持"泛大学生"群体创办电子商务、软件设计、信息服务、集成电路、大数据、云计算、网络安全、动漫设计等互联网相关领域产品研发、生产、经营和技术服务的企业;重点培育和发展科技金融、互联网金融,集聚天使投资基金、股权投资机构、财富管理机构,着力构建覆盖企业发展初创期、成长期、成熟期等各个不同发展阶段的金融服务体系。地方政府希望通过梦想小镇中两个主要板块"互联网创业村"和"天使村"的打造,鼓励和支持大学生、技术型人才等社会群体创办互联网企业,同时培育科技金融产业,为企业提供覆盖全生命周期的金融服务体系。针对孵化器的入驻,地方政府还制定了梦想小镇专属的各项鼓励政策,为梦想小镇在初期的发展提供了巨大助力。

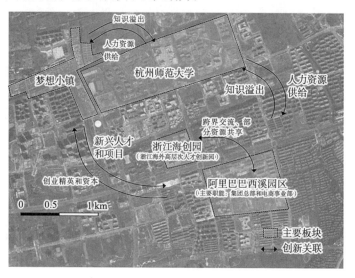

图4-17　梦想小镇周边的主要板块的创新关联示意

（3）治理效果

在杭州政府的治理之下,创新孵化的市场积极性高涨,市场运营的孵化载体不断涌现,形成"城市即是孵化器"的创新创业氛围。杭州市最早的民营孵化载体成立于2012年3月,是由浙大网新集团在自己的办公大楼中创办的"云咖啡",但是当时孵化器建设的市场热情并不高;直至杭州政府间接治理模式的全面启动,才充分激发了民营企业、社会资本的孵化积极性。杭州市科技局提供的相关资料显示,截至2021年底,杭州累计建设市级以上孵化器(含众创空间)442家,其中国家级孵化器48家、国家级众创空间68家;孵化空间总面积超500万 m^2,入驻企业1.6万余家,就业人数近1.4万,累计培育高新技术企业1163家、主板和海外上市企业86家,其他毕业企业约3.3万家。90%以上的孵化载体是由非政府机构负责运营的,孵化企业涵盖电子信息、互联网、文创、生物医药、综合服务等产业门类。

在杭州政府间接治理的驱动下,阿里巴巴、海康威视、新华三集团等一批行业领军企业以及高校的创新孵化效应凸显,涌现出了蘑菇街、阿里云、蚂蚁金服等一大批科技型独角兽企业,形成创新创业的"新四军"(阿里系、浙大系、浙商系、海归系)。早在2017年底,从阿里巴巴离职进行创业的员工就已累计创办了1026家公司,相当部分的企业和人才依然留在了杭州本地,其中有一部分企业"毕业生"又参与到孵化器的运营之中,形成"孵化—成长—再孵化"的良性循环。在2021年中国独角兽企业数量前十城市的榜单中,杭州以22家独角兽企业的优异表现位居全国第4,紧随北京、上海、深圳之后(图4-18)。

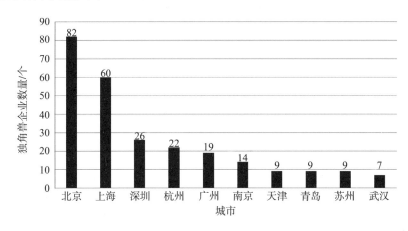

图4-18　2021年中国独角兽企业数量前十城市

政府积极鼓励孵化载体在创新源头周围集聚,并收获了市场的热烈响应,围绕源头集聚的效果显著。以梦想小镇为例,其范围内曾经集聚了数十家的孵化器,这些孵化器或与阿里巴巴集团(简称"阿里集团")存在一定的社会网络关联,并进一步衍生为创新孵化的网络;或是看中了阿里集团将产生的创新辐射带动效应(专栏4-1)。值得注意的是,由于创新源头在一定区域内的孵化带动能力有限,位于梦想小镇中的部分孵化器在后续的竞争中开始向其他地方迁移；但是对于初创企业而言，孵化载体的适度过量能够给它们提供更多的选择和更加宽松的成长环境，因此，孵化载体之间的孵化能力之争有利于初创企业的发展。除了"阿里系"外，城市主要开发区结合园区产业特色和更新迭代过程，大量推动孵化载体的植入，借以提升自身的产业竞争力，例如，杭州下沙经济开发区中有全市首个以工业设计为核心的创客空间（专栏4-2）。在地方政府积极引导和市场选择共同作用之下，杭州全市的孵化载体主要布局在孵化源头较为密集的主城区；在高校和科研院所周边、龙头创新企业周边大量集聚了各式各样的孵化载体（图4-19、图4-20）。这些孵化载体构成城市创新创业的重要空间基底。

专栏4-1　杭州梦想小镇中的孵化器集聚运营情况

在紧邻阿里巴巴西溪园区的梦想小镇内一度集聚了数十家的孵化器。良仓孵化器是其中的典型之一，它是由原阿里集团技术协会负责人、原阿里集团业务产品经理、原阿里集团全国直销总经理、盈动资本创始人联合组建的。良仓孵化器虽然不是阿里集团直接组建，但是拥有极深的"阿里系"背景。良仓孵化项目定位在移动互联网领域进行长期运营与发展，着眼于重点扶持技术创新型、模式创新型等互联网创新创业项目。从良仓孵化器中走出了专注于二手房装修的"E修鸽"、定制巴士服务的"拼搭客"、智能手机线上线下商务（Online to Offline，O2O）平台"机蜜"等项目团队。同样落户梦想小镇的还有联想星云加速器，它是由星云创始团队与联想之星、蓝驰创投、荣盛投资等多家知名风险投资（Venture Capital，VC）机构、产业基金联合发起并投资成立，集创业加速、创业投资、云工厂、供应链于一体，是国内一家拥有硬件供应链解决能力的新型创投加速平台，它同样看中了阿里巴巴西溪园区的带动和辐射。

专栏4-2　杭州下沙经济技术开发区中的典型创客空间

在杭州下沙经济技术开发区中的和达创意园内，落户了杭州首个以工业设计为核心的设计服务+创新项目孵化平台——We Link+加号创客空间。该孵化空间是杭州下沙经济技术开发区管委会全力支持的工业园区更新项目和创新孵化项目，位于工业园区与居住区的交界地带。孵化空间由启迪之星与杭州斯帕克工业设计有限公司（简称"斯帕克公司"）共建。斯帕克公司作为一家专业的工业设计公司，负责牵头组建孵化器，启迪之星作为一家专注于数字文化和信息技术的专业孵化运营商，负责品牌和运营管理经验输出。2016年加号创客空间正式运营，致力于构建首个以工业设计为核心的"大设计服务+项目孵化"平台，以产品为核心，包含工业设计、品牌设计（策划）、空间设计等。加号创客空间与斯帕克公司在同一栋办公楼中，斯帕克公司为入孵的企业开放工业设计的先进经验，定期组织交流沙龙，并嫁接启迪之星的创业服务与资本运作网络，为在孵团队提供多元的支持。

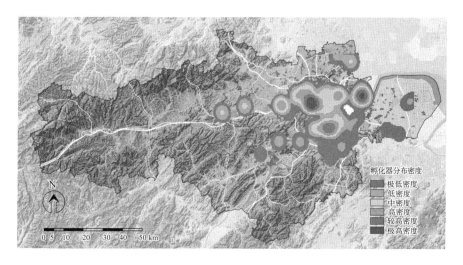

图 4-19　2017 年杭州市孵化器空间分布的核密度图

图 4-20　2017 年杭州市众创空间分布的核密度图

（4）治理的比较：南京紫金创业社区的教训

杭州的案例充分说明创新孵化载体的治理需要结合城市自身的特点，循序渐进、避免政府的大包大揽。作为在长三角另一个与杭州齐名的创新城市，南京就曾出现了"大跃进"式的"孵化器"建设。南京是中国的科教名城，科教资源与人才储备优势尤为突出，全国"双一流"大学数量仅次于北京、上海。虽然南京拥有极为雄厚的创新基础，但长期以来南京创新创业的活力却稍显不足，科教、人才的资源优势并未充分转化为创新创业的发展动能。其实，早在国家"双创"理念提出之前，南京政府为了充分挖掘城市创新创业的潜力，就关注到了创新孵化的战略意义。2011年，南京市委、市政府为了抢抓国家科技体制综合改革试点和建设创新型试点城市的重大机遇，充分释放科教创新资源活力，打通科技人员创新创业路径,创造性地制定了"紫金科技创业特别社区建设计划"(胡先杰等,2018)。

紫金科技创业特别社区(简称"科创社区")实际上就是一些享受特殊扶持政策、集生产与生活功能为一体的综合开发板块。从 2012 年开始,南京市政府采用集中建设、多点开花的方式在全市各个行政区和市级重点功能板块上同时启动 20 家科创社区的建设(表 4-3),规划总面积超过 43 km²。多数科创社区是新建空间,不同地区的科创社区根据用地条件有所差异,少则占地约 0.5 hm²,多则占地 400 hm² 以上(表 4-4)。2014 年,《南京市紫金科技人才创业特别社区条例》(简称《条例》)在南京市正式施行,作为全国首部促进科技人才创业的地方法规,当即引起社会各界的广泛关注与热议。《条例》明确定义科创社区是以科技创业活动为中心,以集聚科技人才、转化科技成果、孵化创新项目、培育创新企业、发展高新技术产业为目的,以特定的科技基础设施、行政服务体系、人居环境为支撑的社区组织;突出强调各区人民政府、园区管理机构对科创社区的建设、管理和服务责任;明确特别社区科技基础设施及其配套设施的比例要求,包括创业苗圃、孵化器建筑、加速器(含中试用房)、人才公寓及其配套设施建筑面积等;详细列举了针对科技人才以及创新创业活动的基金、税收扶持。《条例》的施行被认为是南京在促进科技创业创新方面的实践结晶和改革答卷,充分展现了南京在推动科技人才创业创新方面的决心和信心。这一系列举措,即便是时至今日,仍不可否认具有一定的前瞻性和极强的发展魄力。

表 4-3　南京紫金科技创业特别社区的数量与分布

行政区	科创社区数量/个	科创社区名称
江宁区	4	紫金江宁、紫金麒麟、紫金方山、紫金吉山
鼓楼区	3	紫金鼓楼、紫金下关、紫金模范路
秦淮区	2	紫金秦淮、紫金白下
栖霞区	2	紫金仙林、紫金新港
六合区	2	紫金化工园、紫金六合中山
浦口区	2	紫金高新、紫金浦口
玄武区	1	紫金玄武
建邺区	1	紫金建邺
雨花台区	1	紫金雨花
溧水区	1	紫金溧水
高淳区	1	紫金高淳

表 4-4　部分南京紫金科技创业特别社区的规划情况

特别社区名称	规划用地规模/hm²	规划新建建筑规模/万 m²	存量建筑规模/万 m²
紫金麒麟	246.5	230.7	0.0
紫金栖霞	186.7	252.0	0.0
紫金高新	240.0	274.2	0.0
紫金大厂	252.7	80.1	22.9
紫金吉山	458.0	350.0	0.0
紫金雨花	178.1	268.0	0.0
紫金仙林	462.0	430.0	0.0
紫金方山	188.7	210.0	0.0
紫金浦口	180.0	160.0	0.0
紫金江宁	320.0	342.6	0.0
紫金模范路	11.6	30.0	0.0
紫金鼓楼	5.5	14.5	0.0
紫金玄武	135.5	207.0	41.0
紫金下关	100.0	50.9	0.0
紫金白下	161.0	37.0	35.0
紫金秦淮	18.1	35.1	2.7

科创社区最初计划在2015年全部建成,然而其实施的进度和绩效却远不如预期。政府建设科创社区的出发点无疑是积极的,但过于强势的主导方式与创新孵化的实际需求产生了诸多矛盾;政府在实体建设方面过于用力,却对创新孵化空间的网络需求属性缺乏认识,导致科创社区仅仅是徒有其表的物质"空壳"。反思《条例》中的政策,可以清晰看到政府过度干预的一系列问题:

其一,孵化运营能力有限。《条例》虽然提出要组建科技创业人才(项目)专业委员会,由行政主管部门和机构有关负责人、科技专家、领军科技企业家、社会投资人共同参与入孵项目审查等工作。但在实际执行过程中,各区以及园区政府组织相关专业人员的能力极为有限,无法搭建出集成、高效的创新孵化网络。由于缺乏可操作性,大部分特别社区的运营和孵化管理都是由行政管理机构来直接承担。政府在孵化审批、综合服务能力上的短板,直接导致创新创业企业的诉求无法及时有效地得到满足、创新绩效欠佳等问题。

其二,布局思路并不清晰。在科创社区的空间分布上未经充分论证,多点开花,仓促上马,仅有部分社区布点在创新孵化源头周边,例如东南大学九龙湖南侧的江宁科创社区。大量科创社区仅是基于近期建设、改造的可行性而随意布局,缺乏发散式孵化网络的依托,显得动力不足。

其三，资金扶持捉襟见肘。由于在短时间内大量新建科创载体，导致财政资金紧张，更为重要的创新扶持与激励基金难以按时到位，这实际上也体现出政府重建设、轻管理与服务的传统治理思维。

其四，建设模式缺乏弹性。相关政策对科创社区中各类设施的配套比例设置了严格要求，但是创新孵化空间不可能是孤立封闭、标准化的板块。区位条件和孵化产业类型决定了空间需求的差异，在建设的过程中实际需求与建设标准间的矛盾频发。例如，在主城区的科创社区，周边的居住配套相对完善、交通出行也较为便利，并没有在社区中建设人才公寓的必要；而在传统产业园区中的科创社区，由于周边商业服务配套条件有限，则需要配套更高的商业服务比例等等。

基于以上种种问题，南京紫金科技创业特别社区经过试运作，总体上入孵企业和团队仍然较为有限，孵化毕业的企业数量更少；由于载体的孵化网络特征不强，许多社区最后异化成为成熟企业的商务办公空间；科创社区实际建成的面积也远小于规划设想。最终，在2017年南京市委发布《关于印发〈南京市科技园区整合设立工作方案〉的通知》（宁委发〔2017〕34号），要求"撤销原紫金科创特别社区、国际企业研发园，将已建载体纳入此次整合内容，实施统一管理"；并在2018年南京市人大常委会上发布了关于废止《南京市紫金科技人才创业特别社区条例》的说明。而后，南京开始重新建构创新孵化的战略和实施路径，提出了"两落地一融合"（"科技成果项目落地、新型研发机构落地，校地融合发展"）等更加聚焦的创新战略方向，并制定了《南京市科技企业孵化器和众创空间管理办法（试行）》等更加谨慎的孵化空间建设和间接管理政策。

2）衢州经验：巧妙建构"飞地"平台

（1）治理背景

部分城市受制于自身创新发展的基础和区位条件，缺乏创新孵化的源头要素，则需要借助"飞地"型的链接型空间，建构高效、互补的区域创新孵化网络。衢州市是由政府主动在创新活力较强、网络密集的外部地区布局"飞地"，并实现创新网络有效链接的典型代表。"创新飞地"是打破行政区划界限，到外部创新资源更丰富的地区设立的跨区域创新合作平台。地处钱江源头、偏居浙西南的衢州，远离经济活跃的沿江沿海区域且生态保护责任重大；面对本地经济体量较小、产业结构偏重、创新吸引力不足的制约，衢州在2013年建设了全省首个"创新飞地"，并于次年迅速推动从省内到省际的布局拓展。

（2）治理过程

2013年，在"山海协作"的政策背景下，衢州市政府出资建设了浙江省首个"创新飞地"——杭州衢州海创园；次年，通过邀请乡贤、原清华大学生命科学与工程研究院院长赵教授牵线搭桥，衢州市政府在上海张江高科技园区又建立了上海张江（衢州）生物医药孵化基地。截至2021年，衢州市（市本级）在杭州、北京、上海、深圳共有6处"飞地"，建筑面积从几千到几万平方米不等，初步形成以长三角为主、嵌入沿海三大城市群的飞地群（表4-5）。"飞地"由衢州国资公司通过购地建设、直接购买或租赁物业等方式获得管理权限,并引入创投基金等第三方运营商与地方国资服务机构、政府服务专班等共同负责日常运营,形成专业化＋两地化的服务体系。"飞地"选址均在创新资源的密集地区,以充分利用飞入地创新要素集聚、创新网络外溢的优势,例如,杭州的未来科技城(图 4-21)。"飞地"以集聚、孵化高新企业为主,结合飞入地的创新产业环境,在目标产业的定位上也各有侧重,以架构相对多元的新经济体系。杭州衢州海创园、柯城科创园因结对帮扶的上级要求,能享受同城同待遇、飞入地税收返还和分成等特殊政策;其他"飞地"主要通过以税代租以及力度更大的衢州地方性创新扶持政策,争取"飞地"中的企业在衢州注册或两地注册,并鼓励企业在衢州设立生产基地。

表 4-5 衢州市主要科创"飞地"建设情况

飞地名称	布局	面积/万 m²	出资/管理方	运营方	产业定位
杭州衢州海创园	杭州未来科技城	19.76	衢州市政府/衢杭联合管委会	衢海百川资管公司＋银江集团	数字经济、生物医药、新材料等
柯城科创园		1.51	柯城区政府/柯创园管理办	清创和梓信息科技有限公司	新材料、装备智能制造、服装时尚和数字经济
杭州科创产业园		2.71	智造新城管委会(国家级经开区、高新区,以及衢州绿色产业集聚区多区合一)	衢州绿色发展集团有限公司	电子信息、生物医药、新材料
上海张江(衢州)生物医药孵化基地	上海浦东张江高科技园	1.25		外派工作专班＋乡贤(院士、侨联)	生物医药、医疗器械和人工智能
北京中关村产业协作园	北京海淀中关村创新园	0.70		中关村鸿嘉物业服务有限公司	集成电路、生物医药、航空航天以及军民融合
深圳前海创新园	桂湾金融先导区	0.39		深圳嘉富诚基金管理有限公司	世界 500 强企业、科技型服务业

(3) 治理效果

"创新飞地"的建设不仅为衢州提供了新经济的外部税源,更为本地的创新发展与园区升级提供了新契机。一方面,"飞地"作为创新孵化器和招商端口,通过建构"飞地孵化—在地转化"以及"飞地展示—在地引进"的联动关系,促进地方高新产业项目的增长。以上海张江(衢州)生物医药孵化基地为例,它孵化出的美汀诺医疗、派迪畅科技等高新技术企业已经在衢州建设了相关的产品生产基地;以衢州海创园为例,它在运作过程中通过与艾森医药、

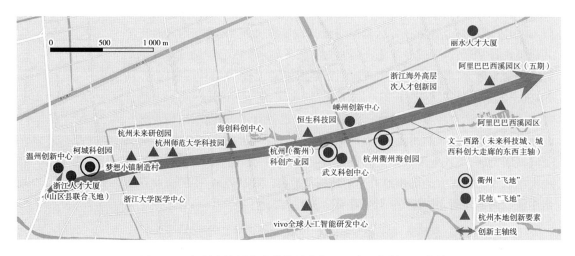

图 4-21　衢州在杭州未来科技城的"飞地"布局与周边要素情况

中电海康、金锦晟控股等"飞地"周边成熟高新技术企业和投资机构的沟通交流，引进了一批高新产业项目。另一方面，"飞地"作为支撑本地企业创新升级、创新转型的重要平台，通过引导本地企业在"飞地"增设新机构，以及集聚、联络能够为本地企业提供生产性服务的人才、机构等方式，促进产业园区的提质增效与扩容。以杭州衢州海创园为例，它集聚了由康德药业、信安数智、禾川科技、赛然生物等衢州本地企业设立的涵盖风险投资、研发设计、未来产业等职能的新机构；以上海张江（衢州）生物医药孵化基地为例，它促成力捷化工与科技领军人才合作，投资成立邦华生物医药公司，并推动低效化工厂区的更新；以北京中关村产业协作园为例，它成为华友钴业、夏王纸业、金瑞泓科技等企业"组团"与中国科学院生态环境研究中心、北京生命科学研究所等科研单位开展技术交流的支撑平台，为企业工艺的提升与现代化厂区的建设提供助力。总体而言，由"飞地"链接而成的创新网络，已经嵌入衢州市各主要工业园区（现统合为东部智造新城）的发展建设（图4-22）。

可见，"创新飞地"确实为衢州的产业创新和空间重构提供了外部动力。不过，它究竟能否彻底颠覆本地资源的约束？特别是在"创新飞地"模式被各地大量推广后，衢州"创新飞地"的竞争力和效用尚待检验。衢州实践为浙江省的"创新飞地"建设起到了积极示范，"创新飞地"也逐步成为全省力推的重要工程，当前浙江"飞地"数量已超百个，飞入地以杭州、上海为主，还包括北京、深圳等创新城市（图4-23）。

4.4　链接潜在创新网络的融合型片区治理

4.4.1　诱发潜在创新网络的雨林型地区

鉴于地理邻近和社会交往对于形成创新网络的积极作用，越来越多的主体在创新网络的牵引下，与创新网络的共生互动中形成空间集聚。以医药公司

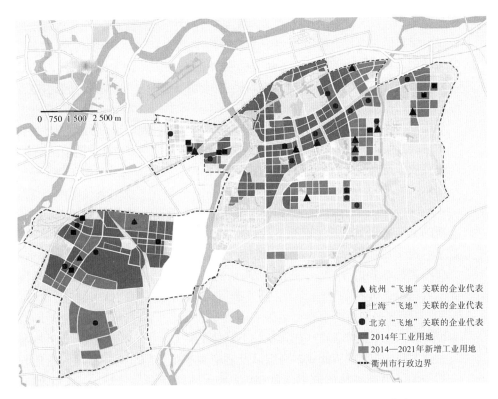

图 4-22　衢州智造新城中与"飞地"存在链接的代表性企业分布

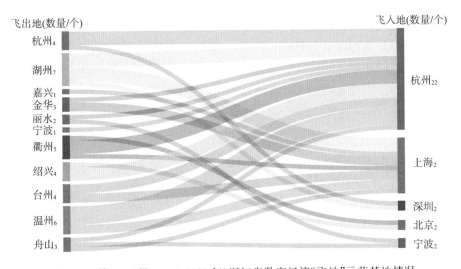

图 4-23　第一、二批(2020、2021 年)浙江省数字经济"飞地"示范基地情况

为例,过去医药公司更多地分布于郊区"飞地",在那里可以更加隐秘地保护他们的知识产权,不过近年来许多医药公司开始将其研发部门布局于领先的生物技术公司和麻省理工学院、哈佛大学等主要研究性大学附近,以接受更好的知识外溢并形成合作(Weintraub,2013)。近年来兴起的"硅巷"同样体现出创新网络的牵引力量。"硅巷"是美国纽约中心城区的科技产业集群,以中城南区的熨斗区、切尔西地区、SOHO 区和联合广场为起点,逐渐向曼哈顿下城和布鲁克

林蔓延,是一个无边界的科技产业聚集区。作为国际金融中心,充裕的资本环境和富集的风险投资机构成为组织创新网络的重要牵引力;时尚、传媒、商业等发达但又相对传统的服务业基础,为新技术的融入提供了巨大的需求空间;数量众多、密度较大的城市人口为创新提供了充裕的用户实验场景。因此,以互联网应用技术、社交网络、智能手机及移动应用软件为主要特征的创新企业开始出现。创新企业积极争取风投机构的资本支撑,为传统行业提供颠覆性的技术解决方案,并不断从用户市场中获得反馈意见,形成全方位开放的结网模式,也促成了高密度且不断扩散和渗透的集群形态。相似的场景出现在波士顿肯德尔广场,作为全球创新企业最密集的地区之一,步行10分钟的街区内挤进约1 000家公司,因而也被称为"地表最创新1平方英里";在这里,年轻人换一份新的工作,都不需要搬家甚至不需要换楼。

　　由于创新网络的空间特性,创新集群有更大概率出现在雨林型地区,而不是标准化的、功能单一、封闭孤立的传统工业园区或科研孤岛。美国学者在分析硅谷的生态圈时,引入了"创新的雨林法则"这一概念(黄等,2015)。本书所指的雨林型地区是兼具适宜密度、多样性以及生长性的都市型片区,其空间基底往往具备如下具体的特点:生产和生活融合、机构与企业共生、高成本与低成本交织以及适应性变化。都市雨林型地区相比与其他地区更加容易形成创新网络,是潜在的创新网络密集区(图4-24)。基于高强度和深度互动的主动集群过程,以协作共创的方式模糊不同主体之间的空间使用边界,以密集的创新互动网络重构地区的社会与资源配置关系,并带动空间资源的开放共享和空间利用的相互渗透。以知识交互为核心的创新协作所呈现的"集聚"偏好,将比成本节约导向的集聚显得更加强烈。不同产业类型、不同机构性质的主体在空间上相互交织,创新网络从公共的正式交互向私人社交领域渗透。这些看似混沌的场景,却充分体

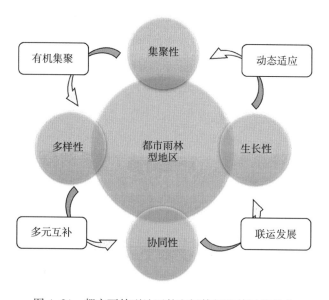

图4-24　都市雨林型地区的空间特征及其网络效应

现了创新网络的内在秩序,体现了创新网络支配之下空间的多样性和弹性。此外,都市雨林型地区的形成,还需要和谐统一、协同发展的基本制度环境作为保障。避免因为管理体制等制度环境的差异,导致群落之间的割裂与冲突。这本质上就是要尽可能消除对创新网络形成抑制的制度距离,促成都市雨林型空间中的多维邻近效应。

4.4.2 实现功能、体制的多维邻近

打造创新融合区需要地方政府以强化既有创新网络、激发潜在创新网络为目的,通过多元融合的功能组织、统筹协同的管理体制等方式,在一定地域范围内创造有利于创新网络形成的多维邻近性效用,进而形成具有"雨林"特征的片区。雨林型地区的打造是一种全面开放、深度融合、统筹管理、密切联络、持续生长的片区空间利用和管理方式,关键在于面向创新推动功能组织、管理体制的融合。创新融合区的空间尺度既可以是一个面积较小的产业社区,也可以是面积较大的创新走廊等城市重大战略性空间。

1) 多元融合的功能组织

创新融合区重在满足创新网络对空间有机集聚和多元化的需求,将创新活动空间与生活空间(包含休闲娱乐等)进行充分混合。在提供研发空间、共享研发平台、创新型产业用房等基本的科研空间与人才公寓等居住空间外,也注重提供文化体育设施、商业设施等休闲娱乐空间,为创新创业人才营造丰富开放的社交氛围,以促进研、住、娱融合发展;空间的多样性除了体现在功能多元上还体现在层次差异上,为企业成长和人才发展的不同阶段提供具有较宽谱系的空间选择。

2) 统筹协同、适度弹性的管理体制

创新融合区需要体现出空间管理的整体性和用途管制的适度弹性。一方面,要在空间的管理上,强调类似管委会整体化运作模式或依托联席会议等形式进行统筹,在行政管理基础相对分散、破碎的地区需要探索体制整合的实施路径。另一方面,要特别针对高校周边等创新活跃地区,在土地性质、主体建筑结构不变的情况下,给予存量更新活动足够的功能自主性。创新融合区既是产业集群空间形态的内涵提升,更体现了超越于生产性空间的外沿突破。虽然"创新融合区"的概念尚未形成广泛的认知共识,但在既有的空间治理实践中,很多城市已经贯彻了相似的发展理念,积极促进校区、园区、社区、景区等空间的创新融合。

4.4.3 案例:杭州和南京的创新融合区治理

1) 杭州环浙江大学创新融合区的建设

(1) 治理背景

浙江大学玉泉校区、紫金港校区处于原来杭州老城的城郊,随着城镇

化的推进和城市向外的持续拓展,周边居住空间大量增长,配套设施不断完善。浙江大学一直以来都被认为是"中国最爱创业的大学",学校为学生提供了创新创业相关的系统课程、专业培训。浙江大学的创新溢出效应使周边自发出现了师生创办的创新企业和创客空间。这些创新要素就近渗透在浙大周边的商住区中,例如,紧邻紫金港校区的剑桥公社、城市发展大厦以及望月桥公寓就是企业主要的集聚地;曾出现300多家小企业"拥挤"于400 m长的剑桥公社(商业街区)之中的景象,业务类型涵盖工业设计、建筑和环境设计、互联网开发、电子信息等领域;部分高校师生还积极利用高新区江北区块转型过程中遗留的闲置空间。在2015年以前,浙江大学校区周边的创新创业活动,总体上还处于自组织状态,由于可利用的空间有限,有许多创新创业团队因为没有找到合适的办公场所而被迫向其他地方迁移,空间成为创新集群壮大的重要制约。2015年开始,地方政府主动介入浙江大学周边地区的更新改造和建设过程,通过建设特色小镇、新兴功能板块的方式,持续增加空间的多样性,促成不同形式、不同建设时期、不同功能导向的空间有机组合,为创新企业提供出全生命周期、全谱系的空间,形成科研—产业—生活紧密互动的创新融合区(图4-25)。

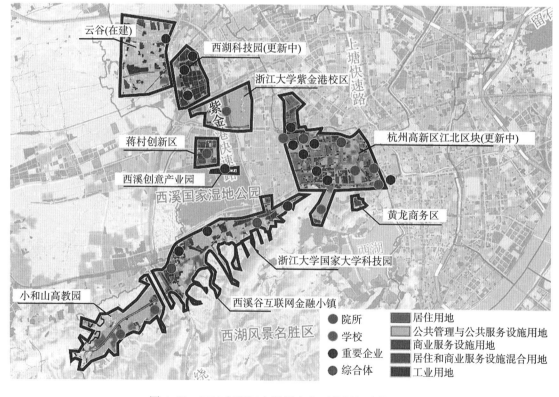

图4-25 2022年浙江大学周边主要的创新功能板块分布

(2)治理过程

第一,以"特色小镇"推动存量更新。与浙江大学紫金港校区一路之隔的西湖科技经济园建于2001年,是杭州的老牌产业园区。西湖科技经济园最早是杭州西湖区为实施"名城名校战略"而开发建设的,政府希望能够发挥紧邻浙大的区位优势,发展高新技术产业。可惜,工业园区的发展与浙大创新创业的优势并未有效结合。经过十多年的开发建设,园区状况不如预期,亩均产值远低于城区外围新兴的产业板块,部分企业停产或变为"二房东"(把厂房私下租赁给快递物流企业作为仓储空间等)。2015年7月,杭州市政府提出与浙江大学合作将西湖科技经济园打造为"紫金众创小镇"的治理目标,希望依托紫金港校区的创新资源,通过政府引导、政策扶持的方式,形成政府、高校、企业、人才共同参与的协同研发、成果转化、企业孵化的创新平台,以期打造浙江省科技创新的动力源、高新技术企业的孵化器、人才培养的加速器、杭州市经济发展新的增长点。在政府的积极推动下,西湖科技经济园经历了大规模的转型更新,大量企业或自行组织或联合外部主体,以拆除重建、功能置换等方式,将工业厂区变为创新的商务办公空间。在小镇范围内很快出现了"浙大森林"等一批相对高端的创新办公项目,也出现了杭州数字信息产业园等相对平价的创新办公空间(图4-26),为不同成长阶段的创新企业提供了差异化的创新场所。

图4-26 紫金众创小镇中的"浙大森林"(左)与"数字信息产业园"(右)

第二,以新兴功能板块促进创新融合。杭州市、区两级政府持续在浙江大学周边植入新兴的创新功能板块,彻底改变了原来的"工业园区+大学"的板块组织模式,形成"创新经济+大学"的新空间格局。例如,在西湖科技经济园以西,建设云谷小镇;其定位于中国大数据的核心产业带、中国大数据产业的发源地,重点发展云计算、大数据的应用服务;在其中将落户西湖大学和"阿里云"等重要的创新主体。云谷小镇将是面向未来的新兴创新极,极有可能与浙江大学形成更加紧密、更加多元的创新互动。此外,在浙江大学紫金港校区以南,正在建设蒋村创新区,这是相对高端的商住区,作为总部型企业以及高端创新人才的承接载体,未来也有可能作为西湖区重要的政务服务空间,推动政产学研在空间上的进一步融合。

第三,设立专门的管理委员会进行统筹管理。2018年,西湖科技经济园区板块、云谷板块、浙江大学紫金港板块、西湖大学等环浙江大学周边地区被统一整合为"紫金港科技城",组成了"两校两区"的产学研一体化集聚区,规划总面积为 21 km²,并正式设立了杭州紫金港科技城管委会,负责杭州紫金港科技城的开发、建设和管理工作。管理委员会的设立进一步强化了对若干板块的统筹管理和协调运作。例如,更加精细地鼓励、引导浙江大学在周边布局创新孵化空间;对接城区存量企业加快他们的腾退置换或在外围新产业空间中升级(打造高质量的产业外扩区),引导企业在根据创新的生命周期在不同板块空间中有序流动、循序成长;积极为企业与高校之间的资源对接提供渠道,促成多种形式的创新合作。

(3) 治理效果

高校师生创新创业的需求和潜力、传统园区转型升级的过程、成熟的生活配套、优质的景观环境相互叠加,提供出丰富的创新创业空间基底和文化交往氛围,使浙江大学周边地区成为备受各类孵化载体与创新企业青睐的落脚点。浙江大学周边地区已经成为杭州市高科技企业、孵化空间、新兴创新功能最密集的地区之一。随着融合发展格局的日益成型,近年来,浙江大学周边地区还成为浙江省内其他城市链接杭州创新网络的重要端口。早在 2018 年底,湖州德清县就在紫金众创小镇"浙大森林"购买了 1 570 多 m² 的办公区域,作为飞地型创新空间,称为"莫干·智谷";它是湖州企业异地研发孵化的重要平台,也是湖州进行招商引智的宣传窗口,集科研合作与人才交流等功能为一体。2019 年 5 月,"新昌杭州紫金科创港"同样落户"浙大森林",它是由新昌县人民政出资建设,并委托具有基金管理人资质的第三方投资公司负责日常运营管理的。这些飞地型创新空间虽然刚刚投入使用不久,就已经入驻纳米操控机器人、环保科技、生物技术等多个领域的创新企业。飞地型创新空间增加了环浙江大学地区空间的多样性,既是外围城市招商引智、项目孵化的异地平台,也是杭州本地创新网络对外辐射链接的重要端口。

紫金港科技城在管委会的有效运作下,探索出"人才带技术、技术变项目、项目产业化"的发展路径,实现了产业焕新、科技创新和城市更新的共荣共生。《紫金港科技城暨西湖大学城"十四五"发展规划》显示,截至 2020 年底,紫金港科技城已拥有规上工业企业 53 家,占全区的 43.4%;全年实现规上工业增加值 25.04 亿元,占全区的 34.6%,成为西湖区制造业发展的主平台。围绕数字经济、智能制造、生物医药三大产业方向,已集聚铖昌科技、浙大网新、银江股份、永创智能、图谱光电、富特科技、迪安诊断、艾康生物、安捷伦生物等一批科技含量高、成长性好的重点企业。截至 2020 年年底,累计拥有国家重点扶持高新技术企业 181 家,市级高新技术企业 152 家,省科技型中小企业 420 家,市级以上企业研发中心(研究院)95 家,市级以上孵化器 6 家、众创空间 4 家。高端人才众多,拥有国家、省市区各级领军型人才 152 人;院士专家工作站和博士后科研工作站 9 家。

2) 杭州城西科创大走廊的统筹发展

(1) 治理背景

杭州城西科创大走廊位于杭州城市西部,东起浙江大学紫金港校区,经紫金港科技城、未来科技城、青山湖科技城,西至浙江农林大学,长约

33 km;区内拥有阿里巴巴等杭州知名创新企业的总部园区;同时坐拥西溪国家湿地公园、五常湿地、和睦水乡以及南湖、青山湖国家森林公园等山水景观资源,拥有舒适优美、宜居宜业的自然环境。杭州城西科创大走廊最初规划总面积约 224 km²,串联起"一廊三城十五镇"的空间结构,"十四五"时期又进行了扩区,规划总面积达到了 416 km²。

杭州城西科创大走廊是一个跨行政区的廊带型战略空间,涵盖了西湖区、余杭区以及临安区(图 4-27)。其中,临安区的下辖面积为 124 km²,余杭区的下辖面积为 212 km²,西湖区的下辖面积为 80 km²。在还未形成杭州城西科创大走廊的整体片区概念的时候,各区政府在该范围内都已经确定了自己的产业发展思路,并设立了相应的运作平台,布局有青山湖科技城、未来科技城等高质量的创新产业园区。2012 年,为了创建省级产业集聚区,青山湖科技城、未来科技城以及周边空间被整合为杭州城西科创产业集聚区,并设立了相应的管理委员会。可以说,杭州城西科创产业集聚区是杭州城西科创大走廊的概念雏形。但是当时的管理委员会"组织机构的形式"大于"实质运作的内容",管理仍然是相对松散。而后,随着该地区创新经济的发展以及浙江省、杭州市两级对于重大战略性创新区域统筹建设的重视,杭州城西科创大走廊被寄予厚望,旨在打造浙江省"面向未来、决胜未来"的科技创新重大战略平台,成为全球领先的信息经济科创中心,建设国际水准的创新共同体、国家级科技创新策源地和浙江创新发展的主引擎。为此,杭州城西科创大走廊也从原来相对分散、自下而上的自治状态进入了统筹发展的治理新阶段。

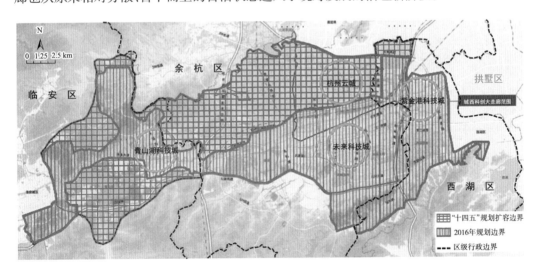

图 4-27 杭州城西科创大走廊边界示意图

(2) 治理过程

杭州城西科创大走廊的统筹发展过程经历了事权统分调整的不同治理阶段:

第一,在起步阶段体现出"以分为主、以统为辅"的治理思路。杭州城西科创大走廊具有其独特的区域特点,主要板块虽然分属三个区,但是管理边界清晰；在整体打造为科创大走廊之前，在三个区属平台中已经出现阿里系、海归系、浙大系等创新集群，基础好，在发展起步阶段并没有突出的矛盾和瓶颈。因此，在杭州城西科创大走廊打造的起步阶段，省、市两级对该区域的治理手段主要体现在重大事项的协调上。2012年9月，杭州城西科创产业集聚区管理委员会（简称"集聚区"）正式挂牌成立；次年12月，杭州市委、市政府专门出台文件，就进一步完善集聚区管理体制明确了要求。按照文件精神，"一区双城（青山湖科技城、未来科技城）"三个管委会形成有统有分、各司其职的"众"字形管理架构，集聚区党工委管委会"牵头负责整个集聚区开发建设管理重大问题和重大事项的统筹协调工作"。

第二，在成长阶段体现出"统分结合、各有侧重"的治理思路。到了2016年，"杭州城西科创大走廊"的概念正式被提出，它在省、市两级政府视野中的战略地位更为凸显。为了给予该片区更多的高层级资源，省、市两级政府进一步提出了"省市共建"的发展概念。2016年6月，浙江省人民政府办公厅印发《关于推进杭州城西科创大走廊建设的若干意见》，明确提出"建立省推进杭州城西科创大走廊建设联席会议制度，在联席会议制度框架内设立省科技厅牵头的省级部门总体组、省发展改革委牵头的城西高铁枢纽项目组、省交通运输厅牵头的城西综合交通组和杭州市政府牵头的杭州总体组，建立统分结合、迭代推进、综合集成的工作机制，统筹空间规划，推进重大项目建设，加强督促检查与考核评价，协调解决杭州城西科创大走廊建设中的问题"。次年3月，杭州市委、市政府跟进出台《关于杭州城西科创大走廊管理体制机制的意见》，要求按照"统分结合"的总体思路，建立"三统三分"的运行体制，即统规划、统重大基础设施建设、统重大产业政策和人才政策，分别建设、分别招商、分别财政，领导小组及办公室负责"统"的职能，西湖区、余杭区、临安区政府负责"分"的职能（图4-28）。这一治理框架在充分尊重各区发展主动性的同时，也更加明确了在空间规划、设施布局等方面的协同发展要求。

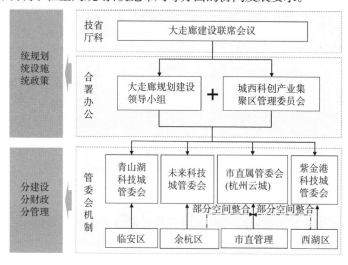

图 4-28　杭州市城西科创大走廊治理架构

第三,在深化融合阶段体现出"高位整合、深度融合"的治理思路。经过一定时期的快速发展,杭州城西科创大走廊内部跨行政区划的"特殊体质",开始导致创新要素无法在大走廊实现最优配置。2021年,浙江省委办公厅、省政府办公厅印发《关于进一步推进杭州城西科创大走廊打造创新策源地的实施意见》,提出要强化杭州市的主体责任,优化大走廊管理体制,完成一体化整合、实体化管理、市场化运作。2022年,杭州市委、市政府印发《关于加快推进杭州城西科创大走廊高质量融合发展打造创新策源地的实施意见》,提出要构建"一个平台、一个主题、一体化管理"的体制架构;同时明确了辖区内原来主要由区党委、政府管理的三城(紫金港科技城、未来科技城、青山湖科技城)管理机构调整成由"大走廊党工委、管委会"和"区党委、政府"双重管理,并以大走廊管理为主;大走廊发展规划、国土空间规划由市发改、规划和自然资源等部门按照职责,会同管委会具体组织编制,报市政府批准后实施。而后,杭州市人民政府办公厅印发的《关于向杭州城西科创大走廊管委会下放市级行政审批管理权限工作方案的通知》以及杭州市委机构编制委员会办公室印发的《杭州城西科创大走廊管理体制和机构编制优化方案》等更为具体的落实性政策文件,进一步强化杭州城西科创大走廊的一体化管理架构和高位的自主管理权限。例如,明确了"由市委书记兼任大走廊党工委第一书记,市政府常务副市长兼任党工委书记"等政策举措。

(3)治理效果

当前,虽然杭州城西科创大走廊的深化融合阶段才刚刚启动,但过去一定时期积极、灵活的统筹治理过程,同样为地区的创新发展奠定了巨大优势,使其已经成为浙江省创新发展最为活跃的热土。"十三五"时期,杭州城西科创大走廊产业增加值年均增长23.0%、高新技术产业增加值年均增长22.6%,战略性新兴产业产值比重和规上工业亩均增加值分别为全省平均水平的2.5倍和5.5倍,数字经济核心产业增加值占全省30%以上,连续多年位居全省集聚区综合考评第一;启动实施国家重大科技基础设施浙江大学超重力离心模拟与实验装置、之江实验室、阿里达摩院、西湖大学、良渚实验室等重大创新平台建设;集聚12家国家重点实验室,占全省的85.7%;每年新增的国家级、省级海外高层次人才占全省的1/3,入选国家级杰出青年、国家优秀青年人数占到全省的80%以上。

3)南京江北新区的空间整合

(1)治理背景

南京江北新区位于江苏省南京市长江以北,是2015年6月27日由国务院批复设立的第13个国家级新区,也是江苏省唯一的国家级新区;规划面积788 km^2,包括南京市浦口区、六合区和栖霞区八卦洲街道,覆盖南京高新区、南京海峡两岸科技工业园等园区和南京港西坝、七坝2个港区。根据国务院批复,江北新区的战略定位是"三区一平台",即逐步建设成为自主创新先导区、新型城镇化示范区、长三角地区现代产业集聚区、长江经济带对外开放合作重要平台。可以说,江北新区在设立之初,就是以创新发展为主要导向。2019年8月,南京江北新区中国(江苏)自由贸易试验区获批设立,南京片区面积39.55 km²,全部位于江北新区范围内,江北进入国家级新区与自贸区"双区联动"发展的新时期。在南京江北新区设立之前,这块土地上虽然已经拥有南京软件园等区级产业平台,但总体上经济实力不强、土地开发利用率不高,没有为南京塑造出江南、江北两岸相对均衡的城市总体格局。在这样的背景下,江北新区国家级新区的设立,无疑为江北地区提供了巨大的政策利好和全新的发展动能,江北新区因而得到了省、市两级政府的高度重视。

(2)治理过程

由于南京江北国家级新区批复面积较大且涉及三个区,创新发展的基础条件还较为薄弱,原来分散发展、各自为政的分区治理模式显然不足以支撑引领全省、全市创新的更高战略目标。为了高效推动新区发展建设,2017年,南京市委、市政府对新区管理体制进行了优化调整,空间上设立了直管区、共建区、协调区(图4-29),并调整了相应的空间治理权限(图4-30)。其中,直管区面积386 km²,包括7个街道,由新区党工委、管委会全面承接直管区内经济、城建、社会等管理事项,行使省、市依法赋予的和区级的行政管理权限。直管区基本具备了一个独立区级行政单位的所有权限,成为国家级新区发展建设的主战场,涵盖了南京江北地区(六合、浦口两区)最佳的区位和最好的产业集群。直管区内还划分出33.2 km²核心区,作为规划建设的重中之重,配置中央商务区、研创园等创新创业功能板块。共建区是指在江

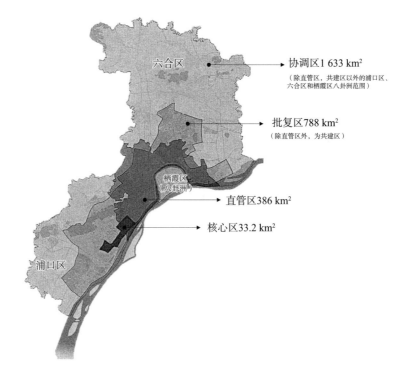

图4-29 南京江北新区的多层次管理范围示意

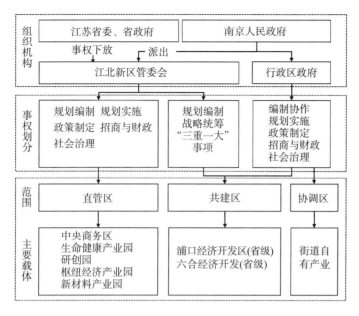

图 4-30　南京江北新区治理架构示意

北新区规划范围内(国家批复范围内),除直管区外的其他区域;在共建区内新区党工委、管委会行使市级规划、国土、环保审批管理权限,负责重大项目、重大政策的协调实施;根据江北新区发展需求,行使被赋予的其他市级审批权限,承接相应服务事项。共建区是紧邻直管区的外围空间,由新区管委会进行有限监管、由六合和浦口分别具体实施的区域。协调区,是指在浦口区、六合区范围内,除直管区、共建区外的其他区域;在协调区内,新区党工委、管委会负责经济社会发展相关重大事项的沟通、协调。实际上,协调区即为六合、浦口两区全权管理的区域。

(3) 治理效果

如果依托原有区级发展基础条件和分散管理格局,无法实现南京江北新区创新功能的高位要求,因此,在这个前提下,南京江北新区通过自上而下划定直管区,由管委会全权负责,从而明确了空间发展建设的重点,实现了高位治理的空间内嵌。以直管区为突破引擎,在短时间内提升了江北地区的整体创新发展格局。截至2022年,南京江北新区通过7年的努力,全域地区生产总值占全市比重达22.1%,较设立之初提升7个百分点;规模以上工业总产值位居全市第一,综合实力跃居国家级新区第6位。围绕自主创新先导区战略定位,产生了一批原创性、关键性自主创新成果,包括第二代微型双光子成像系统等5项前沿突破、基因与细胞实验室等4个重大平台、下一代互联网国家工程中心等3项创新支撑。在创新国际化方面成效尤为显著,在国际创新资源集聚地美国的硅谷、波士顿,英国的牛津、剑桥,瑞典的斯德哥尔摩等地建设7个海外创新中心,累计推荐项目200余个,其中52个落户项目、27人入选省市海外高层次人才计划;同时,先后与伦敦国王学院、哈佛大学医学院、密歇根大学、加州大学伯克利分校、乌普萨拉大学等海外高校建立了合作关系；与剑桥大学共同建设南京科创中心，是该校建校 800 年来唯一在境外以学校冠名的科创中心。

  当然，南京江北新区在现有的空间治理框架下，仍然无法彻底避免与市、区两级管理机构之间的一些不协调；空间治理具体职能的调整完善，仍然是一个长期动态的过程。例如，控制性详细规划制定及调整的审批权、重大建设项目的规划实施管理权仍然集中在市级管理部门手中，无法做到"规划管理不出新区"，导致管理链条拉长、规划管理对于创新经济的响应速度较慢等问题。此外，按照最初的治理框架设计，江北新区批复范围内共建区中的规划管理事权同样应该由江北新区管委会行使或统筹；然而这就加剧了六合、浦口两个区与江北新区之间的矛盾。实际上，在《南京市人民代表大会常务委员会关于南京江北新区行政管理事项的决定》发布以后，六合、浦口区就在规划管理工作中通过各种变通手段，绕过新区管委会这个管理层级，且经常出现必须由市级管理机构出面协调的激烈博弈局面；在这样的情况下 2018 年补充制定的《江北新区城乡规划管理体制完善实施方案》，又将共建区中空间规划研究、控制性详细规划、城市设计等空间规划的编制事权、"一书两证"的审批权等重新交还给了属地区级政府。自此，共建区的特殊治理机制名存实亡，直管区与共建区交界地带的空间利用矛盾也难以避免。

5 场域营造：针对创意阶层的空间治理

在传统的增长治理逻辑中，"人"作为相对廉价且均质的"劳动力"，服务于城市经济增长的过程，是从属于生产过程的资源要素。随着个人创造性对于经济发展动力的贡献作用日益凸显，特别是创意阶层这一特殊群体的崛起，立足人的社会需求，塑造有利于人生存和发展的社会关系已经成为城市空间治理的核心逻辑之一。场域营造的本质就在于，通过空间治理的过程，重塑有利于创意阶层集聚与发展壮大的社会关系（场域关系）；这种社会关系建立在与空间相关的社会实践之上，最终影响社会氛围、个体感受与群体惯习的形成。

5.1 场域营造模式的总体逻辑

5.1.1 以"生产"为优先的传统城市治理

受制于中国长期落后的社会经济基础和增长主义的政府治理意识，在新中国成立以后，甚至改革开放后的相当长时间里，城市均被视为生产的空间，城市治理呈现重"生产"轻"生活"、见"物"不见"人"的总体特点。新中国第一个五年计划就曾提出要变"消费城市"为"生产城市"的口号，强调城市作为国家工业化基地的生产属性。1960年开始，中央把居住区等城市生活性设施的建设都视为工业化的成本，依照"开源节流"的思路进行严格限制。期间备受推崇的大庆模式（居民参照农民的生活方式、工人住宅参照村屋标准），便是以工业基地替代城市、无城市化的工业化的极致模式。改革开放以后，面对市场化、全球化的重大机遇，各地政府以产业发展为先导，抢抓工业化机遇，积极推动生产空间以产业园区的形式出现，城市的治理重点相应地转为产业园区的建设和发展。尽管20世纪90年代以后，随着房地产市场的建立，面向居民生活服务的各类空间有了恢复性的增长，但总体上仍然被视为是对生产空间的补充。直至进入"十二五"，部分产业园区面临转型升级的重大压力，居住和配套服务设施的缺乏也已经开始严重影响园区对员工和企业的吸引力。生活性空间的建设才开始受到关注，逐步弥补了生活性功能的城市欠账，以满足居民的基本生活需求。总体而言，在中国过去的城市发展和建设历程中，城市居民的社会需求并未受到充分重视,城市对于个人而言,更多作为一个提供就业岗位的场所,城市空间治理的重点在于如何能够更多吸引企业、创造更多相对稳定的就业岗位。

5.1.2 重塑社会关系的三类创新场域营造模式

本书认为,创新场域是有利于创意阶层生活和发展的场域,是能够充分激发个体(或群体)创造性的社会关系;而营建创新场域的过程就是要通过空间治理去建构这种理想的社会关系。基于创意阶层的冒险精神、审美、社交乃至崇尚自我价值实现等倾向,本书提出三类创新场域营造模式:包容性的居住场域、创意性的体验场域以及激励性的发展场域(图5-1)。包容性的居住场域有利于广泛地容纳外来人口和后来者(这里的后来者指代那些尚未取得突出成就的人),进而形成鼓励变革、冒险的包容型社会关系;创意性的体验场域能够大量提供符合创意审美的体验情景,创造更多社会交往的机遇,进而形成乐于交往、分享的开放型社会关系;激励性的发展场域能够为具有创意想法的人群提供完善的职业服务(包括创业)、社会宣传等,进而形成崇尚创业和自我实现的进取型社会关系。

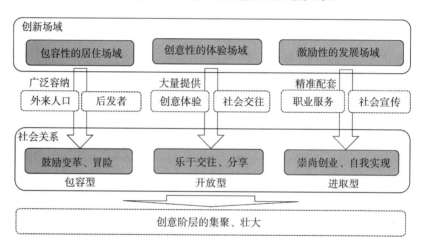

图5-1　三类创新场域营造模式的治理逻辑

1) 包容性的居住场域:应对创新的动态风险

包容性体现的是城市对于外来人口的低门槛,能够持续地吸引创意人群、壮大创意阶层。相比于封闭、保守的地区,包容的地区更容易广泛地吸引到多元化的人才,为城市创意阶层的持续演替和不断壮大提供基本保障。早在佛罗里达(Florida)对创意阶层的相关研究中就提出了决定创新经济地理分布的3T要素(Technology、Talent、Tolerance),包容性被赋予与技术、人才同等的重要价值。他还进一步建构了衡量包容性的若干指标,包括同性恋指数、波希米亚指数、文化熔炉指数(反映外来移民集中度)以及衡量种族融合的指标(用来反映社区中的各种族融合)。不过遗憾的是,佛罗里达对于包容性意义的解释并不充分,包容与技术、人才的关系也不够清晰,这也导致相关指标的代表性受到学术界的不少质疑。从创新经济的运行逻辑来看,城市包容性的意义是由创新的不确定性以及创新系统的固化倾向所决定的。

创新的不确定性以及对包容性的诉求具体体现为:创新不是一个线性发展的过程,因此,在创新实践中创意阶层需要应对多维度的不确定性,在大量的试错中取得"偶然"的成功。国内外学者已经从技术、市场、管理、政策、生产等多个角度探讨了创新的不确定性。无论是创意阶层还是地方政府都必须敬畏这种不确定性,以尽可能多的尝试来提高创新萌芽和成功的概率。外来人士作为迁移而来的城市新群体,往往具有强烈的冒险精神和不满足于现状的心态,这是城市原住民所不具备的;他们对于创新不确定性的态度相对积极,能够在学习和沟通中成长,敢于建立新的秩序,不少群体将跻身为城市的创意阶层。基于此,"移民城市"往往携带着创新的社会基因。而从政府治理的角度,管理者可以去研究和摸排具有发展潜力的创新引领者,但由于创新的不确定性,他们终究无法精准、全面地锁定能够带来创新价值的所有对象。实际上,宽容失败、鼓励尝试就是创新需要的治理态度。因此,地方政府虽然可以相对精准地实施针对尖端人才的相关政策,但是无法全面筛选出(潜在的)创意阶层。因而,政府更应该致力于营造一个包容的城市生活氛围,通过尽可能多地容纳外来人口的方式,来应对创新的不确定性。

创新系统的固化及其包容性诉求具体体现为:对于那些创新经济已经较为活跃的城市,同样需要动态地保持城市的包容性,以防范城市创新系统的固化风险。城市创新系统并不是一个必然持续有效的自组织系统,某类创新经济的快速崛起会同步在城市中形成主导产业与主导企业。大型企业往往有能力改变城市的创新系统,采用申请知识产权保护、禁止人才迁移竞争公司、通过市场打压初创企业等各种方式提升城市创新的成本,抑制尚处于萌芽阶段的后发创新主体。20世纪60年代至90年代,波士顿128公路的创新经济就经历了从领先到一度落后于硅谷地区的反转过程。其衰弱的原因在一定程度上与先发创新的企业垄断城市资源导致包容氛围的丧失有关(表5-1)。可见,创新经济的成长与创新氛围的丧失存在微妙的辩证关系,需要不断动态地平衡和调节。创新系统的固化也就意味着这种动态平衡和调节机制的失灵。在生活场景中,系统固化最直接的表现就是先发的创意人群对于城市资源、文化等(有意识或无意识)的垄断。先发者成为后发者进入城市、进行创新的门槛制造者,导致阶层相对固化,而一旦先发者自身创新动力、能力逐步消弭,城市将随着固化的创意阶层一同衰退。

表5-1 衰退时的波士顿128公路地区与当时硅谷地区的比较

地区	波士顿128公路地区	硅谷地区
企业集群	垂直一体化的大企业集群	专业化分工的小企业集群

续表 5-1

地区	波士顿 128 公路地区	硅谷地区
产业体系	以独立大公司为基础	以小企业为基础的区域网络
社会结构	传统保守主义，等级森严	无等级制观念
沟通类型	集权、垂直，强调保密	非正式的交叉沟通
城市资源	被大企业占据	资源相对富足，新兴企业的成长空间大

2）创意性的体验场域：满足先锋审美与社交偏好

创意性的体验场域承载着城市不同寻常、推陈出新的创意（或者称为先锋）文化体验，是能激发创新灵感、强化创意阶层身份认同的休闲场景。创意性的体验场域塑造着城市的创意文化。创意文化并不是对产业形态的定义，而是具有创造性的地域文化状态的表征，它贴近生活，并能够激发人们的创新意识和行动。创意文化对于创意阶层有较强的吸引力，且有助于个体创新精神的形成，即促进个体改进或创造新事物的思维方式和心理状态。进入 21 世纪以后，在全球范围原本作为文化和时尚中心的城市正快速集聚着创意人士，逐步成为创新的中心。"酷"（Cool）开始被用来形容这些创意文化氛围浓厚、具有较强趣味性的城市，典型的如柏林、纽约。这一现象恰恰说明了创意文化对于创意阶层的吸引作用。

创意文化与创意阶层存在吸引和共同创造的密切关系。消费创意文化是创意阶层体现身份、寻求社会认同的过程，因此，创意文化氛围往往对创意阶层有着独特的吸引力，成为创意阶层择居的重要因素之一。创意文化又能够在一定程度上激发人群的创造性想法，持续地为城市孕育出新的创意人群、保持人群的创意活力。而创意阶层本身也是城市创意文化的创造者、参与者，创意阶层的到来和壮大将推动着城市创意文化的演进和丰富。例如，创意阶层的集聚能够持续创造、分享新的艺术、音乐和科技产品，形成新的文化体验活动与体验空间。值得一提的是，政府在城市建设和管理等方面的创造性干预，同样能够激发和强化城市的创意文化。而在良好的创意体验氛围中，城市居民也将更加乐于进行社交活动，为创意阶层的内部交流创造更多的可能性，也为创意想法的碰撞、完善，以及创造性合作的开展提供良好的基础。

3）激励性的发展场域：服务个人职业与价值实现

创意阶层的职业发展，不仅仅决定于所在单位、所在行业、所在城市中的就业容量等客观的经济环境，同时也受到城市社会氛围的影响。特别是在当前，创意自由职业类型的不断涌现和精英创业者（区别于过去的"草根"创业，具有更高的知识门槛、更大的经济价值和社会影响）的大量崛起，更加需要政府主动、积极的引导和扶持。激励性的发展场域就是要营造出鼓励个体创业、鼓励持续学习和技能提升的社会关系。通过创业孵化、职业培训等空间和配套政策的实施，充分激发创意阶层的职业发展潜力，同时提升特定职业、特定创业行为的社会认可度。鼓励创意阶层作为新型职业、新兴企业的探路者,帮助他们持续成长,帮助他们获得更高的社会认同和更多的支持。

5.2 包容性居住场域的营造

5.2.1 适应创新与房价的微妙关系

1) 居住成本是城市包容性的主要体现

调控城市居住成本是保持城市包容性的重要治理手段。文化开放性和居住成本是影响某一地区对外来人口包容性的两个主要方面。就某一国家来说,文化开放性对地区包容性的影响更为突出。例如,美国的创新活力很大程度上源于其开放的移民文化,以"美国梦"为牵引,能够集聚全球各地有创造力的人群;相对地,德国和日本的文化开放性不足,在一定程度上导致其人口的同质化并制约着国家的创新能力(盛垒等,2008)。而就某一城市来说,居住成本对于包容性的影响则更显著。

2) 房价与创新经济的微妙关系

房价是城市居住成本的主要标志,它与创新经济存在一种纠结的微妙关系。城市的创新经济发达,意味着创意阶层规模庞大且具有相对较强的购买能力;相应地,房地产市场也将呈现活跃发展的趋势。然而,一旦房价出现急速膨胀的状态,又将显著降低城市对外来人口的包容性,反而对创新经济的发展形成阻碍。房价上涨能给置业的创意阶层带来正向"财富增值效应"和"信贷增值效应",但并不足以抵消其产生的负面影响(吴晓瑜等,2014)。一方面,房价的快速上涨将对外来人口向大城市集聚的过程形成阻力,导致创新阶层的挤出效应,不利于人力资源实现最优化配置。在收入预期增长速度显著低于房价上涨趋势的情况下,个人基于相对效用水平的判断将放弃最可能实现其职业价值的城市。相应地,那些因为高房价而被放弃的城市也丧失了更多创新发展的机会。另一方面,房价的快速上涨将会抑制外来人口的创新积极性。生活成本的增长会使外来人口背负更高的创新机会成本,个人将偏向于选择较为稳定的职业,而规避风险较高、不确定性较强的创新活动,原生的冒险精神极有可能被高房价所"驯化";同时,由于房价暴涨带来的巨大资产收益和财富差距,也将动摇创意阶层对创新价值的认可。房价与创新经济之间的微妙关系是全球性的经典悖论和世界性的治理难题,适度增长的居住成本有利于个人财富(物业资产)增值,活跃地产投资氛围并促进城市环境改善;但是过度增长的居住成本,显然将通过抑制外来人口的持续进入和个体的冒险精神、创新认同感等方式,抑制创意阶层的壮大。因此,需要政府通过特定的治理手段来避免过度增长的抑制情景出现(图5-2)。

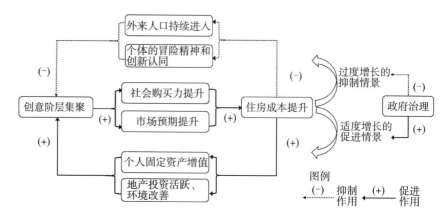

图 5-2 创意阶层与住房成本的相互作用

5.2.2 建构适配的政策性住房体系

政府营造包容性居住场域的主要治理方式是政策性住房的体系建设和供给。政策性住房可以理解为针对各类人才的广义保障性住房。不过，其保障的不仅是社会公平，更重要的是城市持续发展的创新活力。与人才安居的货币补偿等相关政策相比，政策性住房的体系建构和供给是政府干预力度更大的空间治理手段，可以更为有效地弥合高房价与创意阶层住房支付水平间的巨大差距。地方政府通过政策性住房体系的治理，能够更为广泛地覆盖创意阶层的各类住房需求，实现住房市场总体稳定等综合效应（图 5-3）。

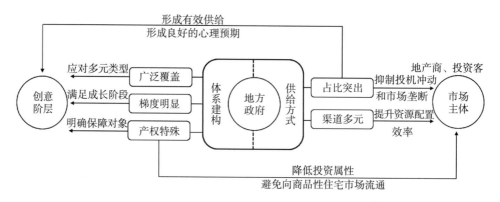

图 5-3 政策性住房的治理原则与主体效应

1）体系建构：广泛覆盖、梯度明显、产权特殊

为了充分保障外来人口过渡性居住以及初期发展的需求，政策性住房的制度设计重在凸显广泛覆盖、梯度明显、产权特殊三个基本特征。广泛覆盖强调政策性住房体系应该针对创意阶层类型的多元复杂性，尽可能多地把外来人口纳入体系覆盖的范围，不仅包含具有显著创新价值的高层次

人才,还应该适用于高校毕业生等量大面广的基础性人才。梯度明显则强调充分理解和尊重创意阶层内部的差异化和成长性,制定类型多元、可持续发展的政策保障方式,满足创意阶层从有房住到有住房,从享受租房优惠到分享部分资产增值收益的成长过程,为外来人口提供一种先落脚后发展、先租后买、先安家再改善的发展预期。产权特殊强调与商品性住宅形成显著差异,相比普通商品住宅,政策性住房以降低居住成本为导向,租赁和购买价格上存在显著的优惠,更需要降低政策性住房的投资属性,避免部分居民的套利行为。

2) 供给方式:占比突出、渠道多元

在政策性住房的供给方式上,应体现占比突出、渠道多元两个基本特征。占比突出是指明确政策性住房在整个住房供给体系中的较高占比,以满足不断增长的住房需求,更为重要的是向创意阶层传递出"居有其屋"的治理决心,并抑制住房市场盲目的投资冲动和囤地垄断倾向。不过,需要说明的是,政策性住房的供给是一项系统工程,而其中的治理难点不仅在于政策设计的复杂性,更在于对土地财政模式的巨大挑战。地方政府需要真正摆脱对于商品住宅用地出让金的依赖,这不仅仅是一种发展意识的转变,也需要充分考虑地方财政运作的可行性。若土地出让金对地方财政的贡献极大,则地方政府在政策性住房供给的过程中势必面临更为严峻的债务风险和压力,不得不尤为慎重地权衡政策性住房的供给比例。渠道多元是指政策性住房的建设和运作方式多元:在建设方式上与增量用地开发、存量用地再开发等不同形式的城市开发过程相结合;在土地资源约束明显、区域一体化程度较高的地区,通过跨地区共建区域型生活圈的方式,异地布局政策性住房;在运作方式上鼓励市场主体依规有序参与政策性住房的建设,在明晰市场主体与政府的权责边界的基础上,提升资源运作能力和效率。

5.2.3 案例:深圳的政策性住房供应制度

1) 治理背景与总体历程

作为中国最年轻的城市,深圳被誉为"中国硅谷""创业之都"。在经历了改革开放以后的高速发展,深圳的创新驱动力正面临着高房价的巨大挑战。长期以来"城中村"等非正式的廉价居住空间作为外来人口的"落脚地",承担着城市主要的住房保障功能。深圳的房地产市场虽然经过这么多年的发展,但是在现有的住房结构中,"城中村"等非正式住宅的比例仍然高达60%以上。然而,随着人口的不断增长和土地资源的消耗,深圳住房总量有限,结构失衡的问题日益突出,房价高的压力不断加剧,极大地抑制着城市的人才吸引力,更引发人才外流的危机。作为创新发展的先行者和曾经最为开放的(移民)城市,深圳也将面对城市"包容性"丧失的挑战。

一直以来,深圳都是中国政策性住房体系建构的积极探路者。早在

2006年，深圳市人民政府发布的《深圳市住房建设规划2006—2010》就率先提出"公共租赁住房保障模式"，以应对外来人口及中低收入家庭的住房需求，成为全国住房保障政策的重大创新。2010年5月，深圳市委、市政府出台的《关于实施人才安居工程的决定》创造性地提出了"安居型商品房"这一保障类型，将保障范围进一步扩大，覆盖处于社会"夹心层"的中等收入人群以及部分高端人才，较早地意识到通过保障性住房体系吸引人才、留住人才扎根深圳、创业发展的重要意义（李春丽，2017）。2016年深圳市人民政府印发了《关于完善人才住房制度的若干措施》，将人才住房予以单列，与安居住房和公共租赁住房平行，强调了人才住房在解决人才居住困难、持续改善人才居住条件中的重要意义，明确了人才住房适用保障性住房的各项优惠政策。《关于深化住房制度改革加快建立多主体供给多渠道保障租购并举的住房供应与保障体系的意见》（简称《房改意见》）于2018年发布，它在既有实践的基础上，系统地提出了深圳未来的住房体系建构方向，明确了深圳特色的政策性住房体系及其在整个住房供给体系中的主体地位。30年前，深圳率先开启了住宅用地的市场化转让，也拉开了全国房地产市场化的帷幕；30年后，深圳这个高度市场化的城市却成为政府强势干预住房市场的先锋。《房改意见》的政策内容尽管还存在着一些争议，但也因为巨大的治理转向而被外界普遍称为是深圳的"二次房改"。面对房价高涨、住房供需不平衡和保障不充分等问题，深圳政策性住房体系的改革无疑提供了极富创造性的先行示范。

而后的2019年，深圳市住房和建设局（简称"住建局"）、深圳市司法局进一步发布了《深圳市公共租赁住房建设和管理办法》《深圳市安居型商品房建设和管理办法》《深圳市人才住房建设和管理办法》作为配套文件。2023年初，为了落实国务院办公厅《关于加快发展保障性租赁住房的意见》，加快完善以公共租赁住房、保障性租赁住房、共有产权住房为主体的住房保障体系，深圳又一次性发布《深圳市保障性住房规划建设管理办法》《深圳市公共租赁住房管理办法》《深圳市保障性租赁住房管理办法》《深圳市共有产权住房管理办法》四个政策文件。

2）治理特点

（1）建构广泛覆盖的政策性住房体系

深圳建构政策性住房体系的总体思路是"高端有市场、中端有支持、低端有保障"，类型上分为市场商品住房、政策性支持住房（人才住房、安居型住房）、公共租赁住房三类（表5-2）。通过多层次政策性住房体系的建设，基本上可以全面覆盖不同收入状态、创新创业状态的外来人口。自身经济基础较差、创新创业成果不明显的人才可以通过公共租赁住房落脚；达到一定财富积累后可以购买安居型商品房实现居住条件的改善；已经初步形成创新创业成果（具有社会认可度）的群体则可以购买人才住房，进一步提升居住品质。而那些创新创业成功的群体或个人财富已经大量积累的群体，可以选择市场商品住房。

表 5-2 深圳确立的住房供应类型

住房类型		供应对象	面积标准	供应形式	价格
市场商品住房		符合条件的各类居民	中小户型为主	可租可售	继续实行宏观调控
政策性支持住房	人才住房	符合条件的各类人才	建筑面积小于 90 m² 为主	可租可售	租售价格为市价的 60% 左右
	安居型商品房	符合收入财产限额标准等条件的户籍居民	建筑面积小于 70 m² 为主	可租可售,以售为主	租售价格为市价的 50% 左右
公共租赁住房		符合条件的户籍中低收入居民、为社会提供基本公共服务的相关行业人员、先进制造业职工等群体	建筑面积以 30—60 m² 为主	只租不售	租金为市价 30% 左右,部分特困人员、低保边缘家庭租金为公共租赁住房租金的 10% 左右

(2) 设计封闭运作、内部流转的产权规则

由于政策性住房在资产价格上存在巨大优势,为了避免投机套利的现象出现,也为了充分体现政策性住房的"居住"属性(非"投资"品),深圳提出了政策性住房的封闭运作、内部流转机制。在一定年限内政策性住房仅能转让给符合申请条件的其他对象,也可以交由政府回购。在达到规定年限以后,政策性住房虽然可以流入市场但也要依规定向政府缴纳部分增值收益。封闭流转的规定本质上是针对政策性住房产权特性的重新建构,以区别于市场商品房,其目的是妥善处理住房保障和福利陷阱的关系,同时减少对于商品房市场的直接冲击。相比于市场商品房,政策性住房可以理解为一种新型的共有产权房,特定对象以较低价格购买了一定份额的房屋处分权(使用权),而在让渡房屋使用权的过程中,将受到政府较为强势的干预,土地增值带来的房产收益也需要与政府共享。在国家整体税制框架和土地出让制度并未改变的情况下,市场化商品房的投资属性难以去除。政策性住房的产权特性则不仅有利于降低人才的居住成本,更将建立起投机资本的拦水坝。政策性住房作为整个住房体系的"中端支撑",实际上是通过低投资属性的产权特点来重新界定房屋的市场价格。在确保人才住房总量稳定、只增不减的同时,使政策性住房充分体现居住属性。"中端"和"高端"并不是品质上的差异,而是产权完整性上的差别,形成高端领域可投资,中端领域保居住的住房供应体系。而从长远来看,对于居住需求的充分保障,也将进一步对高端领域的投资预期形成稀释,逐步淡化居民对于住房市场的投资热情。

(3) 突出政策性住房的供给占比

在明确政策性住房体系的基础上,深圳突出强调了政策性住房在未来新增住房供应体系中的主体占比。《房改意见》提出,到 2035 年深圳将新增建设、筹集的各类住房 170 万套,其中人才住房、安居型商品房和公共租赁总量不少于 100 万套,占新增住房供应总量的 60% 左右,各类政策性住

房目标供应比例均在总量的20%左右。政府通过这一目标的设定向市场和社会释放出优化住房供应体系的决心,以期缓解因房地产供需矛盾而带来的恐慌性购房情绪。《深圳市住房保障发展规划(2016—2020)》显示,根据2013年的住房调查,深圳全市住房总量为1 035万套。其中,商品房约128万套;政策性保障住房约34万套;单位及个人自建住房约55万套;另有约650万套的村民集体经济组织自建房和168万套的工业区配套宿舍。在存量住房体系中,政策性住房的比例仅仅占3%左右。占比高达60%以上的村民集体经济组织自建、合建房(简称"小产权房")曾经在相当长的时间内扮演了保障性住房的角色,为外来人口提供了可以落脚的空间。但是随着商品房价格的上涨以及房屋供需矛盾的加剧,小产权房的出租和私下销售价格也正在快速上涨,其保障性的作用正逐步消失。政策性住房主体地位的确立将以一种更加正规的形式承担起新增人口的居住保障职能。

(4)探索多渠道的住房供给方式

为了确保政策性住房的有效供给,深圳设计了多主体供给、多渠道保障的建设路径。明确市、区政府(含新区管委会)以及人才住房专营机构的政策性住房供给责任。其中,人才住房专营机构是带有国资背景的企业化运作机构。深圳市人才安居集团有限公司是2016年成立的人才住房专营机构,承担着建设筹集政策性住房的重要职能。它隶属于深圳市国有资产监督管理委员会(简称"国资委")、是由市住建局管理的国有独资企业,这一机构的设立也被认为是深圳住房保障全面提速的重要标志。房地产开发企业除了市场型商品房外也能参与安居型商品房的供给。此外,政府还支持企事业单位利用自有的存量用地筹建政策性住房。在供给渠道上除了强调利用招拍挂商品住房用地、城市更新等配建政策性住房外,还特别强调要结合粤港澳大湾区战略,建立城际住房合作机制。

政策性住房的城际合作是缓解深圳土地资源刚性约束的重要手段。受到高房价的挤出效应影响,临深地区早就有许多面向深圳居民的房地产开发项目,跨城市的政策性住房建设实践则尚属于试水阶段。2018年10月,深圳市人才安居集团有限公司在东莞竞拍下塘厦商住地块,这也是集团成立以后首次在深圳以外的城市拿地。地块位于塘厦镇四村社区,占地面积近4 km^2,总建筑面积约13万m^2。该地块需配建不少于住宅总面积10%的人才房,剔除人才房和幼儿园配套建筑面积,可售楼面价超过1.65万元/m^2。塘厦镇位于东莞市东南部,是东莞五大经济强镇之一,但更为突出的是,它作为临深桥头堡的独特区位(图5-4)。现状塘厦镇已经拥有惠塘高速、珠三角环线高速、外环高速、莞深高速等多条高速交通,同时,赣深高铁的东莞南站(又称为塘厦高铁站)也正在建设之中,高铁建成以后塘厦至深圳北站用时约缩短至15分钟。得天独厚的区位交通使得塘厦镇已经成为深圳市民购买住宅的选址地之一,根据当地中介机构介绍,深圳购房客比例达到50%以上;2018年的新房成交均价在2.4万—2.8万元/

m², 二手市场价格1.6万—2.0万元/m²。这一市场价格虽然已经历了快速的上涨,但相比于深圳的市场商品房仍然较为便宜。深圳人才安居集团有限公司的投资建设并不是单纯的商业开发行为,而是基于住房保障的责任压力。按照"十三五"规划,深圳市人才安居集团有限公司需要为深圳市筹集人才安居住房18.1万套,但截至2017年才落实了4.5万套,完成率不到25%。其背后受制于深圳增量用地有限而存量用地再开发的周期长、不稳定等问题。沿着区域性铁路、"借地建房"的模式无疑更有利于住房供给目标的达成。深圳市人才安居集团异地拿地的行为被外界视为两大城市未来大规模合作的重要开端。

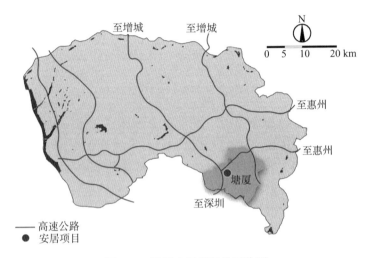

图5-4 塘厦安居项目的区位图

3) 治理模式的再思考

(1) 地方的特殊性

通过政策性住房体系的完善,不断增加政府在住房供给领域的干预作用,无疑是保障城市包容性的重要治理方式,不过,深圳的先行先试仍然有其相对特殊的地方基础。深圳政府在政策性住房治理方面的强势表现,既是源于当前住房供给领域的市场"失灵",也是源于自身城市经济增长动力的良性基础。中国房地产指数系统(China Real Estate Index System, CREIS)数据库发布的《中国主要城市土地财政依赖度排行》显示,深圳的土地财政依赖度(城市土地出让金收入/市级一般公共预算收入×100%)在一、二线城市中属于最低水平。深圳在2016—2018年间年平均土地财政依赖度仅为22.9%,而且呈现逐年下降的趋势(图5-5)。因此,深圳政府可以果断选择通过提高政策性住房供给比例的方式,建立政策性住房与市场性住房的双轨制,以舍弃一次性土地出让收益(以及更新过程中补缴的地价收益)来保障城市的包容性。

在城市土地资源约束已经显著趋紧的背景下,深圳政府若不尽早确立政策性住房的主体地位,则未来可用于配置政策性住房的空间将极为有

图 5-5 中国主要城市的土地财政依赖情况

限,对于房地产市场的调控作用也将是杯水车薪。实际上,即使政策性住房按目标计划全部建成,至 2035 年政策性住房占深圳全市的住房套数比例也仍然不到 10%。深圳此次以政策性住房体系为中心拉开的"二次房改",既有其相对稳定、良性的城市运行基础,也有其不得不提前考虑的紧迫压力。对于其他城市而言,需要借鉴深圳政策性住房治理的总体思路,但却不能完全照搬深圳方案。尤其是有较大土地财政依赖的城市,需要更加谨慎地权衡住房供给领域的政府与市场角色,协调近期土地收益与长远可持续发展之间的关系。

(2) 政策完善的方向

就深圳现有的治理方式而言,虽然总体架构已经较为清晰,但是若干重要的治理环节仍然有待完善。例如,对于人才住房和安居住房的销售、租赁的申请门槛的设置,以及如何调动房地产企业、企事业单位参与部分政策性住房筹建等问题,都需要在后续相关的政策文件中进一步予以明确和完善。此外,政策性住房的异地建设与经营运作思路虽然符合区域一体化的发展趋势,但具体操作的广泛推进仍然需要在更加细致、深入的制度一体化框架中得以保障。随着城镇化后半场的到来和区域中心城市的持续崛起,城市群、都市圈等区域一体化形态将逐渐成为中国区域经济地理格局的主体形态。依托区域职住圈来降低城市居住成本的治理实践在未来也将愈来愈多。不过,政策性住房的异地建设需要依托尺度适宜、联通便捷的区域职住圈,异地建设面临的主要问题不仅在于通勤时间相对较长,更在于城市之间公共服务、人才管理等生活配套标准、管理体制的差异,这些极有可能导致创意阶层城市认同感、融入感较低等情况出现。因此,异地建设的政策性住房需要依托城市之间社会管理机制等的深度一体化,才能真正体现区域职住圈对于创意阶层的吸引力。

5.3 创意性体验场域的营造

5.3.1 聚焦"创意+共享"的公共空间

创意性体验场域的形成需要依托兼具创意和共享特征的创意性公共空间(图5-6)。

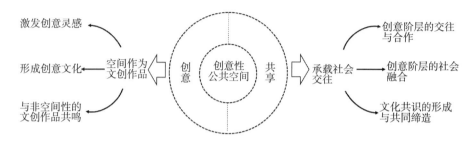

图5-6 创意性公共空间的主要特征

1) 作为文创作品的创意性空间

文创作品不仅仅是一种创新成果,也是其他创新活动的重要触媒。英国国会就曾指出,想象力主要来源于文艺熏陶,并孕育着发明创造、经济效益、科学发展和社会稳定,文艺可以使数学、科学与技术更加多彩(布尔迪厄,1997)。文艺作品和文艺训练对于创造性思维形成的积极作用也正成为教育界的共识(汪贤俊,2018)。创意阶层灵感的触发与环境存在着敏感的相互作用。创意性公共空间就是一种作为文化创意作品的空间,在使用方式和视觉观感上凸显"创意",通过物质性的文化符号和使用方式来承载创意文化、激发创意思维并促进其他创意活动。

创意性公共空间可以作为其他文创作品的承载空间,比如音乐、美术、相声、工艺品等的展示和销售空间,形成多种创意的融合与共鸣。例如,被赋予新的使用功能和建造形式的工业厂房、生态空间以及具有设计感的雕塑、桌椅、壁画等公共艺术小品都属于创意性空间。21世纪以来,随着中国居民消费需求和水平的不断提升,消费空间呈现出鲜明的文化转向——文化成为消费空间塑造的符号,市场较早地介入创意性空间的开发,出现了诸如南京1912街区、宁波老外滩、重庆天地等近现代风貌商业区。然而,由于市场商业利益至上的价值导向,伴随着同质性空间的批量化出现,许多看似有创意的消费空间在短暂流行之后就丧失了创意价值(张京祥等,2009)。显然,在政府缺位的情况下,市场对于创意性空间的营建有一定的局限性。

2) 体现社会交往的共享性空间

创意性体验场域以具有社交属性的公共空间为依托,是城市公共的文化财富。创意性公共空间有利于城市形成开放、活跃的交往氛围,通过信息、知识的共享来激发创新合作,促进创意阶层内部、创意阶层与当地社会的融合互动。虽然"共享"一词在创意阶层的相关研究中并不常见,但是与其在内涵上具有紧密联系的"社交"一直被认为是影响创意阶层地域选择的重要因素。佛罗里达认为社交活动是一个社区活力的标志和地区魅力的重要组成因素。他指出"社交"的价值体现在两个方面:一方面是在高度流动性的社会中,当家庭和工作环境变得不稳定以后,人们对于社交有更强的渴望;另一方面,由于工作形态的多样化,或弹性(时间)或封闭(环境)的工作方式都将使人们更加希望交流。总体而言,佛罗里达对于社交的理解是基于新发展环境中人的社交需求本能。实际上,从创新型经济的运行逻辑来看,共享性的价值不仅由纯粹的生活本能所决定,更是因为社会弱联系对于个体创意的影响。基于弱联系,创意阶层可以获得更多的创新灵感,也能够衍生出更多创新合作的可能性。创意阶层极有可能在享受社交生活的同时,推动创新型经济的发展。

创意性公共空间是一种"第三空间"。"第三空间"的概念最早是由美国都市社会学家奥登伯格(Oldenburg)提出的。他在《绝好的地方》(*The Great Good Place*)一书中将家庭界定为"第一空间"、工作场所界定为"第二空间",而城市的酒吧、咖啡店、图书馆、公园等不受功利关系限制的公共空间是"第三空间";"第三空间"承载着平等、愉悦和交流,是人们生活中必不可少的场所,也是新思想孕育的地方,更是城市最能体现多样性和活力的地方(Oldenburg, 1989)。"第三空间"的原始定义体现出对理想社交模式的向往与价值认可。而"第三空间"还创造和承载了有利于创新经济发展的人与人之间的松散互动("弱关系")。地方政府则应该通过强化公共空间的"第三空间"特征,有意识地打造类型丰富、广泛覆盖的城市社交网络,充分发挥"第三空间"柔化家庭与工作边界、链接生活与创新过程的重要功能。

5.3.2 推动"创作+建设+事件"的系统实践

创意性体验场域的营造依托于地方政府对于创意性公共空间的系统治理。在空间依托上体现出"地标型+日常型"的类型系统性;在推进过程中体现出建设行动、艺术创作与公共事件的运作系统性;在治理主体关系上体现出地方政府、创意阶层与城市居民的协作系统性(图5-7)。

1) 涵盖"地标型+日常型"两类创意性公共空间

创意性公共空间包括地标型和日常型两种类型。地标型公共空间通常是城市中较大型且具有突出标志性的空间;地标型公共空间的创意性打造有助于显著提升城市的创意形象和认同感;地方政府往往将地标型公共空间的建设与城市重大的文化创意活动、空间发展战略意图相结合。日常型公共空间是与居民日常的社区活动紧密联系的公共空间,贴合居民日常的生活场景;地方政府通过日常型公共空间的创意性打造,在增强社区居民获得感的同时,提升社区对创意阶层的吸引力。通过对两类公共空间的

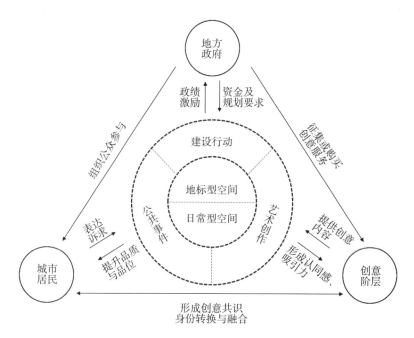

图 5-7 创意性公共空间治理的系统性

创意渗透,能够系统支撑起城市创意性空间体系的总体骨架,为创意性体验场景的广泛覆盖提供丰富多元的空间依托。由于空间性质的差异化,不同类型空间的营造往往会存在治理侧重点的差异。在地标型空间的治理过程中,地方政府与创意阶层的参与程度往往更为突出;而在日常型空间的治理过程中,城市居民的参与诉求更为迫切,参与程度也相应加深。

2)实现"建设行动+艺术创作+公共事件"的耦合

创意性公共空间的治理过程,不仅仅是一项针对物质空间的建设(新建或改造)行动,也是城市空间的艺术创作过程,更是集聚多元力量、形成广泛关注与共识的公共事件。地方政府通过创意性公共空间的治理将创意阶层的创意想法融入城市公共空间,提升空间的创意价值和城市的创意品位,将公共空间打造为承载创意、激发创意的载体。在公共空间的规划、建设和投入使用的全过程中,组织深入而广泛的公众参与;将创意性公共空间的治理作为一项重大的公共事件,以提升城市居民创意品位、凝聚社会创意共识。由于人们对于创意的理解和价值认识存在差异,创意性空间的设计与建设过程也是一个思维碰撞、文化共识的达成过程。地方政府通过治理过程促进创意阶层内部、创意阶层与社会的积极互动,提升社会创意认知水平,挖掘城市的创意特质,提升城市的创意氛围和影响力。

3)形成"地方政府+创意阶层+城市居民"的协同治理

地方政府组织创意阶层与城市居民形成协同治理。在创意性公共空间的治理过程中,地方政府提供资金并提出一定的规划目标和要求;向空间规划师、艺术家、策展人等(本地或外来的)创意阶层征集、购买创意服务;确定公众参与的基本形式,组织城市居民参与空间治理。空间治理的协同推进,不仅对政府治理形成监督和支援,也将从城市形象、社会影响等多方面对政府形成政绩激励。创意阶层在这一过程中,作为创意内容的主要提供方,不仅负责提供相对具体的空间营造方案,还要对公共事件的组织提出专业的决策意见,并形成持续监督;空间治理也将进一步提升创意阶层对城市的认同感,继而提升城市对于创意阶层的吸引力。城市居民在这一过程中主要基于自身的创意认知和创意消费的诉求提出建议,而在治理过程中将实现生活品质和艺术品位的同步提升。最终的治理结果必然是城市居民与创意阶层共识的达成,也极有可能推动二者身份的转换与融合,即部分外来的创意人群进一步成为长期定居的城市居民,而部分城市居民在创意文化的熏陶下跻身为城市的创意阶层。值得一提的是,正如创新成果具有时效性一样,创意性空间的创意效应同样也有一定的时效性。这就要求创意性公共空间的治理应该是一个持续的动态过程,地方政府需要不断通过新的空间营造和公共事件来提供新颖的场域体验。

5.3.3　案例:上海创意性公共空间的治理

1) 地标型创意空间的治理:上海城市空间艺术季
(1) 治理背景
一直以来,上海政府对于城市空间的艺术性营建都十分重视。早在1996年,地方政府就将雕塑建设作为提升城市艺术品位的重要抓手并制定了《上海市城市雕塑建设管理办法》,以更好地推进上海的城市雕塑建设,确保城市雕塑质量。同时,设置了上海市城市雕塑委员会负责城市雕塑建设的组织协调和监督管理。党的十八大以后,一方面为了呼应国家提出的推动新型城镇化、提升文化软实力的一系列要求,另一方面也为了在全新的发展阶段中以更高的城市品质促使上海成为具有全球影响力的科技创新中心,上海政府开始重新思考提升城市创新创意氛围的建设方式。在借鉴了西方先进城市相关经验的基础上,上海政府提出将空间治理的重点从狭义的"城市建设管理"向广义的"公共艺术管理"转变的总体基调,并将以全新的治理方式推进上海迈向卓越的全球城市(林磊等,2018)。
"上海城市空间艺术季"(Shanghai Urban Space Art Season,SUSAS)的设想最早是由上海市规划和国土资源管理局、上海市文化广播影视管理局共同提出。而后,经由市政府批准,成为两年一届的固定活动。活动由上海市规划和国土资源管理局、上海市文化广播影视管理局以及当届主展览所在区人民政府共同承办。SUSAS继承发扬"城市,让生活更美好"的世博精神,以"文化兴市,艺术建城"为理念,旨在通过展览与实践相互结合的方式,将艺术融入生活,将本地的建设实践进行展览,将引进的先进展览成果应用于城市建设。政府希望通过系列活动的举办,持续提升城市空间的艺术品位,展示城市空间的品牌形象,从而提升城市魅力,助力上海的创新发展。上海城市空间艺术季不仅是一项定期的艺术活动,更是针对地标型创意空间的持续治理过程(图 5-8)。

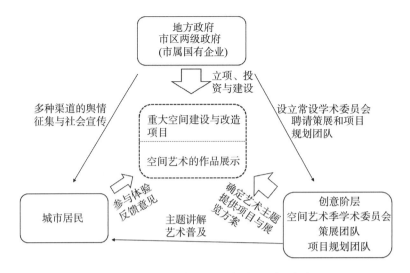

图 5-8 "上海城市空间艺术季"的治理框架

(2) 治理特点

一方面,形成顶层运作联盟与公众参与的联动。地方政府和创意阶层形成相对紧密的顶层运作联盟。其中,政府以及政府下属的国资企业在 SUSAS 的治理行动中,主要承担物质性公共空间的建设、改造和运营工作。例如,2017 年第二季 SUSAS 的场馆就是由上海东岸投资(集团)有限公司建设和运营。上海东岸投资(集团)有限公司由浦东新区人民政府全额投资,定位为"新区黄浦江沿岸开发、统筹协调和投资建设的主体,并承担新区浦江办的日常运行职能"。

为 SUSAS 提供智力支援的创意阶层主要包括城市空间艺术季学术委员会、策展团队以及项目规划团队。学术委员会由城市规划、建筑景观设计、公共艺术、传媒策展等领域专家组成,人数约 30 人,成员根据每届的具体情况会局部调整。学术委员会的主要职能是对 SUSAS 进行监督制约并提供重要的决策咨询,具体包括:召开各阶段学委会会议,审议有关工作事项,进行策展人和策展方案评审等;活动期间参与论坛和研讨会,进行主旨演讲和学术交流等;出席空间艺术季期间各重要节点活动等。学术委员会体现国际性和专业性,委员均为国际和国内专业造诣高、工作经验丰富且有影响力的专家,充分体现空间艺术季的专业性、公众性与国际性。策展团队通常是由国内外知名创意人士牵头组建,负责策展活动的总体设计和执行等具体工作。项目规划团队负责物质空间的建设和改造方案,并与策展团队进行配合。在整个活动和空间营建过程中,政府充分尊重创意人群的专业性,也充分调动创意人群的空间创造积极性。

针对社会公众,政府与创意阶层共同进行了广泛的舆情征集与社会宣传。在上海城市空间艺术季临近举办前、举办过程中以及举办后,政府通过组织座谈会、讲座、展览、满意度调查、居民访谈等行动,广泛收集社会各界的意见和建议,并在后续的举办过程中予以吸收和调整。特别是通过 SUSAS 的网络平台,在公众互动版块及时了解舆情并做出响应。社会公众响应空间艺术季的举办,积极参与专门的体验和学习活动。例如,在 2017 上海城市空间艺术季收官日,两百多名市民通过网上报名参加了围绕在主展区周边的"漫步滨江"活动;现场由建筑师、规划师、景观设计师亲自为市民讲述滨江大道的历史和滨江的特色风景,社会公众的参与也成为城市创意生活的重要组成。

另一方面,推动空间实践与创意展示相结合。SUSAS 区别于一般展览的最大特点是空间实践与展览的结合。每次活动的主展区均为上海近期建设的创意性标志空间,主展区本身就是最大的展览品。将空间实践与展览相结合,既是向全球、社会推介上海地标型空间的过程,又是征集社会反馈意见的过程,更是提升公众的空间艺术审美的过程。2015 年首届 SUSAS 的主展区是位于徐汇区的西岸艺术中心,它是由原上海飞机制造厂的厂房改建而成;该建筑现在已经成为上海艺术文化传播的地标,定期承接艺术和设计博览会等各类大型文化艺术时尚活动(图 5-9)。2017 年第二届 SUSAS 的主展览场是位于浦东新区的民生码头 8 万吨筒仓及周边室内外空间;民生码头旧称英商蓝烟囱码头,曾经是上海港散货装卸码头、亚洲的大型码头之一(图 5-10)。2019 年第三届 SUSAS 的主展区选择在杨浦区,以原上海船厂旧址作为主展馆,以杨浦南段的 5.5 km 滨水公共空间作为户外公共艺术作品的延伸展场。杨浦区以此为契机打造全新的滨江风貌,以展现城市的创新形象。在滨江沿线,政府还设置了若干公共艺

图 5-9 西岸艺术中心的建设风貌

图 5-10 8 万吨筒仓建设风貌

术品点位，公开募集优秀作品，承诺优秀作品有机会永久留存，以鼓励更多有志于城市公共艺术的创意人群参与创作。除了主展区以外，上海市政府还会在其余各区设置若干实践案例展，与地方社区、历史风貌区、滨水地区等城市公共空间营造项目相结合，以激励各区的创意实践，在全市范围内持续提升空间品位。

在各届展览的主展区集中陈列了与当季主题相关的各类空间艺术展品。例如，2015年首届SUSAS以"城市更新"为主题，集中展示了与城市更新相关的文史资料、国内外经典的城市更新案例以及绘画、摄影、影像、雕塑、装置等艺术作品（叶扬，2015）。2017年第二届SUSAS以"this CONNECTION"为主题，聚焦城市公共空间的未来形态，通过四个主题板块分别展示了：混合多样和拓扑链接的公共空间形态；南京长江大桥等来自国内外不同社会文化基因中的连接实践；互联网技术以及新材料在数字化设计与建造中的运用；上海多元、新颖的地方链接实践（姚伟伟等，2018）。

（3）治理效果

用具有创意设计感的物质空间（创意符号）来承载创意设计的展览作品（创意知识），这无疑是空间创意性的最充分体现。上海通过城市空间艺术季的形式，形成持续打造城市标志性创意性空间的自我监督与激励机制。在城市空间艺术季上展出的大批展品就是上海公共艺术最新的实践项目，甚至连主展区本身也是鲜活的实践展品。这些项目依托展览平台，获得了良好的宣传示范效果，成为城市空间治理创新的展示窗口，也能够充分引导和激发更多的创意人群参与城市的空间设计。上海城市空间艺术季已经成为国际创意交流的重要平台，伦敦、巴塞罗那、汉堡、釜山等多市政府和国际一线的建筑师、艺术家已陆续参展。而公众则在SUSAS举办的过程中和空间实践成果（空间艺术作品）的体验中获得时尚、国际化的空间艺术审美熏陶。通过城市空间艺术季，上海持续刷新、提升城市空间的品牌形象，展现了地方政府创新导向的空间治理意识和能力，实现了打造品牌公共事件、塑造创意空间热点、沉淀大师艺术作品、美化城市公共空间和提升城市创意文化的复合效果。

2）日常型创意空间的治理：四平空间创生行动

（1）治理背景

面积仅 2.75 km² 的四平路街道原来是典型的工人新村集聚地，70%以上"老公房"建于20世纪50—80年代。在经历过城区退"二"进"三"的发展阶段后，街道内的生活配套服务已经较为便利，但是公共空间环境老旧，生活配套设施已经不能适应现代生活需求。众多老旧小区面临的共性问题也成为街道政府迫切需要解决的问题。2015年，上海市委、市政府出台《关于进一步创新社会治理加强基层建设的意见》，市级政府将部分权力、资源向街道下放，首次赋予街道规划参与权，并在人、财、物上给予了更多的保障，彻底改变了原先基层政府因为治理权限缺失而话语权微弱的状况。在政府治理纵向优化的背景下，街道政府积极开始筹划社区发展的各项工作。受到第一季

"上海城市空间艺术季"的启发,四平路街道联合同济大学设计创意学院开启了第一届"四平空间创生行动"(Open Your Space：Design Intervention in Siping Community,OYS),并将其作为2015年"深港城市/建筑双城"双年展的外围展项目之一。而后,"四平空间创生行动"演变成为一年一度的常设项目。"四平空间创生行动"旨在通过创意设计推动社区"微更新",用公共艺术改善社区环境和功能,提升社区空间的创意品位并激发社区新经济。该活动既是一项社区营建实验,也是一项面向日常生活的城市公共艺术行动。以社区公共空间的改造作为切入点,通过墙面涂鸦、互动灯光、景观雕塑、公共座椅等的设计,将老旧小区打造为处处充满艺术气息的街区。

(2) 治理特点

一方面,形成了地方政府—创意阶层—城市居民的共同创造。在治理过程中,街道政府、设计专家团队以及社区居民形成了共同创造的协同关系(图5-11)。由街道政府提供实施场地、建设经费,并且搭建设计专家团队和社区居民的沟通桥梁。以同济大学设计创意学院为主(牵头方)的设计专家团队负责创新合作网络的搭建以及创意方案的输出。社区居民在营建过程中充分表达意见,与设计专家团队共同完善设计方案,也成为验收设计方案的主体。在每一轮行动实施的过程中,设计专家团队都会就初步的设计方案充分征求社区居民意见,并根据反馈意见及时做出修改,以避免社区居民因为对艺术形式不理解、不接受而形成抵触情绪。值得一提的是,社区居民在这一治理行动中的地位不断提升。区别于前四季由街道政府提出发展诉求或设计专家团队用批判性视角发掘现实问题、用同理心观察社会痛点的自上而下模式,2019年第五季"四平空间创生行动"的选题采用由来自四平街道近20家居委干部自行申报的方式确定。最熟悉社区环境、最了解实地情况的居委干部代表居民发声,从社区居民的实际需求出发,帮助设计专家团队和街道政府明确行动方向。各个小区提出1—2个希望改善的创生点位和初步改造建议,再由设计专家团队和街道政府进行综合分析和排序。

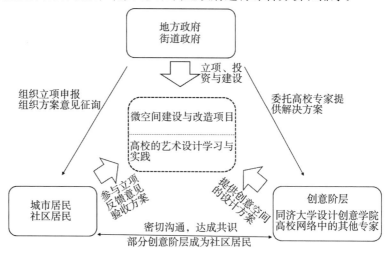

图5-11 "四平空间创生行动"的治理框架

另一方面，推动贴近日常生活的动态"微"治理。"四平空间创生行动"在每一季均有不同的主题和创意设计对象，地方政府借此持续开展了大量贴近日常生活的"微"治理工程（图5-12）。

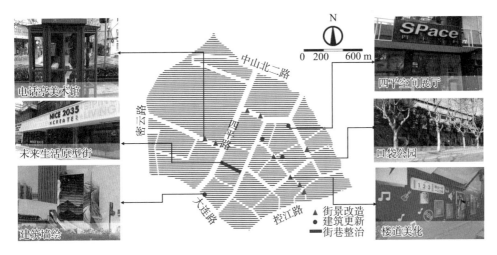

图5-12 "四平空间创生行动"部分"微"治理工程分布

第一季主题为"给社区带来'72变'"。具体的行动措施包括：打造了四平空间临时展厅（后更新为当代首饰与新文化中心），设计了彰武路、铁岭路等一批社区墙绘，布置了树晶球、跷跷板等多个创意小品。第二季主题为"在街角与邻里之间创造惊喜"。具体行动措施包括"街景创生""邻里再造"和"空间升级"三个板块："街景创生"是指在鞍山支路菜市场和地铁四平路站2号口两个转角处进行大面积墙绘涂鸦；"邻里再造"是指结合四平路街道"美丽楼道"年度自治项目，由设计团队和居民一起打造了8个新楼道——不仅添置了楼层导视、照明灯带、休憩座椅、书报漂流墙，还在楼道中设置了可以种菜、练书法和打太极拳的空间；"空间升级"则是将第一季作为社区展览馆的四平空间（铁岭路）升级为同济大学首饰与玻璃创新实验室，将位于阜新路260号的社区废品回收站升级成为上海第一个生活实验室。第三季主题为"多方共创'NICE 2035未来生活'"。NICE 2035即"Neighborhood of Innovation, Creativity and Entrepreneurship towards 2035"，代表了政府和创意设计师建设创新型社区的美好愿望。这个项目的目的是顺应用户需求驱动的创新模式，通过扎根社区这个"需求端"，以社区作为创新的客户市场与试验基地；以"设计"连接科学技术、文化创意和商业模式，模拟、创造出未来的生活方式，继而驱动基于"社区生活"的新经济。为了推动项目落地，打造"创新进社区"的全新集群空间，政府积极开展了四平路1 028弄的改造提升，为第一批创业团队提供"原型实验室"。四平路1 028弄长200 m，在此次改造前，沿街主要集聚着五金店、建材店等混杂的商贸业态。在改造的过程中，政府出面对租户和居民进行统筹协调，保留了超市等民生功能，腾退了低端业态，并置换为创新团队的实验、办公和展示空间。而后 3D 打印实验室、声音实验室等新经济空间先后入驻,成为创意阶层与社区居民共享、共建的新空间。此外,"NICE 2035 未来生活"行动还为街道打造了 10 个电话亭美术馆(赤峰路、彰武路、鞍山路、铁岭路等点位),催生了全国首个由街边电话亭改造的美术馆项目。第四季主题为"以社区自治、渐进更新"。重点打造了"阜新路自治口袋花园",将 80 m 的沿街绿化带更新为链接居民社区生活的口袋花园;此外还布置了苏家屯路墙体彩绘、新村故事玻璃墙,以及抚顺路、鞍山路阅读报栏等小品。

(3) 治理效果

截至 2018 年底,"四平空间创生行动"在街道保留了 11 个公共空间、40 余处微创意、数个创意集市,显著地提升了社区的形态功能、人文内涵和自治氛围,增强了居民的获得感和满足感,更赋予了社区对于创意人群的吸引力和孵化力。将创意元素引入四平路街道,在美化社区环境、提升社区品位的同时,增强了社区对于创新人群生活和工作的吸引力。充满创意的环境营建以及社区创意实验场的治理模式,不仅拉近了创意与社区日常生活之间的距离,也为创意人群提供了难得的展示场所和学习、沟通环境。例如,改造后的鞍山三村 26 号"红楼梯"就在美国体验环境图形设计协会(The Society for Experiential Graphic Design, SEGD)组织的 2018 年全球设计奖颁奖活动中荣获两项大奖,也成为著名的网红景点。创意元素被引入社区以后,带动了越来越多城市创意阶层的社区渗透;他们成了新的社区居民,并持续优化社区的人群结构;在第三季打造的"原型实验室"就吸引到了歌唱家朱哲琴、珠宝设计专家孙捷等实验室主人。"原型实验室"不仅是创意的展示空间,也是社会互动的空间,更是创新经济萌芽的空间。"四平空间创生行动"还进一步推动了环同济创新圈的成长和开放,社区的公共空间逐渐演变为不断激发新创意、激活新业态、孵化新项目的创意综合体。

5.4 激励性发展场域的营造

5.4.1 关注个体崛起的"微"创新趋势

随着互联网和生产技术的发展,个体创新的价值和成长性不断被放大。一方面,互联网的出现使得经营模式变得更加扁平,个体创造者可以凭借更加低成本的方式获得和发布上下游的渠道信息,从而建构自己的经营网络。互联网已经基本能够实现内容创造方和终端客户之间的直接连接,产品内容本身的质量开始成为引导市场的核心力量,不断撼动着原来由产量和资本规模决定的渠道控制网络。区块链技术的发展和去中心化的运算机制,将进一步让商品找到更精准的客户人群,更大幅度地降低传统商业模式中的规模门槛。另一面,从家庭电脑的推广到 3D 打印技术的发展,再到未来可能出现的便携式能源技术,生产模式正在呈现小型化、分散式,个体创造者可以通过更加低成本的方式进行各类产品的生产过程。个体创造者既可以与不同需求场景中的长尾市场结合,也可以凭借自身的知识和想象力主动创造新的市场需求,树立个人专属的知识产权(Intellectual Property,IP)价值。实际上,区别于传统的"企业+个人"模式,当前已经出现了许多"平台+个人"的就业模式,诞生了U盘式就业、分时就业、斜杠职业等灵活就业形态。尽管平台背后的企业难免存在垄断资源和控制个体的商业倾向,但毋庸置疑的是,个人的创造行为正在不断被市场接受甚至推崇。

尽管个体创造在整个创新经济体系中的作用不断增加,但是并不意味着个体创新过程是独立、封闭的。相反,个体恰恰更需要其他的外部社会网络,来代替原有"企业制"附带的组织化"增益"。例如,企业能够帮助个人将创意想法进行专业化的推广,能够高效地履行经营活动的各项责任,能够建构成熟、系统的能力培养体系,能够赋个人职称、职务等身份认同感等等。总体而言,个人在创新产业化、自我能力培养方面相较企业等组织机构而言,仍然存在缺陷。因此,替代性社会网络的建构,正是激励性发展场域营建的重点。

5.4.2 建构面向创新个体的职业成长空间

激励性发展场域的营造是指地方政府对于职业发展空间的系统治理过程。在具体的空间对象上,可以是创业孵化空间、技能培训空间、技术交往空间等与创意阶层(个人)职业发展相关的空间。在这个过程中,政府以物质空间为载体,整合专业机构、职业精英、媒体、公众等社会网络,进而为创意阶层提供专门的职业发展服务,促进专业化社交网络的建构,并提高创业阶层的社会认同感,为创意阶层创造提升自我、改善既有社会网络关系的机会。由于涉及职业发展的相关服务极其专业,且每个职业都有许多独立的社交圈,政府往往无法直接提供相关服务或社会资源,而是需要通过购买服务、资源交换等方式,引入专业的第三方机构或成功的职业精英参与空间的建设运营。

值得一提的是,随着互联网的发展和个体意识的觉醒,虽然涌现出大量的虚拟社区,为创新个体之间的合作交流提供了便利,但总体上属于并不稳定的社会弱连接,无法传递面对面交往中附带的缄默知识;而职业发展空间的形成恰恰能够弥补虚拟网络社交的不足。依托职业发展空间将形成内部紧密聚合、外部开放互联的多种社会网络,一定程度上可替代原来由企业承担的组织化的合作经营、培养网络。

5.4.3 案例:杭州中国网络作家村的治理

1) 治理背景

中国网络作家村坐落于杭州市滨江区白马湖畔,由中国作家协会于

2017年授牌成立并正式启动;它的出现是新兴文创产业的发展与地方、中央治理诉求的耦合结果。互联网技术和新媒体的发展彻底改变了文创产业发展的既有逻辑,并催生了网络文学作家这一新兴的创意阶层。浙江是网络文学发展较为活跃的省份,网络作家的数量处于全国领先位置。而杭州市作家协会更是早在2007年就设立了类型文学委员会,将其作为联络网络作家群体的官方组织;2013年,时任浙江省委宣传部部长就已经意识到了网络作家群体的价值潜力和治理诉求,提出可以在杭州建设一个网络作家的集聚地,但是由于种种原因当时并没有得立即落实。党的十八大以来,网络文艺创作领域更进一步得到蓬勃发展,受到了极大关注;习近平总书记在文艺工作座谈会等重要场合中提出了要"抓好网络文艺创作生产""加强对新文艺组织、新文艺群体的团结引导"等重要论断。中国作家协会于2015年成立了中国作家协会网络文学委员会,组织各地成立网络作家协会,并于2017年在杭州设立了"中国作家协会网络文学中心"作为对于浙江、杭州网络创作基础的肯定。

滨江区是杭州的一块新生之地、产业新区,是杭州跨江发展战略的重要实施阵地,在1996年独立成"区"并设立高新区,之前由萧山市(现为杭州市萧山区)管辖。2000年以来的快速发展,滨江区积聚了一大批高新技术企业,其中就包括了网易、中南卡通和华数等数字文化企业。但由于成立时间短、文化底蕴不足,滨江区一直缺少一张具有代表性的文化名片。2016年在一个偶然的机会之下,滨江区委书记在与杭州市文联书记的交谈中获悉了省里有建设网络作家村的想法。基于新区自身文化建设的需求,区政府随即决定要争取打造中国第一个网络作家村,后来便有了杭州中国网络作家村的落成。

2) 治理特点

(1) 特殊空间资源的供给

目前,中国网络作家村在空间上由两部分组成,分别是天马苑和神仙居,均位于白马湖沿线,周边生态环境品质卓越,山水田林相应成趣,村落、住区、新产业空间交错其中(图5-13)。"天马苑"取意"作家文思天马行空",是一个建筑面积约为1 700 m²的四层办公楼,主要用于网络文学作品的展示、网络作家的交流培训以及网络作家的培育孵化等功能。"神仙居"在空间上则更具特色,位于"天马苑"附近一处依山傍水的自然村(孔家村)之中,由农居改造而成,共有3个组团16幢民居,作为顶级网络作家的工作室。这些空间都是由政府出资建设或承租,免费对网络作家开放。当然,网络作家的入驻需要符合一定的门槛条件,例如,申请入驻的作家需要有作品在网上连载,并且同时有两位网站平台的编辑、作家村村民或者知名作家推荐等等。随着中国互联网村"村民"规模的壮大,这个标准还在进一步缩紧。而网络作家如果能在滨江区设立工作室,就能享受三年的住房补贴和版权授权补助;获奖的作家还可以获得20万到100万元不等的一次性奖励。

图 5-13 中国网络作家村区位示意图

（2）专业市场资源的引入

为了增强中国网络作家村的吸引力和对作家群体服务的专业性，滨江区引入了当时区里的网络文学 IP 孵化企业（杭州市网艺文化创意有限公司）。该企业作为作家村的主要运营方之一，负责日常具体工作。该企业本身就致力于培养优秀的网络作家和团队，为网络作家提供各类商业活动的机会、处理版权交易等问题。该企业的重要合伙人之一，也是运营的关键人物（网络作家村办公室主任），自己本就是第一代网络作家，同时在省市区各级作家协会中任职，特殊的身份和丰富的经历使得他能够较好地协调政府、企业、作家三类主体之间的关系。在发展的过程中，企业一方面负责对作家进行市场化的宣传营销。例如，策划"网络文学 IP 直通车""IP 路演中心"等项目促进本地文创企业与作家之间的对接合作，负责宣传 IP 转化的成功案例，通过多种自媒体渠道提升作家和作家村的网络曝光度等等。另一方面负责对作家进行规范化组织，将相对松散、无序的社交网络进行有序的整合，并与地方的社会活动充分嫁接，提升创意阶层的社会带动效应和影响力。例如，与当地的团委、统战部、妇联和工会等进行互动，和地方政府、组织机构合作创作具有主旋律、正能量的文学作品等。企业的收益则有一部分来自政府对相关专业化服务的购买（根据企业的活动企划，政府进行相关服务的采购），另一部分则是通过对潜力作家的超前投资（提前签约 IP 等）获得风投收益。

（3）高规格社会资源的投入

浙江省和杭州市政府通过拿下全国第一块国字号的"网络作家村"头衔，为网络作家村和入驻其中的"村民"，乃至网络作家这一新兴群体赢得了重要的社会认可。不少作家觉得自己来到了这里就算是有了"正式工作"。此外，政府还通过授予"村长"等荣誉称号，来引入杰出的网络作家入驻，发挥"网文大神"的引领、示范作用。例如，"村长"唐家三少、"副村长"管平潮等都是获得了大量读者和写手认可的顶级流量人物。入驻的杰出网络作家成为普通网络作家有机会接触的重要社会资源。而这些杰出网络作家通过政府的邀请，又可以进一步进入地方作协、政协等组织机构任职，提升个人的社会声望，积累社会资本。正是地方政府对于社会资源的投入，使得中国网络作家村在短时间内成了令众多作家纷至沓来的线下俱乐部。同时，政府还动用主流媒体围绕网络作家村与"村民"进行多角度的报道，实现社会影响力的提升和正面社会形象的塑造。在新兴的文化产业领域，流量和曝光率是获得关注的关键。主流媒体在长期积累中获得了比其他媒体更高的关注度，同时带有官方的权威色彩，起到社会资本的调动、催化作用。地方政府通过主流媒体持续为网络作家村造势，为网络作家村塑造出了一个高端、活跃的网络文学基地的空间形象。

3）治理效果

截至2022年底，入驻网络作家村的人数从成立初期的107人增加至234人。其中，中国作协全委会成员12人，各地市网络作协主席、副主席40余人，可以说网络作家村已经成为全国网络作家最为集聚和活跃的地方。在网络作家不断集聚的同时，作家村进一步发挥了其培育新生力量的作用；通过中国网络作家村高级研修班等形式，培育作家200余人；通过"萌芽计划"全国大学生网络小说大赛等形式，为网络文学挖掘了大量优秀作品和新生代网络作家。通过作家村开通的版权登记绿色通道，精品著作权登记数量达到102件。网络作家村积极探索建立了网络文学评价体系，并联合杭州师范大学等单位共同组织发起"新时代十年百部中国网络文学作品榜单评选活动"，通过发布网络文学榜单、树立作品评价体系和标杆等方式，提升了滨江区在数字文化和网络文学领域的话语权和知名度。杭州则通过中国网络作家村保持了"互联网＋文创"产业的相对优势，中国网络作家村的落地让省一级到区一级都可以名正言顺地举办全国性的网络作家会议。从2018年起，杭州滨江区已经连续举办了多届"中国网络文学周"，期间发布中国网络文学蓝皮书和中国网络小说排行榜，该活动是网络文学界影响最大的会议之一。

中国网络作家村的整体运营有效驱动了创作IP的快速转化。众所周知，IP开发带来的升值空间巨大，网络文学IP市场总是供不应求；开发过程中却经常出现各种对接失误，浪费一些难得的优秀创意成果。究其原因，是网络作家与影视、动漫等下游公司的直接交流比较少，双方的社会活动空间鲜有重叠，网络作家来自各行各业，而影视公司的编剧则大多是科班出身。通常情况下，若非自己成立公司，网络作家只能向网站出售自己的文字版权，影视公司也只能自己寻找IP，两者之间几乎没有直接联系的途径。网络作家村的运营企业利用在网络文学领域积累的社会关系和网络作家集聚的优势，搭建起作家和IP使用方之间的桥梁，一方面满足了企业对优质IP的需求，另一方面为作家提供了IP转化的渠道，通过宣讲、洽谈等线下的活动促成作家与下游企业见面，双方可以充分沟通、互选。这使得网络作家村成为一个网络文学信息集散的"枢纽"，当作家需要推广自己的IP时,可以在这里找到买方;当下游的影视、动漫等企业需要文字故事创意时,作家村也能为它们筛选匹配合适的IP资源。网络作家村以此吸引到更多的企业前来合作,扩大了社会网络关系。有意向的合作企业反过来又吸引到更多的作家入驻,越来越多的创新关系被重新建构,形成良性循环。中国网络作家村目前已经与恺英网络、咪咕数媒、《山海经》杂志社等多个文创公司进行了IP的签约,推动了"村民"多部文学作品在影视、动画、游戏等领域的全版权开发计划。以"网络文学IP直通车"为例,它作为国内首个以新型文化产业链为主体的IP路演机制,通过举办各类专场活动,服务作家320余人,对接企业270余家,促成合作45项,交易金额突破6亿元。

在专业运营服务的迭代升级过程中,部分网络作家的身份也不断演进,有些网络作家创办了自己的文创企业,从"创作者"变成"转化者"。例如,"发飙的蜗牛"创办的动漫企业若鸿文化,是一家从事动画制作服务、原创动画片的投资出品、自有动漫衍生产品经营等业务的文创企业。当前,该公司已经成为杭州市的龙头企业,也是中国顶尖的IP原创公司。2021年整体产值就已经突破1.5亿元,多部动画作品成为各播放平台的热播片,当前已经启动上市辅导流程,未来极有可能成功上市。若鸿文化推动了网络作家村更多的IP作品转化,例如,"副村长"管平潮的小说《仙风剑雨录》便是由若鸿文化制作为同名动画,动画场景以杭州为背景,在腾讯上线全网播放破10亿次。

网络作家村的发展推动了相关上下游企业的集聚和新的空间更新与扩张过程。初期,网络作家聚集而形成的协同和知识溢出效应,就使作家村旁边的孔家村在两三年内集聚起10余家影视文化、动漫动画公司。这些公司多是租用村民、乡镇原有的闲置房屋进行就近办公。而到了2022年,为了更好地实现从文学作品到文化产品的转变,集聚更多优质网络文学相关企业和配套项目,中国网络作家村联合杭州来业科技有限公司旗下保和创业中心,共同设立了中国网络作家村摘星园。摘星园位于滨江区保和创业中心,总面积约为4万㎡,其中集聚了以原创动漫创作、软件科技开发、小说及漫画改编等为主要业务的网络文学创作的上下游文创企业。未来这里将形成网络文学从写作到版权交易,再到创意开发与产品消费的完整产业链,成为给中国网络作家村提供多种配套服务的生态园区。

6 超越增长：面向创新经济的规划逻辑

空间规划作为政府重要的空间治理手段，从来不是孤立、僵化的管制工具，而是积极调节社会经济发展的公共政策。从增长到创新，不仅意味着经济驱动力的根本转变，也必将带来空间规划思维、方法和工作重点的系统嬗变。在创新经济的目标导向下，在治理现代化的必然进程中，空间规划需要重新理解经济与空间的互动逻辑，重塑超越增长的规划思维，聚焦有利于创新经济发展的规划重点。

6.1 空间治理：空间规划的政治经济学解释

空间规划是一项复杂的空间治理过程。1960年代开始，新马克思主义相关理论对空间属性以及空间过程的政治经济学解析引发了对空间规划本质的新理解。在新马克思主义的政治经济视域中，空间不再被视为是僵化的、孤立于社会活动的物质性容器。空间存在着与政治经济过程紧密联系的生产与再生产过程，它既是政治经济实践的产物，又是产生政治经济循环效应的工具。空间的生产与再生产认知构成了经典的"空间辩证法"。空间规划是空间生产（实践）的重要环节，必然不是一项单纯的技术性、规范性的工程设计，而是政治经济活动的投影，服务于特定的政治经济目的。法国哲学家列斐伏尔（Lefebvre）认为，规划本质上是为了对多元化的日常生活进行控制和管理，以防止城市的不规则扩展和居民生活的随机混乱（汪原，2005）；卡斯特尔（Castells）认为规划是为了协调各种冲突力量而进行的谈判和协商（Castells，1978）；福柯（Foucault）认为了解权力的运作过程是理解规划形成的基础，而规划所形成的城市、建筑等空间作品恰恰又是洞悉社会权利过程的最好例证（Wright et al.，1982）；美国规划学者诺顿（Norton）认为，规划就是一个政治过程，区别在于反映着谁的政治（泰勒，2006）。基于空间实践的政治经济特性，在空间权利主体相对多元的制度环境中，可以认为空间规划就是空间权利主体基于特定的政治经济目的而进行的空间治理过程。不同的社会制度决定着不同的社会治理结构，进而塑造出了不同的空间权利主体，赋予了相应的空间实践与规划权利。因此，空间规划既是社会治理结构在空间上的投影过程，又是治理主体的空间治理过程。

改革开放以来,随着中国社会经济结构的不断调整,空间规划的治理属性日益凸显,并已开始成为学界和政界的共识。曾经作为空间规划典型代表的城乡规划,早已在法理上被定义为一种公共政策。公共政策的主要特点是基于政府所代表的公共利益,以政府制度性决策的方式对多元权利主体的利益诉求和收益进行统筹协调,其本质也是政府进行治理的一种工具。在权利主体日益多元、诉求差异日益分化的社会背景中,城乡规划充当着不同权利主体互动、博弈的平台,需要统筹兼顾长远与眼前、效益与公平、局部与综合、个体与群体等诸多相互作用,可以称得上是复杂而又敏感的空间治理活动(张京祥等,2014)。在过去,城乡规划的实践伴随着国家对外开放、城乡统筹等一系列治理决策,服务于快速的工业化和城镇化过程,尽管存在一定的历史局限性,却在引领、管控城乡发展和建设的过程中发挥着不可替代的作用。而随着国家治理现代化、生态文明建设等新时代发展理念的确立,城乡规划作为具体的规划类型又顺应着新的政治经济诉求,退出了历史的舞台,融入全新的国土空间规划体系之中。可见,在社会制度现代化、民主化的总体趋势下,空间规划紧密反映着社会治理格局的变革,服务于政府治理的总体目标,是一种动态调整的空间治理实践。

6.2 国土空间规划体系的建构与创新适应

当前中国的空间规划体系正面临着改革开放以来最为剧烈的重构,随着国家机构改革方案的出台以及《中共中央 国务院关于建立国土空间规划体系并监督实施的若干意见》(简称《若干意见》)、《市县国土空间总体规划编制指南》(简称《编制指南》)等相关政策文件的发布,全新的国土空间规划体系的基本框架在决策层面已初步确立,这是提升空间规划价值和效用的重要契机。尽管国土空间规划体系的顶层设计和整体架构已基本明确,但是编制、监督与实施的具体办法仍然有待于实践的检验,仍需要在社会经济发展诉求的动态适应中、在中央—地方政府治理的互动磨合中持续完善。

6.2.1 国土空间规划体系的建构语境

1) 生态文明时代的发展模式重构

党的十八大以来,推进生态文明建设成为国家重要的发展理念之一。尽管生态文明建设的提法最早出现在党的十七大报告之中,但其重要性的确立和系统的改革思路是诞生于党的十八大以后。党的十八大报告提出将生态文明建设作为现代化建设总体布局的重要组成部分,与经济建设、政治建设、文化建设、社会建设并列。2015年中共中央、国务院印发了《生态文明体制改革总体方案》,文件明确提出坚持节约资源和保护环境的基本国策,以建设美丽中国为目标,努力走向社会主义生态文明新时代。这一涉及顶层制度设计的政策文件也昭示着中央政府加快推进生态文明建设的决心。在生态文明体制改革的目标中特别提到了对建立空间规划体系的总体要求,即要构建"以空间规划为基础,以用途管制为主要手段的国土空间开发保护制度",构建"以空间治理和空间结构优化为主要内容,全国统一、相互衔接、分级管理的空间规划体系"。国土空间规划的诞生与国家推进生态文明建设的巨大决心密不可分。

在改革开放以来的相当长时间里,中国的空间规划与建设实践确实存在着对生态文明缺乏足够理解和重视的问题,生态保护往往让位于经济增长和城镇化建设的需求。城镇建设空间大量低效、过度供给,建设空间对生态环境蚕食严重,建设行为的生态底线意识模糊,对一些应禁止建设地区盲目开发等问题屡见不鲜、屡禁不止。面对生态资源环境的持续消耗、生态环境承载能力极限的日益趋近以及全要素生产率的长期低迷,生态文明建设已经进入刻不容缓的阶段。如果不及时制止低效空间供给的路径依赖,不有效地抑制、缓解建设行为对生态环境的巨大冲击,不致力于构建人与自然和谐发展的现代化建设新格局,显然无法保障国家社会经济的可持续发展。

在这样的发展背景下,"空间规划"与"生态保护"频繁地共同出现在各类政策文件之中,形成了紧密联系的"政治语汇"。随着国土空间规划体系的建构,生态环境的保护意识和保护力度将会得到显著的提升,生态空间在规划决策中的优先级也将大大提升。面对日益严峻的生态环境保护压力,国土空间规划体系的建构理应积极回应生态文明的建设诉求,探索与生态发展理念高度契合的空间治理目标和治理模式。不过,单纯的生态保护并不难,难的是如何体现国土空间规划体系建构的综合发展目标,如何妥善地平衡好保护与发展的关系,使二者能够在发展过程中相互统一。国土空间规划体系作为一个全面的空间规划体系,决定了其自身目标的综合性和治理价值的多样性。因此,在回应生态文明建设诉求的同时,国土空间规划体系也应当承担起服务于社会经济总体发展目标的系统性责任。无论是顶层的制度设计,还是具体的相关实践都应当极力避免矫枉过正,防止将国土空间规划体系建构成以生态保护为单一核心价值导向的空间规划体系。

2) 国家治理现代化目标下的规划权责重构

"推进国家治理体系和治理能力现代化"是全面深化改革的总目标之一,也是提升国家制度竞争力和执行力的基本方向。作为社会经济各项事业的顶层目标,国家治理的现代化对于中国政治生态的优化和社会主义现代化事业的持续推进具有重大而深远的意义。《若干意见》明确提出国土空间规划是"保障国家战略有效实施、促进国家治理体系和治理能力现代化"的必然要求,强调了国土空间规划体系建构的治理现代化责任。

改革开放以来,中国各类空间规划实践中所暴露出来的诸多问题,恰恰是国家治理体系在纵、横向关系上存在混沌和矛盾的一种映射。从中央—地方的纵向治理关系上看,分权化、分税制等一系列改革措施的推行,赋予了地方政府极大的发展自主权和增长冲动,也形成了中国特色的"土地财政"模式。地方政府普遍倾向运用以城市规划为典型代表的空间规划,进行土地经营,推动地方经济和土地利用的增长。空间规划在服务、激活地方经济增长动力的同时,也带有较强的功利化色彩,进而积累了土地利用粗放、生态环境恶化、社会矛盾加剧等一系列问题。而中央、省级政府虽然有纵向的规划审批职责,但是监督实施的制度性设计并不完善,无法对地方的非理性增长形成有效约束。从各政府部门的横向治理关系上看,由于空间规划的权力分散于各个部门之中,部门之间各有政令、各自为政。空间规划一定程度上成为各部门争夺话语权、进行利益博弈的工具,进而导致多类规划之间相互矛盾、冲突,规划实施混乱等问题。

国家治理现代化目标下的国土空间规划体系建构,尤为重要的是实现政府规划权责的进一步清晰。随着国家机构改革方案的出台,横向的政府规划权责被集成,在治理结构上实现了"多规合一",这也将彻底地结束多规各自为政的局面。而在中央—地方责权关系的调整上,仍然有许多值得商榷的方面。为了改变前一个时期地方政府自主性过高、纵向治理意图落实不力的局面,国土空间规划体系的建构必然需要增强纵向的监督实施能力,约束地方政府的增长主义冲动。但不可否认的是,中国作为一个幅员辽阔、地区差异极为明显的大国,治理的纵向分权实际上是一种极为高效、极为灵活的治理方式。改革开放以来的巨大成就与地方政府自下而上的先试先行、积极探索密不可分。因此,中央—地方规划权责的恰当划分无疑将是国土空间规划体系建构和后续完善的关键。全面理顺各级政府规划权责的过程很可能需要经历多次的试错和调整,需要契合于国家社会经济发展的总体阶段特征,以及政府纵向分权的整体战略选择之中。

6.2.2 适应创新经济需求的建构方向

1) 治理目标:创新发展与生态文明的统一

国土空间规划体系的诞生是为了适应中国特色社会主义进入新时代、社会主要矛盾发生全局性变化、面向生态文明建设要求、经济由高速增长转向高质量发展等一系列复杂的社会经济环境变化,作为各类空间规划的集大成者,更加全面地响应社会经济发展的多元诉求是国土空间规划的时代责任和应有作为。在推进国土空间规划的系列实践中(编制、实施、监管等),应该充分意识到生态保护与经济发展、生态文明与创新发展的辩证统一关系,不可偏废。从"既要金山银山,又要绿水青山"到"宁可要绿水青山,不要金山银山",再到"绿水青山就是金山银山","两山"理论的演进过程恰好生动地说明了发展不应该脱离保护,保护也不应该孤立于发展。党的十九大报告早已清晰定调:发展是解决我国一切问题的基础和关键;创新是引领发展的第一动力,是建设现代化经济体系的战略支撑。

生态文明建设无疑是可持续发展的重要保障,生态保护归根到底也是为了实现美好生活、高质量发展。而要从根本上改善生态环境,最佳的路径就是以更好的经济发展方式为基础、为动力。生态保护与空间开发的局部矛盾,往往能够在创新发展的过程中、在技术方法的进步中被更好地化解。相反地,过度僵化、为保护而保护的保守意识,却极有可能将保护与发展置于不可兼顾的对立面,导致国土空间规划丧失其在社会经济发展中的战略性价值和关键性作用,阻滞国家生态文明建设和高质量发展的进程,甚至导致机构改革的制度成本付诸东流。因此,国土空间规划的实践应该贯彻创新发展与生态文明的统一目标,创新空间供给、利用与管制的方式,积极释放空间的生产力和创造性,建构"空间规划—创新发展—生态保护"的良性互动关系,以形成富有创新竞争力和可持续发展的国土空间格局。

2)治理方式:国家意志与地方智慧的统筹

国土空间规划体系的建构是促进国家治理体系和治理能力现代化的必然要求,也是重新理顺各级政府空间治理权责关系的过程。不同于国家与省级层面的空间规划更侧重宏观引导与底线约束,城市层面的需求更具体、矛盾更尖锐,需要统筹平衡的目标也更多,除了资源、生态管控以外,引导城市经济社会持续健康发展更是空间规划不可回避的主要任务。城市是体现国家创新能力的核心载体,城市创新能力的提升、创新经济的形成有赖于各级政府的通力协作,但归根结底是一项需要差异化、精细化治理的地方事务,需要依托地方政府的积极作为和治理智慧。

空间规划体系对于中央—地方治理角色的适应与反馈,是其治理价值的重要体现。在"城乡规划"时代,城市总体规划在改革开放早期延续了计划经济时代的工程性色彩,规划内容和审批要求相对僵化。而以战略规划为代表的非法定规划的出现,对既有的空间规划体系形成了冲击与倒逼。战略规划克服了法定规划的制约,提供了更具战略性、灵活性、针对性、前瞻性的"地方方案",成为弥合、连接法定空间规划体系与地方治理诉求的重要工具,因而颇受地方政府的青睐。伴随着广泛的地方实践推进,战略规划不仅在规划理念、技术方法上持续创新,并且最终成为许多地区编制城市总体规划的重要前置环节,推动了城乡规划体系的改革完善。作为"自下而上"产生的一项创新实践,战略规划可以说是改革开放以来城乡规划积极应变、主动求变、与时代同行的典型代表(何鹤鸣等,2019)。

在创新发展的目标之下,在应对创新经济的不确定性和巨大挑战之中,国土空间规划体系尤其要注重国家意志与地方智慧的统筹,实现上下联动。在国土空间规划体系的建构过程中,既要形成自上而下的传导机制,更应该形成自下而上的修正机制。一方面,国土空间规划体系应该充分保障国家意志自上而下的有序传导和高效落实,通过战略要求、约束性指标、底线管控等刚柔并济的方式,倒逼地方政府破除路径依赖,约束地方政府在空间资源利用方面的盲目冲动;另一方面,国土空间规划体系需要激活地方创新活力,尊重和鼓励地方政府的探索性实践。中央政府拥有更加全面的价值判断和更加理性的战略选择,地方政府则拥有更强的发展敏感性和创新应变能力。国家意志的实现离不开地方政府在空间资源配置上的主动作为和积极尝试，应该允许地方政府在试错中吸取教训，在谨慎探索中总结经验。因此，国土空间规划体系不应简单被作为一种自上而下的约束性管制体系，而更应被塑造成各级政府各司其职、各有侧重、高效耦合、动态调整的治理系统，这也是治理现代化的应有之义。

6.3 超越增长：空间规划思维的创新逻辑

一直以来，空间规划作为政府重要的空间治理手段，与经济发展存在着尤为密切的互动关系。例如，通过促成开发区、新城新区等空间的增长，空间规划适应和推动了经济的快速增长，尽管存在着发展阶段的局限性。在创新经济的目标导向下，空间规划需要重新认识经济与空间的互动逻辑，积极构建新理论、开展新实践；在主动识变、积极应变、敢于求变中推动规划思维以及技术方法的创新；在国土空间规划体系初步确立（空间相关政策工具实现系统集成）的契机下，承担推动社会经济高质量发展的更多责任。空间规划的创新在总体上应该沿着两条脉络：其一，基于创新经济的基本构成要素及其空间特性；其二，基于治理现代化的基础及其挑战。进而，在空间规划思维上实现超越于增长的四重创新，并引导空间规划重点的转型（图6-0）。

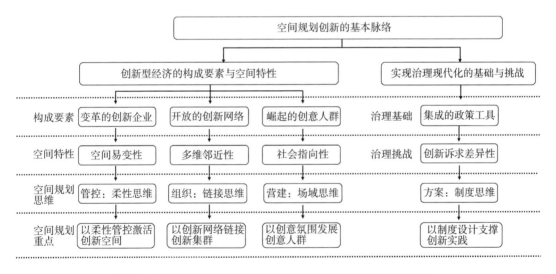

图6-0 面向创新经济与治理现代化的空间规划思维创新逻辑

6.3.1 空间管控：超越规范的柔性思维

1) 变革的创新企业与空间易变性

创新企业是推动创新经济的关键主体。尽管创新企业有更大概率诞生于新兴产业之中，但并不局限于特定的产业门类。时至今日，虽然关于创新类型的学术讨论仍在继续,但"建立新的生产函数""实现创造性破坏"等变革的本质已经成为界定创新企业的共识性标准。无论是渐进的还是颠覆的,创新企业需要持续保持内在的变革特征,这就意味着它存在不稳定、不确定的发展"常态"。创新企业个体的小变革,又将引发与之相关企业群体的大变革。创新企业将重构市场竞争与合作的既有秩序,加速淘汰守旧的传统企业,不断孕育和塑造新的创新企业,推动着企业群体的快速迭代。创新企业的变革特征也将最终反馈为密集调整、充满变化的产业发展状态。理解变革、拥抱变革是认知创新企业与创新经济的基本前提。

创新企业的变革特征将驱动产业空间的适应性调整。一方面,创新企业在生产经营方式上的变革,将催生新的区位选择逻辑与空间利用方式。例如,除了规模化与标准化的传统产业园区以外,乡村、景区、社区等都有可能成为新兴的产业空间。近年来,在中国不断涌现的"淘宝村"现象,便是一种边缘地域的创新响应;更有学者预言了在云计算、技术共享和3D打印技术的共同支撑下,以个人、家庭为单位的小型创新企业的大量涌现以及社区制造(微工厂)模式的出现(施瓦布,2016)。尽管我们很难精准预测未来的产业空间图景,但可以肯定的是,产业空间将不断打破既有的认知与地理边界,在一定程度上展现未曾有过的"灵活与自由"。另一方面,创新企业的崛起将伴随着传统企业的衰退和淘汰,并引发存量产业的空间低效闲置与再利用过程。例如,中国新兴电子商务企业的快速发展已经对部分传统商贸企业形成替代,进而导致某些实体商业空间的闲置,倒逼着商业空间的功能转型。综上所述,在创新经济的发展状态中,产业空间将面临较为剧烈且频繁的变动诉求,并将呈现衰退闲置与创造性利用同存叠合的复杂状态。

2) 适应空间易变性的柔性思维

为适应产业的空间易变特性,在空间利用的管控方式上应确立超越传统技术规范的柔性思维。在大规模、快速增长的经济环境中,空间利用的模式是从一到多的线性叠加,空间管控的思维逻辑、技术规范规则也相对稳定。规范性的规划思维有利于空间利用模式的快速复制和大面积推广,以高效地配合经济增长带来的空间扩张需求,同时也很容易通过刚性管制的相关要求来约束空间开发中的市场失序。然而在创新型发展的经济环境中,空间的使用形式将不断出现从无到有的非线性跃迁,空间生长、演化的逻辑更为易变。墨守传统技术规范的空间规划将抑制创新的活力,但是彻底推倒传统规范显然也并不利于城市可持续目标的实现,因此,确立空间管控的柔性思维就显得尤为重要。柔性思维是刚性和弹性在现实发展需求过程中的辩证耦合,是对技术规范的动态反思和持续改进。应对创新经济对空间需求的不确定性,空间规划要克服路径依赖的思维惯性,提升规划的创新应变能力,提高在管控标准、管控对象、管控过程等方面的动态适应性。

6.3.2 空间组织:超越集聚的链接思维

1) 开放的创新网络与多维邻近性

基于地理邻近的多维邻近是创新网络形成的重要支撑。全球(跨地区)创新网络的链接和地方创新网络的加密是并存的两种网络地理现象。尽管现代通信技术为超越地理限制的创新合作提供了可能,但地理邻近对于知识传递仍然具有不可替代的价值。地理邻近使创新主体间可以更容易、更充分地进行面对面交流,有助于隐性知识(或称为"缄默知识")的传递。隐性知识是依托于具体的情景、具有一定偶然性且不易明确编码的信息,有利于显性知识的解释、吸收和知识的再创造。创新网络组织的复杂性决定了其对于认知邻近、社会邻近、制度邻近等多维邻近的系统性依赖,但是多维邻近并没有否定地理邻近的基础和支撑性作用。相反地,它丰富了地理邻近的认知内涵。一方面,地理邻近往往是实现认知邻近、制度邻近的诱因之一,有利于多维邻近效果的达成;另一方面,在推动地方化创新网络的过程中,需要关注开放的社会氛围和治理环境的顶层设计,不仅要引导不同创新主体在物质空间上集聚,更要破除创新主体制度性、认知性的壁垒。制度性、认知性的壁垒也正是部分高校和科研机构无法就近形成产学研合作网络的原因。

2) 适应多维邻近性的链接思维

为适应创新网络的多维临近性,在产业集群的组织方式上应确立超越集聚的链接思维。在大规模、快速增长的经济环境中,产业集群的空间组织方式主要以"集聚"效应为目标,增加园区数量和用地规模,加大基础设施投入和政府服务的集中覆盖率,吸引和激励企业集中布局,进而提高土地利用效率与经济产出规模。集聚思维导向下的空间规划能够有效降低成本、提高规模效益与空间供给效率,支撑经济的快速增长过程。但是,集聚思维推动下的空间增长并不会精准地促进本地创新网络的形成,显然是较为粗放和初级的产业集群组织方式。在创新型发展的经济环境中,产业集群的核心价值是提供开放式创新协作的便利环境,因此,空间规划需要根据创新网络的需求特征,确立起链接思维。在规划中有意识地弥补本地创新资源缺失的短板,有针对性地引入和打造具有网络组织效应的功能性载体,不断丰富创新主体的类型和创新合作的可能场景,营造开放合作的集群氛围。通过"绣花针"式的精巧织补,形成向内密集联络、向外广泛开放的创新网络,从而推动创新集群的生成与升级。

6.3.3 空间营建:超越生产的场域思维

1) 崛起的创意人群与社会指向性

创意人群对于创新经济的决定性作用日益成为社会共识。创意人群对于创新经济的驱动作用,重构了创意人群的流动逻辑和城市价值。创意人群的流动不再受制于由企业(就业)分布所决定的单向逻辑,而呈现越来越显著的社会指向性,并推动了人们关于城市价值和人居环境的重新思考。城市舒适性理论、创意阶层理论都从不同的角度论述了驱动创意人群流动、发展的社会指向性要素。尽管针对创意阶层群体特征的生活(包括生存与发展)诉求尚未形成统一认识,但城市整体社会氛围对传统企业区位论的替代和丰富已毋庸置疑。对城市空间的社会属性和人本价值的重视和倡导,不仅仅是出于人文关怀的觉悟,更是对创新驱动逻辑的把握。

2) 适应社会指向性的场域思维

为适应创意人群流动和发展的社会指向性,在城市的营建方式上应确立超越生产的场域思维。在传统资源要素驱动的经济环境中,城市的发展依赖产业空间等生产性要素的大规模供给。新中国成立以来的相当长时期,受制于薄弱的经济基础和增长主义发展模式,城市更多地被视为经济生产的载体,城市的发展与建设凸显了重"生产"轻"生活"、重"资本"轻"人文"的特点,以生产为核心的各类产业园区是空间供给与规划的重点。在创新型发展的经济环境中,创意人群成为启动创新经济的核心要素,创意人群的"稀缺性"日益凸显,城市间、国家间的人才争夺战愈演愈烈,"招才引智"成为继"招商引资"之后城市间竞争的新内容。营造具有吸引力的城市社会氛围,进而集聚、培育创意人群并推动创新经济的发展,这无疑是城市实现创新超越的必然路经。因此,空间规划需要确立场域营造的思维,不仅"满足人民对美好生活的向往",更要敏锐地捕捉创意阶层的人群在生存和发展过程中对于特定社会关系的需求特征,营造与之相互契合的空间系统,为之提供有吸引力、有承载力、有塑造力的创意氛围。

6.3.4 空间方案:超越形态的制度思维

1) 集成的政策工具与创新诉求的差异性

在治理现代化的目标之下,空间规划面临着重大的重塑契机。机构改革和国土空间规划体系的建构是新时代空间规划的制度前提和治理基础。随着机构改革尘埃落定和国土空间规划顶层架构的基本定型,原来分属于不同部门的空间规划权责得到了集成。在此之前,空间治理的不同政策工具分散在不同部门之中,例如,土地的产权及其交易规则的制定归属于国土部门,而城镇用地的建设开发管制更多地归属于规划部门。相比于土地利用规划和城乡规划,国土空间规划无疑将成为更具系统性、全面性的公共政策,也有条件成体系地运用丰富多元的政策工具。国土空间规划能够更加充分、更为全面地介入空间供给、用途管制、产权交易等制度设计之中,且更为有力地影响国民经济和社会发展。在经历过机构改革之后,空间规划应当且能够成为推动创新经济最为有力的空间治理手段。

尽管空间规划的治理基础正趋于完善,但在助推创新经济的过程中,它面对的挑战也依然严峻,突出地表现为不同主体之间创新诉求的差异化。面对创新的不确定性和非线性,不同主体对于创新的态度将出现分异,创新发展的诉求差异将不断显现,并有可能产生摩擦与矛盾,影响空间规划的有效实施。相比于快速增长时期,社会各界持有高度一致的"增长"共识。创新所带来的变革必将受到旧有思想、传统路径以及既得利益的阻碍和反对。不同层级的政府之间、政府与市场之间都极有可能出现创新诉求、创新认知方面的差异。在建构创新经济的过程中,将可能影响到市场的既得利益主体,导致部分主体(例如传统企业)利益的损失;而地方政府也将更加直接地面对着发展路径转型带来的经济、社会阵痛。因此,需要更为精细、有差别的空间治理方式,在推动空间实践的过程中或求同存异或强制规训,以促成创新的共识和一致性行动。

2) 应对诉求差异性的制度思维

为适应创新诉求的差异性,在空间方案的设计上应确立超越形态的制度思维。在快速增长的经济环境中,空间增长与经济增长呈现极高的相关性。而增长作为一个持续大增量的过程,较少涉及既有利益结构的调整,能够广泛地调动主体积极性并催生利益共同体,政企联盟的增长也正是在这样的背景下出现。由于存在增长的共识,以城乡规划为代表的空间规划并不需要太多地考虑空间实践的动力问题,也不需要过多关注增长过程中的治理矛盾,而主要从开发形态角度来确定空间增长的基本规则。在创新驱动发展的经济环境中,面对不同主体之间的诉求差异,空间规划必然需要更加深入地思考和介入空间实践的政治经济过程。空间规划的方案不能仅停留于物质形态,而更应该涉及支撑空间实践的制度设计,形成一套拥有丰富政策工具的治理方案。空间规划需要充分考虑到增量土地开发权的分配(用地指标的分配和使用权交易)、存量土地发展权的交易(尤其是市场自主进行存量用地再开发的过程)、新型用地类型和供地形式的设计(新产业用地和定制地政策等)以及存量用地考核等制度设计与创新经济的积极互动。将空间规划的形态方案与地租的调整、产权的调整等政策区划相结合,以制度设计影响主体在创新经济环境中的决策与行动,激发不同主体协同推动创新经济的积极性。

6.4 面向创新经济的空间规划重点

6.4.1 以柔性管控激活创新空间

以柔性管控激活创新空间,就是要通过管控标准、管控对象、管控过程的柔性化设计,满足创新经济对于空间日益多样化的诉求,充分释放空间的新经济潜力。在保障原则性、基础性的刚性约束的基础上,积极提升空间管控的灵活性。①通过土地使用的兼容性、空间置换的动态性来体现管控标准的柔性。增加土地使用的兼容比例和可选类型,通过设置限制性清单的方式,开放土地复合利用的可能性;针对新型产业用地应允许制造业与商务、办公和公寓进行一定比例的混合,融合研发、创意、设计、中试、无污染生产等创新功能以及相关配套服务。通过使用权交易、发展权让渡的制度完善,降低存量空间再利用的实施难度,提升创新企业参与城市更新的积极性。②通过设置管控政策的试点地区来体现管控对象的柔性。尤其针对乡村、生态化地区等具备一定创新经济发展潜力但也存在较复杂矛盾和较高敏感性的地区,要谨慎积极地处理好创新发展、生态保护和社会公平等多维目标;做好增量用地开发的适度、高质量预控,同时促成存量用地的率先、有序更新;探索非集中连片但有机组织的创新型产业空间开发模式。③通过定期的规划评估与及时的专项研究来体现管控过程的柔性。面临创新经济将带来的更为复杂的不确定情景,需要建立常态化的空间规划动态评估机制,定期反思规划的管控方式,检讨和总结对创新经济的适应性;针对创新发展过程中涌现出的空间新现象、新问题,应该及时形成专项规划或研究的支撑体系,不断学习、认知创新经济驱动的城市发展规律,保持规划调整与市场反馈的密切互动。

6.4.2 以创新网络链接创新集群

1) 植入需求驱动的创新链接点

植入需求驱动的创新链接点(或者称为"链接型空间"),就是要通过打造企业—政府—高校以及科研机构(政产学研)联动的创新合作载体,引入外部创新资源并内化地方性的创新网络。当前,中国大量的传统企业和产业集群存在创新升级的需求,但是缺乏建构开放式创新网络的能力,尤其是产学研的合作网络。许多产业集群成长于以低成本为优势的草根环境中,本地的创新资源匮乏。即使在同城或则邻近地区布局有高校、科研机构,也极有可能在科研方向上与本地产业集群不相匹配。此外,不同创新主体之间还存在信息的不对称以及机构性质、价值诉求的差异,使得建构创新网络的交易成本较大。这极大地限制着企业参与产学研合作的积极性,对于中小企业的影响则更为明显。发达国家已经凭借一套比较完善的科技中介服务体系来加速科技成果的转化,但是在中国科技中介服务体系尚不发达,政府的治理作用就显得尤为必要。为了克服创新网络的组织痛点,空间规划应该基于创新升级的地方诉求,主动引领创新网络的链接工程,积极布局以创新合作载体为主要形式的创新链接点。创新合作载体是由政府牵头,以整合高校、科研机构的研发实力与企业创新需求为目标所形成的协同创新实体。它是具有明确网络链接属性的功能性空间,也是共性创新需求的交流平台和创新基础设施。创新合作载体可以由某一高校或科研机构的分支机构负责运作和管理,也可以由政府派出机构对多个外部创新资源进行统一整合,形成广泛的共建关系,并进一步集成中介咨询、金融、检测等专业服务功能。相比于产业集群的整体形态,创新合作载体往往仅是一个小微空间,却能成为撬动集群创新的战略支点,实现对既有产业集群的"创新修补"。空间规划应该重视对创新链接点的发展引导和建设布局,根据本地产业集群的现实诉求,明确引进的外部合作对象,根据外部创新资源的特性和空间需求设计相应的用地条件以及资金、税收等集成的政策优惠包,打造具有较强政策性和网络组织性的创新驱动空间。

2)营造开放联动的创新融合区

营造开放联动的创新融合区,就是要围绕具有创新带动能力的龙头企业、高校和科研机构,形成以功能多元紧凑、弹性调整为组织特征的创新型地区。通过生产和生活融合、机构与企业共生、高成本与低成本交织的空间基底设计,强化既有创新网络、激发潜在创新网络。一方面,创新融合区的营造应该满足创新网络对于空间多样性的需求,注重研发、孵化等各类创新活动空间、居住和相关商业、公共服务空间的混合,促进研、住、娱融合发展,以营造丰富开放的社交氛围,提高非正式的创新合作机会。除了功能类型的多样性外,创新融合区的营造还应该注重发展阶段的多样性,为企业成长和人才发展的不同阶段提供较宽谱系的空间选择。另一方面,创新融合区的营造应该更加强调空间用途管制的弹性应变能力,注重增量扩张和存量更新的统筹协调,在土地性质、主体建筑结构不变的情况下,尽可能地放开用地功能的管制。区别于孤立的、形态均质、功能单一的传统产业园区,创新融合区是更具有"雨林"特质的都市型空间单元。空间规划应该推动创新融合区作为创新集群的主要建设形态,这既是对传统产业集群方式(园区建设)的内涵提升,又是超越于传统产业空间类型的外延拓展。

6.4.3 以创意场域发展创意人群

1)建构包容性的住房供给方式

建构包容性的住房供给方式,就是要通过政策性住房的科学供给以降低居住成本,弥合高房价与创意人群住房支付水平间的差距。尽管针对人才安居的货币补偿政策也是城市政府降低人才居住成本的重要手段,但政策性住房的供给无疑是力度更大的空间治理方式。相比于普通商品住宅,政策性住房的租赁和购买价格更低,相应地也有更加严格的适用条件和更加封闭的产权交易管理方式。政策性住房的供给应以较强针对性、较广覆盖面、较多层次性为基本原则,为各类创意人群(外来人口)提供先落脚后发展、先租后买、先安家再改善的成长性安居情景。空间规划应该:根据城市自身的房地产状态,推动政策性住房体系的合理建构与布局;不断加大政策性住房(用地)的供给比例,甚至确立政策性住房在新增住房供应体系中的主体地位;注重政策性住房与普通商品房在空间上的混合配置以及在战略性创新地区的先导布局,与创新空间形成良好的职住关系;通过增量用地开发、城市更新以及区域合作等方式实现政策性住房的多渠道供给。

2) 塑造共享性的创意体验空间

塑造共享性的创意体验空间,就是要通过城市设计、城市双修等空间规划手段,以开放共享的公共空间为主要媒介,将城市空间的建设实践作为重要的文化艺术创作过程,动态、持续地提升城市创意文化品位。创意体验空间的塑造,应以创意设计团队、公众尤其是本地创意人群的充分沟通为前提,形成体现地方特色的文化符号,并在公众参与的过程中提升大众的空间文化品位和文化创造力;应该统筹建设大型标志性公共空间和融入日常生活的社区创意"微"空间,推进创意公共空间的体系化建设和全域渗透,将公共空间塑造为不断创造新文化、激发新创意、激活新业态、孵化新项目的创意综合体,提供广泛覆盖、丰富多元、系统链接、充分交往的空间体验。同时,积极促成城市空间建设实践与文化展示、城市形象展示等大事件的结合,积极运用和融合移动互联网、虚拟现实(Virtual Reality,VR)等虚拟空间体验方式,打造城市空间的时尚热点。

3) 塑造高质量的创意职业空间

塑造高质量的创意职业空间,就是要结合创意阶层的职业发展需求,规划建设环境品质和服务质量良好的各类职业空间,例如创意办公、创业孵化、技能提升等空间。在这个过程中需要充分考虑创意阶层的不同职业特点、不同行为特征对于空间功能的差异化需求。同时要充分利用城市既有的各类创新网络,并参与建构潜在创新网络,在空间布局上尽可能靠近城市的创新锚点或城市生态环境较为优越的地区。结合个体"微"创新的特点,充分利用存量空间,在低成本改造(而非一味地大拆大建)的基础上,提供成本不高、体验独特(极简风、工业风、田园风等)的创新空间。

6.4.4 以制度设计支撑创新实践

以制度设计支撑创新实践,就是要通过用地考核机制、土地产权体系等制度设计,激发不同主体(各级政府之间、政府与市场之间)参与创新实践的主动性,促成创新经济的空间治理联盟(创新共同体)。①形成以创新为导向的用地考核体系与奖惩制度。探索形成亩均效益、全要素生产率等反映创新能力和创新发展趋势的指标评价体系。将用地的创新效益评价作为用地指标(在政府内部纵向)分配的重要依据;将用地指标向创新效益评价较好的地区倾斜,推动有创新治理能力的地方政府、有创新发展条件的城市在构筑创新经济的过程中发挥引领和示范作用;将用地的创新效益评价作为政府向企业让渡土地使用权和发展权的重要依据,将新增用地供给向创新效益评价较好的企业倾斜,鼓励创新效益评价较好的企业参与存量用地的再开发过程;将用地的创新效益评价作为政府向存量企业差别化实施创新扶持和倒逼政策的基本依据,配套实行经营税费、财政投入等政策性工具,推动存量企业转型升级。②形成以创新为导向的战略性政策试点区。前瞻性地预判创新潜力较大的地区,进行特色意图区的划定并配套相应的试点政策,并将其与城市总体空间结构的优化相结合。尤其应该关注如下几类地区:以高校、科研机构、龙头企业周边地区为代表的创新源头区;以生产、生活配套完备但经营不善的传统产业区为代表的成本洼地区;具备高品质的生态、人文风貌的景观价值区;公共空间密集、交通便利的交往枢纽区。针对这些地区通过多种特殊政策的先行试点,促成存量用地率先有序更新和灵活使用,保障增量用地优先服务于创新企业的研发、经营需求,进而形成创新经济的触媒空间和城市的战略性创新空间。

7 因地制宜：战略性创新空间的规划应对

战略性创新空间的规划建设是城市提升创新竞争力的重要空间治理手段。在快速增长时代终结、大部分城市空间框架业已拉开的宏观语境下，在既有的城市格局中大规模地另起炉灶、布局纯粹增量的战略性创新空间，往往并不符合创新发展的实际需求。更多的情景是在创新经济的目标导向下，对原有规划、建设的空间进行再组织、再提升，在已有的蓝图和一定的现状基础上，进行空间增长、更新与腾退的重新调整。位于城市中不同区位的战略性创新空间，往往有着各自不同的发展基础，承载着不同的城市预期，也面临着不同的现实发展矛盾。因此，需要通过规划（研究）因地制宜地运用创新思维，适应性地调整规划建设重点，为地方的创新发展注入规划动能。本章将以南京江北新区和紫金山科创带两个战略性创新空间的规划研究案例为主要内容，探讨在城市新区、都市近郊地区等不同实施场景中的规划应对。

7.1 城市新区的创新升级：以南京江北新区（直管区）为例

南京江北新区位于南京市长江以北，是江苏省唯一的国家级新区。自2015年获批国家级新区以来，江北新区先后提出了"自主创新先导区""全省科技创新策源地""创新名城先导区"等定位，可以说"创新"是江北新区自设立以来一以贯之的主题目标。直管区是南京江北新区的核心地带，覆盖了江北新区最主要的产业资源、创新资源和空间资源，面积约为386 km²，同时也是中国（江苏）自由贸易试验区南京片区的主要承载区域，是"双区叠加"的政策高地。在江北新区筹建之初，南京市就组织编制了体系完善、类型丰富的空间规划（表7-1），为江北新区的启动建设提供了切实的保障。得益于规划的引导，江北新区基础设施的建设速度极快，在短时间内就拉开了城市框架，改善了原本落后的交通情况和环境品质。然而，在持续推动创新的过程中，传统的空间供给模式与新产业、新人群需求之间的矛盾也不断加剧。相较于国内其他创新先发地区，面对日益变化、不断涌现的创新发展新需求、新特征，江北新区尚未形成系统性的创新型城市新区规划思路，实质性的土地供给政策也尚待突破、落实。作为江苏独一无二的特殊政策区，江北新区有条件也有责任实践创新发展的"江北模式"，主动探索空间供给的新模式、新政策，积极打造南京、江苏省乃至全国空间供给政策改革创新的先行区。

表 7-1　南京江北新区编制的主要规划(截至 2019 年)

序号	规划名称
1	南京江北新区总体规划(2014—2030 年)
2	南京江北新区桥林新城总体规划(2015—2030 年)
3	南京江北新区绿色空间及绿地系统专项规划(2016—2030 年)
4	南京江北新区中心区城市设计
5	南京江北新区中心区"小街区、密路网"专项规划
6	南京江北新区雄州中心区城市设计
7	南京江北新区六合雄州老城城市更新
8	南京江北新区浦口珠江片区城市更新
9	南京江北新区大厂片区城市更新
10	南京江北新区桥北地区城市更新
11	南京江北新区棚户区改造行动规划

7.1.1　基础特征:高位体制驱动的创新突破

1) 体制机制红利驱动创新突破

长期以来,南京市的总体社会经济格局以长江为分水岭,呈现明显的南强北弱。江北新区在设立之前,其所在的六合区、浦口区虽然均设立若干产业园区,但是整体经济实力和创新潜力并不突出。随着江苏省唯一的国家级新区、中国(江苏)自由贸易试验区南京片区等重大政策区的落地,江北新区向市场、社会传递出了先行先试的政策预期。而直管区、协调区等空间治理边界的重新划定和事权调整,进一步凸显了省、市两级政府对于江北新区高位运作、自主创新的支持决心。针对江北新区的一系列扶持政策相继出台(表 7-2),持续优化创新创业的营商环境,强化了市场、社会对于江北新区创新发展的信心。尽管各类政策的普惠化趋势越来越明显,许多政策条款极容易被复制、普及,一些太过超前的政策设计又难以短期落地,但体制机制的高位设置仍然成为江北新区创新发展最核心的驱动因素之一。笔者大量走访了江北新区各园区的管理者、创新企业家、高层次创新人才等创新主体,各类主体均表现出对新政策、新机制的认可和期待。如中央商务区的管理者表示:"国家级新区、自贸区批复以后,入驻江北新区的企业数量显著增多、质量显著提高。"生物医药谷的创新企业家反映:"医药产业相关的政策有一定优势,期待作为一个新生的国家级新区能够有更加超前的政策扶持。"研创园的管理者表示:"企业普遍对于江北新区的发展前景有很高的预期,特别是科技型的中小企业都争相来新区落户,希望能够与江北新区共同成长。"

表 7-2　南京江北新区发布的主要促进创新发展的政策梳理(截至 2019 年)

政策类型	政策名称
区域战略	《关于印发〈南京高新区加快苏南自主创新示范区建设若干政策〉的通知》
人才计划	《关于印发〈"创业江北"人才计划十策〉及实施细则的通知》
	《关于印发〈南京市江北新区企业博士安居工程实施办法〉的通知》
	《关于印发〈关于优化升级"创业江北"人才计划十策实施办法〉及实施细则和有关办法的通知》
产业支持	《关于印发〈江北新区产业科技金融融合创新先导工程("灵雀计划")实施办法(试行)〉的通知》
	《关于印发〈南京江北新区加快建设扬子江新金融集聚区的若干意见(试行)〉的通知》
	《关于印发〈南京江北新区集成电路人才试验区政策(试行)〉的通知》
总体发展计划	《关于印发〈南京江北新区建设具有全球影响力创新名城先导区行动计划〉的通知》
	《关于印发〈南京江北新区深化创新名城先导区建设提升创新首位度实施方案〉的通知》
知识产权	《关于印发〈南京高新区知识产权促进资金管理暂行办法〉的通知》
	《关于印发〈南京江北新区知识产权强区建设三年培育计划(2018—2020 年)〉的通知》
	《关于印发〈南京江北新区知识产权专项资金管理办法〉的通知》
创新服务	《关于印发〈南京高新区众创空间认定和管理试行办法〉的通知》
	《关于印发〈南京江北新区促进创新创业十条政策措施〉的通知》
	《关于印发〈南京江北新区高新技术企业培育支持办法(试行)〉的通知》
	《关于印发〈南京江北新区促进服务贸易创新发展的若干政策(试行)〉的通知》
	《关于印发〈南京江北新区科技创新平台引进培育支持办法(试行)〉的通知》
	《关于印发〈南京江北新区科技创新券管理暂行办法〉的通知》

江北新区的设立驱动了各类创新要素的爆发式增长(表 7-3)。截至 2019 年,从高新技术企业数量来看,江北新区(直管区)现有高新技术企业中,在新区设立以后新认定的高新技术企业,占总数的 78.6%;从创新孵化机构数量来看,新区设立之前江北新区(直管区)范围内仅有企业孵化器 6 家、众创空间 1 家,新区设立以后新认定的企业孵化器和众创空间数量分别为 12 家、35 家,占总数的 66.7%、97.2%。此外,近年来江北新区(直管区)在全市中的创新重要性也同步得到巨大提升。以高新技术企业为例,新区设立以后江北新区(直管区)范围内的高新技术企业数量占全市的比重稳步提升,由 2014 年的 14.4%增加到 2019 年的 17.5%(图 7-1);截至 2019 年,各类创新要素数量均位居全市第二(图 7-2)。

表 7-3　新区设立前后江北新区(直管区)范围内各类创新要素数量变化(截至 2019 年)

创新要素类型	新区设立前数量	新区设立以后增加数量	当前总数	新区设立以后新增数量占比/%
高新技术企业	158	582	740	78.6

续表 7-3

创新要素类型	新区设立前数量	新区设立以后增加数量	当前总数	新区设立以后新增数量占比/%
新兴科技企业	0	42	42	100.0
企业孵化器	6	12	18	66.7
众创空间	1	35	36	97.2
新型研发机构	0	46	46	100.0

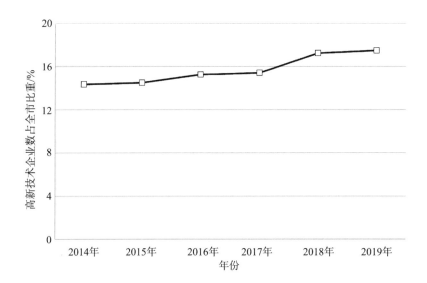

图 7-1 江北新区(直管区)高新技术企业数量占全市比重变化

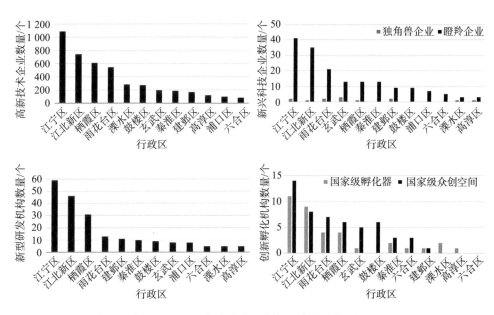

图 7-2 2019 年南京各区创新要素集聚情况

7 因地制宜:战略性创新空间的规划应对 | 179

江北新区(直管区)以高质量建设"两城一中心"(芯片之城、基因之城、新金融中心)为产业方向,创新要素高度集中于信息技术产业和生命健康产业之中。在高新技术企业中从事信息技术和生命健康产业的企业数量总占比达到52%,其中信息技术类占比最高(图7-3),说明信息技术类的成熟创新企业更多。在新兴科技企业、新型研发机构中,信息技术产业和生命健康产业相关的机构数量总占比分别达到71.4%和52.2%,其中生命健康产业类占比最高(图7-4),说明生命健康产业创新孵化的潜力更大。

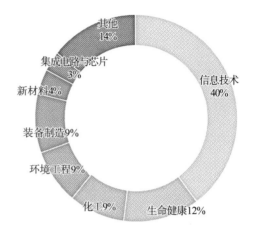

图7-3 江北新区(直管区)高新技术企业数量的产业门类构成

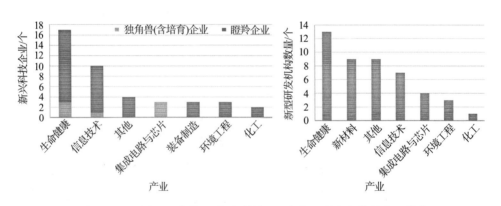

图7-4 江北新区(直管区)新兴科技企业与新型研发机构的产业分布

2) 国际化、高端化的特色突出

国际化是江北新区(直管区)创新发展过程中的突出特点。各类国际化人才(具有海外学习或工作、生活背景)荟萃,截至2019年,累计吸引高层次人才超过1 850名,国际化人才占比达1/3,其中诺贝尔奖得主2名。"海归派"已成为重要的人才生力军,海归创业趋势明显,截至2019年,区内1/3的培育独角兽企业由海归高层次人才创办。此外,众多服务平台、新型科研机构、产业项目的落地都是基于与海外知名机构的创新合作,依托于国际化的创新网络、创新资源。例如,与南京集成电路产业服务中心、新思科技(Synopsys)、楷登电子(Cadence)、门拓电子科技(Mentor)、杭州中天微等企业机构就人才培养项目开展深度合作。国际健康城中的江北大众健康科创中心项目，依托美国孤独症康复研究中心、哈佛医学院长木消化肿瘤研究中心、加拿大萨斯喀彻温大学疫苗和传染病组织—国际疫苗中心（VIDO-InterVac）等国外顶级医疗机构。此外，大量新型研发机构也是依托于国际外部创新资源，包括美国斯坦福大学、澳大利亚沃尔特和伊丽莎·霍尔医学研究所等（表7-4）。随着江北新区制度优势不断显现、国际影响力不断提升，国际科技型企业也正加速集聚。截至2019年，在江北新区落户的北欧科技型企业已达60余家，初步形成集聚效应。行业龙头型国际企业也纷纷设立分支结构，例如，全球数据分析领域的领导者赛仕软件公司，在扬子江新金融创意街区设立了金融科技创新中心，这也是赛仕软件公司在中国布局的第一个从事金融科技领域创新应用、产业孵化的创新中心。

表7-4 江北新区（直管区）中存在国际合作的典型新型研发机构

名称	机构运营公司	依托机构或个人
南京先进生物技术和生命科学研究院	南京盛德生物科技研究院有限公司	中国科学院微生物研究所生理与代谢工程重点实验室
南京清研新材料研究院	南京清研新材料研究院有限公司	深圳力合科创集团及研发团队
南京协同交通产业创新发展研究院	江苏广宇协同科技发展研究院有限公司	北京航空航天大学综合交通大数据应用技术国家工程实验室
南京地下空间高技术产业研究院	南京地下空间高技术产业研究院有限公司	中国矿业大学（北京）、江苏百灵天地环境设计研究院有限公司
南京先进光源产业技术研究院	费勉仪器科技（南京）有限公司	中国科学院上海光学精密机械研究所
南京资源生态科学研究院	南京沿江资源生态科学研究院有限公司	金属矿山高效开采与安全教育部重点实验室、国家环境与能源国际科技合作基地、北京科技大学工业典型污染物资源化处理北京市重点实验室
北京大学分子医学南京转化研究院	南京景瑞康分子医药科技有限公司	北京大学分子医学研究所团队
江苏省产业技术研究院智能制造技术研究所	江苏集萃智能制造技术研究所有限公司	中国科学技术大学骆敏舟团队、江苏省产业技术研究院
南京中科康润研究院	南京中科康润新材料科技有限公司	中国科学院上海有机化学研究所院士唐勇研究团队
南京融康博临床医学研究院	南京融康博临床医学研究院有限公司	瑞典卡罗林斯卡医学院肿瘤治疗领域核心团队
南京中澳转化医学研究院	南京中澳转化医学研究院有限公司	南京大学医药生物技术国家重点实验室、澳大利亚沃尔特和伊丽莎·霍尔医学研究所
雅邦绿色过程与新材料研究院	雅邦绿色过程与新材料研究院南京有限公司	中国科学院过程工程研究所邢建民团队
南京国兴环保产业研究院	南京国兴环保产业研究院有限公司	中国科学院南京地理与湖泊研究所、香港理工大学等知名专家组成的技术团队
南京碳硅人工智能生物医药技术研究院	南京碳硅人工智能生物医药技术研究院有限公司	美国医学科学院院士、洛杉矶席德-西奈癌症中心主任

续表 7-4

名称	机构运营公司	依托机构或个人
南京励智心理大数据产业研究院	南京励智心理大数据产业研究院有限公司	澳大利亚国家注册心理学家、国际 EAPA 中国分会常务理事、中国 EAP 行业终身成就奖获得者朱晓平
江苏爱谛科技研究院	江苏爱谛科技研究院有限公司	中国工程院外籍院士黄锷团队
南京可信区块链与算法经济研究院	南京可信区块链与算法经济研究院有限公司	澳门科技大学林志军团队、石宁博士
南京申友基因组研究院	申友基因组研究院（南京）有限公司	中国科学院院士、国家人类基因组南方研究中心执行主任赵国屏先生
南京医基云医疗数据研究院	南京医基云医疗数据研究院有限公司	美国斯坦福大学王永雄院士

3）板块化、楼宇化的格局初现

江北新区（直管区）内的创新空间分布较为集中，主要分布在以研创园、中央商务区、智能智造产业园、软件园、生物医药谷、化转办（新材料科技园）和枢纽办（包括南京北站枢纽经济区和江北海港枢纽经济区）为代表的七大功能板块内（图7-5）。七大功能板块内高新技术企业数量占全区总数的87.7%，新兴科技企业数量占全区总数的97.6%。不同类型创新要素在各板块的分布又略有不同（表7-5）。从高新技术企业的空间分布

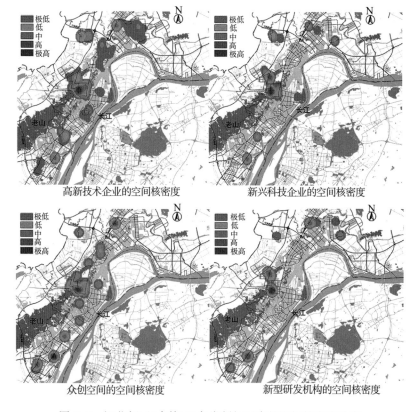

图 7-5　江北新区（直管区）各类创新要素的空间核密度分布

来看,软件园和化转办(指化工产业转型升级工作办公室)内最为集中;从新兴科技企业的空间分布来看,软件园和生物医药谷内最为集中;从创新孵化机构的空间分布来看,它们主要集中在软件园、研创园中;从新型研发机构的空间分布来看,它们相对均衡地分布在软件园、研创园、化转办、生物医药谷及与之紧邻的智能智造产业园内。

表7-5 主要创新板块要素集聚水平的比较

板块分布	创新型企业	创新孵化机构	新型研发机构
软件园	++++	+++	+++
研创园	++	+++	+++
化转办	+++	++	+++
生物医药谷	+++	+	++
中央商务区	+	++	—
智能智造产业园(中山园区)	+	+	+
智能智造产业园(医药谷片区)	+	+	++

注:+ 代表相对集聚度,其数量越多表示相对集聚度越高。

创新的楼宇经济形态尤为显著,典型代表如软件大厦、动漫大厦、创智大厦、孵鹰大厦、腾飞大厦、新材料科技园研发中心等。全区所有的高新技术企业集聚在约 11 km^2 的地块内,其中,总面积不到 1 km^2 的典型楼宇(10家以上高企)集聚了超过 40% 的高新技术企业(图7-6)。新区设立以后新成立的高新技术企业中有 85% 分布在创新要素高度集聚的典型楼宇之中。

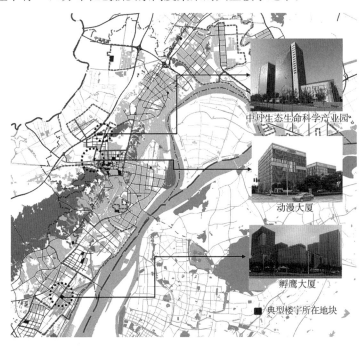

图7-6 江北新区(直管区)典型楼宇所在的地块分布

7.1.2 现实矛盾:城市新区的新需求与旧模式

1) 创新项目的集聚密度仍有待提升

虽然经过了一段时间的快速发展,但江北新区(直管区)中创新项目的总体集聚密度仍然较低。以高新技术企业的分布密度为例,江北新区(直管区)与深圳南山区以及上海张江高科技园区等先进高新区相比,仍然较低(表7-6)。此外,具有核心带动引领作用的创新锚点机构尚未出现。所谓创新锚点,是指在宏观经济周期中具有机遇抓捕能力和区域带动能力的龙头型企业或科研单位,是启动城市创新发展的关键引擎。正如创新"新四军"(阿里系、浙大系、海归系、浙商系)之于杭州,华为之于深圳,斯坦福之于硅谷,等等。对江北新区(直管区)而言,政策、资金、体制机制等多方面的优势已经为其创新系统的搭建奠定了充分的基础,但江北新区(直管区)内目前尚未出现明确的创新锚点,富有活力的创新网络和具有竞争力的创新集群仍待培育。由于创新锚点的形成具有一定偶然性,因此,江北新区(直管区)在未来仍需要进一步去招引、培育创新主体,做大创新要素集聚规模且提升创新网络的密度,主动为创新锚点的形成创造更大的可能性。

表7-6 不同创新地区中高新技术企业分布密度比较

类别	面积/km^{-2}	2019年高新技术企业数量/个	2019年高新技术企业分布密度/(个·km^{-2})
江北新区(直管区)	386	740	1.92
深圳南山区	182	3 500	19.23
上海张江高科技园	80	685	8.56

2) 控规对于创新需求的适应性不足

国际化创新要素的集聚,意味着对土地利用更为迫切的高端需求,新业态、新需求与传统空间规划管理的矛盾也更加突出。江北新区设立以后,经历了大大小小多轮的控制性详细规划(简称"控规")整合与调整,尤其是增量空间相对较多、功能地位相对重要的中央商务区等板块,其规划调整的诉求更为迫切。例如,为了破解中央商务区由于原有控规在功能混合、公共设施配套等方面的前瞻性不足,2019年江北新区就专门启动编制《江北新区中央商务区融合规划暨行动计划》,将其作为控规调整的前期研究。然而,类似的控规调整与研究却无法根本解决现行控规刚性管控方式与市场的不确定性间的矛盾。例如,依据现有的土地管控模式,国际健康城内的医院用地参照的是"三甲医院"的管控标准,不允许混合其他服务用途。然而,对标迪拜国际健康城等全球知名医学中心可以发现,它们均是将医疗服务与科学研究、医学培养、康养休闲、时尚购物等相结合的"健康产业综合体"。国际健康城片区的现有控规方案不支持健康全产业链的实现,对商务和研发、商业服务等功能的融合发展考虑不足,在用地兼容性上存在显著约束。严苛僵化、不能与时俱进的用途管制,将导致产业机遇的流失、空间资源的浪费、空间魅力的缺失。实践中类似的政策矛盾和对控规调整的迫切需求,在江北新区屡见不鲜。可以预见,面对未来不断涌现的新业态及伴生于此的新空间需求,用地规划与管控将面临更为巨大的挑战。

3)开发模式未从"园区"升级为"城区"

21世纪以来,全球经济进入创新驱动的发展阶段,知识经济与科技创新成为城市经济可持续发展的核心动力。越来越多的高新技术中心、创新创业企业快速地向中心城区集聚,出现在生活气息浓郁、文化创意活跃的"酷"城区中,即创新正在从"产业园区""科学孤岛"向"城区"迁徙。2014年,美国布鲁金斯学会(Brooking Institution)首先提出了"创新城区"的概念,认为创新城区是全球创新空间由"园区"走向"城区"大趋势下的产物,是一种刺激城市增长与发展的新路径,通过引入新的经济活动和创新生态,可以对衰败城区、旧工业区、滨水旧码头等区域进行再次开发。总之,与传统的产业园区不同的是,创新城区是一种"城市知识地区",这里不仅集聚了大量的知识型机构,还享有了丰富的公共空间、社区活动空间等城市服务功能,具有高密度、功能多元复合等特点。然而,从用地形态和开发模式上看,江北新区总体而言仍然像是多个"标准化"高新园区的拼贴组合,缺乏能够激活创新交往、创意生活的城市体验。突出体现为:

其一,功能混合度低、社区体验感弱,尚未形成产、住、娱等一体化的创新融合区域。大部分生活服务类设施与主要创新型产业板块"泾渭分明"(图7-7),而实际上园区中的各类人才对于提升园区公共空间建设品质、增加配套功能种类和面积的需求均较为迫切。此外,更需要注意的是,不同职业类型的人才对于空间需求还存在一定的差异,这在笔者发放的200多份问卷中有较为显著的反映(图7-8):信息技术人才对于咖啡馆、便利店等交往型商业空间的需求较突出;金融人才对于会议中心、高端宾馆等商务空间的需求较突出;而生命健康人才对中试车间以及生活服务等配套空间的需求较突出。因此,江北新区(直管区)的创新发展要面向新生代,回应人的需求升级;既要根据人才的共性需求"均等化"配置基本功能,同时要考虑不同类型人才的个性需求"定制化"配置专业功能,通过各类配套功能空间的合理布局,打造"混合化+品质化"的宜居宜业新社区。

其二,激发创意与交往的公共空间体系尚未成型。江北新区(直管区)的山-水基底出众,枕山滨江,兼有小山小水点缀其中,还有民国文化遗存、近现代工业遗产等人文景观。然而,创意空间对景观资源利用不足,没有形成"优质景观+创意工作空间+公共空间"的最佳空间组合。当前,江北新区已经布局有蜂巢酒店、浦口火车站民国风情小镇等若干创意空间,但空间分布零星分散,数量仍较为稀少,有许多潜力空间尚待挖掘、塑造。

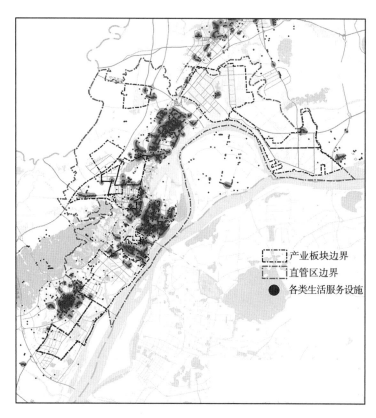

图 7-7　江北新区（直管区）生活服务类兴趣点的分布

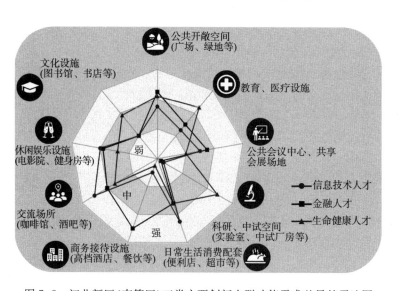

图 7-8　江北新区（直管区）三类主要创新人群功能需求差异的雷达图

7.1.3　总体构思：把握创新经济的三重"特性"

为了更好地支持江北新区（直管区）的创新发展，规划需要以创新型经济的三重"特性"为线索,建构系统的空间供给策略(图7-9)。①人的特性。创新人群代替土地、机械等传统经济要素成为核心要素,因此,需要关注创新人群对空间功能混合等的需求,关注核心创新空间向"人"的尺度收缩。②网络特性。创新网络是开放式创新模式与创新集群壮大的基本依托,因此,需要关注创新网络牵引下的创新集群形态,关注城区交往空间的网络化营建。③不确定性。创新是伴生于变革过程的不稳定状态,因此,需要关注创新企业低成本的空间利用偏好和高效率的政策反馈需求,关注传统制造业的抗风险作用。进而,从空间组织模式和空间供给政策两个方面形成规划的系统策略。空间模式包括整体格局重塑和重点片区空间优化,用以引导建设充满活力和应变韧性的创新型城区。空间供给政策包括创新空间的规划管理、用途管理、交易管理、建设管理等系统过程,用以塑造"创新成长联盟"式的协同治理关系。

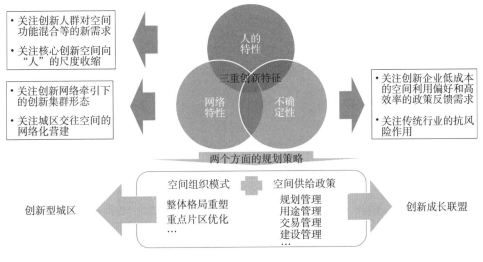

图7-9 面向创新型城区建设的空间供给策略构思

7.1.4 重塑空间:创新型城区的空间生态系统

借鉴景观生态学"斑—廊—基"模式,即"斑块—廊道—基质"模式,可以结构化演绎创新型城区的空间生态系统。"斑—廊—基"模式是关于景观空间形态的理论,是用于解释景观结构的基本模式,普遍适用于包括荒漠、森林、农业、草原、郊区和建成区等在内的各类景观。在景观生态学中,"斑块"(Patch)是景观格局的基本组成单元,指不同于周围背景的、相对均质的非线性区域;"廊道"(Corridor)指不同于周围景观基质的线状或带状的景观要素,一般可分为线状廊道、带状廊道和河流廊道;"基质"(Matrix)指景观中面积最大、连接性最好的景观要素类型。"斑—廊—基"模式在生态景观的塑造和生态系统的修复方面具有极大的应用价值,而将"斑—廊—基"模式在创新型城区的建设中进行迁移,同样具有适用性(图7-10)。在创新型城区的空间生态系统中,"斑块"指"创新街坊",是以创新源为核心,最有活力的创新集群型空间;"廊道"指"创新廊道",是连接街坊的公共空间网络,是创新交流网络的实体,也是体现城市魅力与活力的基本骨架;而"基质"则是指"创新基底",是保障人才高品质生活和产业转化的支撑性空间。

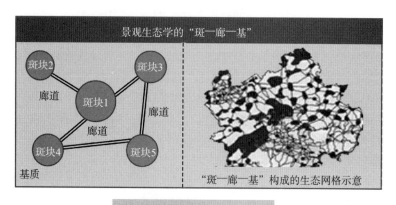

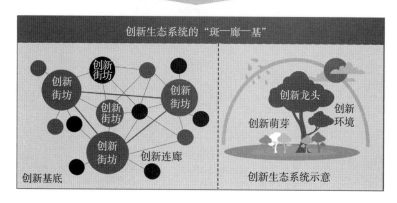

图 7-10 "斑—廊—基"理论的创新迁移

1) 斑:四类创新街坊

"创新街坊"是创新型城区空间生态体系中的核心斑块,是提升江北创新浓度、高度的关键抓手,是各类标志性创新集群的空间载体,面积通常在 3 km² 左右。根据江北新区(直管区)现有创新要素的类型与空间分布特征,可以构建创知街坊、创研街坊、创意街坊、创服街坊四类功能混合的创新街坊。四类创新街坊对应不同的主导用地功能,可以配套适量的住宅公寓与生活服务类设施。

创知街坊以高校、科研机构、重大科学设施为核心,配套学术沙龙、创业指导、企业孵化等知识共享与产业化空间。在具体用地类型上,创知街坊以科研(A35)或高等教育(A31)用地为主,以科研设计(B29a)、生产研发(Ma)以及商办混合(Bb)等用地满足孵化转化的需求。

创研街坊以各类科技型企业为核心,配套企业孵化、公共研发平台、会展酒店、人才公寓等空间。在具体用地类型上,创研街坊以科研设计(B29a)或生产研发用地(Ma)为主,以工业(M1)和商办混合等用地(Bb)满足研发转化的需求。

创意街坊以文创设计企业为核心,配套企业孵化、产品展示与销售平台、创意消费与休闲、创客公寓等空间。在具体用地类型上,创意街坊以艺术传媒用地(B22)或文化设施用地(A2)为主,以科研设计(B29a)、商办混合(Bb)等用地满足创意转化和消费休闲的需求。

创服街坊以科技金融、健康医疗等新兴生产性、生活性服务业为核心,配套企业孵化、酒店以及多元化的消费服务功能。在具体用地类型上,创服街坊以商办混合(Bb)或医疗健康(A51)用地为主,以教育科研(A3)、文化设施(A2)、商办混合(Bb)等用地满足研发和消费休闲的需求。

此外,四类创新街坊的建设还需要体现如下的共性特征:第一,鼓励横纵向功能的充分混合。在平面空间上,街坊的布局应突出宜人的街区尺度、强化功能混合,增加交往空间;在纵向空间上,可考虑将建筑首层对外开放,积极引入咖啡厅、饮品店、艺术馆等多元业态,形成非正式的交流空间。第二,强调以公共绿地、底层连廊等方式构建贯穿性的公共交往空间,为营造创新氛围、形成创新交往网络提供支撑。第三,强调灵性布局,根据周边的建成环境特点,创新街坊的形态既可以是街区式的都市楼宇型空间,也可以是灵动组团式的生态融合型空间。

2) 廊:两类创新廊道

创新廊道是链接创新交流网络的交通和休闲空间体系,也是体现城市魅力与活力的基本骨架。通过慢行系统串联各类创新斑块和高品质开放空间,形成流动的、可观可感的艺术展示地、科技试验场,使其成为展示创新成果、创新魅力的城市公共舞台。创新廊道分为山水创新廊道和都市创新廊道两类。

山水创新廊道指围绕大尺度山水空间形成的创新交往连廊,具体实施时以沿山滨水的风景绿道为载体,在串联各类创新斑块的同时,植入创意小品等公共活动空间。

都市创新廊道则以城区慢行系统为载体,将创新斑块与文化展馆、公园等公共设施进行串联,具体实施时应针对不符合慢行要求的现状道路进行绿色化改造,形成"百米见绿"的开放空间体系;强化沿街立面和街角公园的精致建设与改造,通过街景墙绘、建筑底层空间渗透等手段营造富有活力的创新氛围,同时沿道路、街角建设咖啡广场、健身驿站等多种形式的公共交往空间。此外,在有条件的区域可以率先应用未来科技成果,布局无人商店、立体云防空等先锋科技设施,打造未来智慧生活场景体验。

3) 基:两类创新基底

创新基底是对创新街坊形成支撑的系统性空间。创新基底具体包括两类:一是面向创新人群的宜居生活基底,二是面向创新成果产业化的优质生产基底。

宜居生活基底是满足各类创新人群生活需求的宜居环境,提供多元且优质的居住空间以及教育、医疗等生活服务空间。在知识经济时代,具有创造力的创意人群拥有不同于传统工业时代产业工人的生活习惯,最显著的差别在于他们追求多元的生活需求,因此,可以探索打造若干特色鲜明的社区,积极培育各具创新特色的生活文化圈。在空间上,宜居生活基底以"5分钟生活圈""15分钟生活圈"为具体形式,以工作、生活地点为核心,需要配套包括过渡性住房、国际化公寓、蜂族公寓、景观住宅在内的多种类住房,以及医院、学校、便利店、公园、健身房等公共服务和社交空间设施。

优质生产基底是为创新想法实现而服务的空间,需要涵盖充足且具有保障性质的中试和规模量产空间,要配置、保留一定规模的工业用地。

4)总体格局:三区十五坊,创联山江城

基于以上构建思路,打造江北新区(直管区)创新型城区的"斑—廊—基"空间体系,形成"三区十五坊,创联山江城"的总体格局(图7-11):整合现有各类产业园区,打造三个功能融合的创新片区,即南部的"创智引擎区"、中部的"创意门户区"以及北部的"产业基石区"。在此基础上,重点打造创新斑块,建设四个创知街坊、六个创研街坊、两个创意街坊和三个创服街坊;创新斑块之间通过两条山水创新连廊、一条都市创新连廊以及多条创新活力通道进行串联。

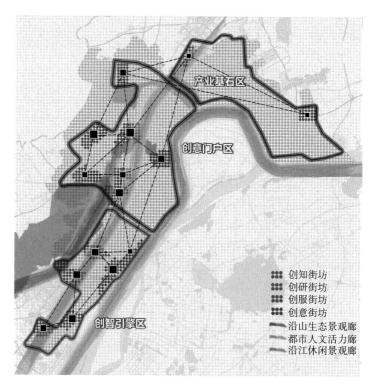

图7-11 江北新区(直管区)创新空间总体格局

(1) 三区

江北新区(直管区)规划形成南、中、北三个各有侧重,但又均保持了功能和建设多样性的创新融合片区,以"南显、中塑、北提升"为基本思路。南部"创智引擎区"以科技研发、知识创造、创新孵化为主要功能,集聚高端创新要素(源),发展新兴产业业态,将周边共建区作为生活基底进行整合,共同建设融合型城区。中部"创意门户区"以文化创意、枢纽商务、创新孵化以及都市休闲等为主要功能,推动工业遗址再利用、老旧小区创意化改造,打造枢纽经济圈。北部"产业基石区"重点保障工业生产用地底线,作为创新成果的产业化基地;同时,提升区域内化工产业的创新能力,在环境质量切实提升后,适当增加居住和服务功能,积极促进产城融合。

(2) 十五坊

在"三区"范围内,通过创新源头地带、交通节点地带以及成本洼地地带的综合分析,识别创新潜力空间(图7-12),进一步筛选15个创新街坊作为集聚创新要素的重点空间。由南向北包括浦口风情创意街坊、健康城创服街坊、金融城创服街坊、南工大创知街坊、研创园创研街坊、芯片城创知街坊、中山科技园创研街坊、南信大创知街坊、药谷新区创研街坊、南钢创意街坊、北站枢纽创服街坊、软件园创研街坊、东南大学创知街坊、化转办创研街坊、西坝港创研街坊等。在此基础上,结合四类街坊对功能混合的差异需求,对照既有片区的功能规划,因地制宜地提出功能布局优化的引导性建议(图7-13,表7-7)。

图7-12 江北新区(直管区)创新潜力空间识别

图7-13 江北新区(直管区)创新街坊分布图

表 7-7　江北新区(直管区)创新街坊的规划引导

序号	名称	面积/km²	选择理由	重点功能调整建议
1	芯片城创知街坊	3.1	交通节点和成本洼地,现状有集中可更新用地	增加商业办公等生产性服务用地,打造产业服务中心;保留部分工业厂房作为中试空间
2	研创园创研街坊	3.2	位于研创园内,景观条件好,有增量空间	鼓励现有办公空间局部改造更新,增设消费休闲、会议会展等公共服务功能;关注楼宇间的贯通,形成联通的开放空间
3	南工大创知街坊	3.1	靠近老山与南京工业大学,紧邻创新源头、景观条件好	增加科研用地和人才公寓;充分利用周边现状厂房,改造成低成本、个性化的创新创业场所;关注与老山周边公共空间的衔接
4	金融城创服街坊	2.8	区位优越,景观条件好,增量空间充足	沿江增设集总部办公、科技研发、休闲消费等功能为一体的创新空间;建议采用联合开发模式,保证空间和功能品质
5	健康城创服街坊	3.2	位于中央商务区的国际健康城内,景观条件好,有较多增量空间	布局"医疗+商业+研发"的混合用地;增加商业休闲空间,沿定山大街形成具有活力的景观商业大街
6	浦口风情创意街坊	2.2	浦口火车站旧址,建筑底蕴深、景观条件好	缩减规划居住用地规模,增加文创企业孵化、创意产品展示与销售等功能;在无明确用地需求时,采用战略预留的方式进行控制
7	东南大学创知街坊	2.4	紧邻东南大学成贤学院和老山,可供发展用地较多	重点配套创业指导、企业孵化等知识共享空间;星火路东侧结合左所大街历史街区改造发展文化创意产业
8	北站枢纽创服街坊	2.6	南京北站选址于此,现状为旧村庄和旧厂房	缩减规划居住用地,以科技会展、区域研发中心等高端生产性服务业为核心,配套科企业孵化、科技研发等创新功能
9	软件园创研街坊	2.8	位于软件园内,现状有部分低效产业用地	配套公共研发平台、商务酒店等功能,增加商业休闲空间;保留部分存量厂房作为配套中试空间
10	南钢创意街坊	3.5	紧邻长江与石头河,有大量可供改造的老旧厂房	配套企业孵化、产品展销平台、创意消费、创客公寓等空间;沿江、沿河形成集创意设计—商务展示—时尚消费—潮流居住为一体的趣街
11	药谷新区创研街坊	3.5	紧邻生物医药谷,现状基本为可用于建设的增量空间	围绕医药研发、生命科技等产业布局科研用地;增加人才公寓等生活服务功能,提升产城融合度
12	南信大创知街坊	3.5	紧邻南京信息工程大学和龙王山,可供发展用地较多	沿山、沿湖增加以科技研发为主导功能的用地;混合商业、商务空间以及人才公寓,打造具有活力的休闲廊道

续表 7-7

序号	名称	面积/km²	选择理由	重点功能调整建议
13	中山科技园创研街坊	2.4	位于智能制造产业园（中山园区）内，现状为可用于建设的增量空间	增加研发为主导功能的用地，配套人才公寓、公共研发平台等功能，提升产城融合度
14	化转办创研街坊	3.0	集聚新材料科技园、化工交易大楼等创新载体，是服务于化工产业发展的综合单元	在北部和西部片区建设高品质人才公寓；在南部片区新增公共研发平台；在化转办周边新增酒店会展等商务服务功能；研发用地中区引入企业孵化器、技术研究院等
15	西坝港创研街坊	2.3	增量空间多，是服务片区产业发展的综合单元	在南部片区增加公共研发平台、企业孵化器等空间；适当缩减北部规划的一般居住用地，置换为人才公寓和科研设施用地

(3) 创联山江城

通过"显山露水"的公共空间，连接各个创新街坊，打造促进创新交往、活跃都市生活、展现城市创新创意风貌的网络骨架；在江北新区（直管区）内形成"三廊纵贯、内连成网"的总体格局意象（图 7-14）。"三廊"包括两条山水创新连廊与一条都市创新连廊。两条山水创新连廊分别为沿老山山脉东侧的"魅力山沿"，沿长江北岸的"活力江岸"；都市创新连廊则是以江北大道为主要轴线，打造有众多标志性创新空间的"缤纷中脊"。"内连成网"指的是城区内多条创新活力通道交织，对"三廊"形成横向织补，以滨水绿道、历史街巷、时尚活力街道为载体，打造"趣街潮巷"。

图 7-14 江北新区（直管区）创新廊道空间分布示意图

7.1.5 政策保障:创新空间的规—建—管联动

创新经济的形成需要依托系统化、现代化的政府治理手段,空间供给政策是不可或缺的关键方面。空间供给政策的改革本就是创建国家级新区和自由贸易试验区(自贸区)的重要支撑,无论是上海自贸区,还是深圳自贸区,均是在设立自贸区以后,开展了大量的空间供给政策改革实践。当前,江北新区面向创新需求的空间供给政策探索尚为薄弱,应该紧密围绕新区发展的政策短板,同时为南京、江苏乃至全国探路先行。

1) 探索适应创新变革的控规管理体系

南京当前已经形成一套全面覆盖、严谨细致的控规执行与调整体系,但是伴随创新经济的多样性、不确定性,区级(包括园区管委会)层面面临越来越多创新产业项目落地的新需求,自下而上调整规划的意愿也尤为迫切。目前,南京既有的管理方法和事权划分虽然已经较为严谨成熟,但并不利于对创新经济需求的及时响应:一方面,增加了决策的工作压力和行政成本;另一方面,项目推进的时间成本、机会成本也随之显著增加。深圳、佛山等城市在近期的规划实践中,已经陆续开展了针对控规的改革探索(专栏7-1)。因此,有必要促成江北新区管委会与南京市规划与自然资源局联合进行规划体制创新,推动控制性详细规划管理体系改革,更多地将与地块开发紧密相关的调整、审批事权赋予江北新区管委会。

专栏7-1 深圳与佛山的控规改革探索

深圳前海自贸区根据"开发单元",重划市—区控规管理事权。深圳前海自贸区在控规层面采用了"开发单元管控+通则管控"的两种管控方法。其中,开发单元管控是针对成片新建或者再开发地区的管控方式,一个开发单元的面积在30—100 hm²。采用开发单元管理的地区,不是以地块为单位控制指标,而是只规定单元的几个总量指标。开发单元的控制要求由深圳市规划和自然资源局与前海深港现代服务业合作区管理局(前海管理局)共同编制,由深圳市政府在自贸区综合规划中予以批复,并且覆盖了该地区原有的法定图则。在市政府批复的规划中,市一级只对开发单元的主导功能、总建筑规模、公共服务设施等配套设施数量与规模等总体性、底线性的内容进行监管,给予前海管理局极大的自主权。前海管理局则通过编制开发单元规划,进一步细化地块层面的控制性要求。前海管理局还可以在不违反开发单元总体导控要求的情况下,对开发单元内部的各类调整进行审批。

佛山形成"单元控规+地块开发细则"的管控体系,实现分层编制、分级审批(专栏表7-1-1)。其控制性详细规划的控制对象是由多个地块形成的编制单元,而不将指标分解至具体的某一地块。控规对于编制单元的主导功能、开发总量、公益性用地(设施)、六大底线(红、蓝、绿、紫、黄、建设边界线)进行约束,由市政府组织编制并审批。单元层面是全覆盖的,提供相对刚性的框架。地块层面的管控要求由"地块开发细则"进行明确,是对单元管控要求的细化,重点对经营性用地的地块提出具体要求,由区政府组织编制并审批。值得一提的是,"地块开发细则"并不属于控规,也不是全覆盖的,而是可以跟随项目与开发的需求进行滚动编制、灵活调整。

专栏表 7-1-1 佛山市控规编制层级与管理内容

层次	对象	控制内容	编制时间	组织编制	审批权
控制性详细规划(仅指单元控规)	编制单元	主导功能、开发总量、公益性用地(设施)、六大底线(红、蓝、绿、紫、黄、建设边界线)	前置编制	原市规划局	市政府
地块开发细则(不属于控规)	街坊、地块	细化单元管控要求,重点对经营性用地的地块提出具体要求	随项目滚动编制和调整	原区规划局	区政府

在具体的实施路径上可以考虑:第一,设置"技术性修正"绿色通道,在江北新区(直管区)范围内,对未涉及原控规管理单元中主导功能的规划内容调整,列为"技术性修正"内容,由江北新区管委会负责审批,调整内容报南京市规划和自然资源局备案。第二,在自贸区范围内,效仿深圳前海自贸区的管理方式,开展自贸区控规修编,编制内容相对精简的创新开发单元控规;将地块层面的具体管控要求作为"地块开发细则",由江北新区管委会根据项目需求滚动编制、及时调整并自行审批;在"地块开发细则"中,务实地探索混合用地、"白地"等新的地类管控模式。

2)探索促进功能混合的用地管控方式

纵观新加坡和中国的深圳、上海等创新型城市,均对用地混合持积极的支持态度,但也存在着混合用地管控灵活度的差别。其中,新加坡最为灵活,以高度自由的弹性混合为特点;深圳次之,以定主导功能、松配比为主要特点;上海灵活度低于深圳,以定功能构成、限配比为主要特点(专栏7-2)。

专栏 7-2 新加坡、深圳、上海等城市的混合用地管理经验

新加坡以高度自由的弹性混合为特点。新加坡土地的开发控制分为住宅部分与非住宅部分。其中,非住宅用地的开发普遍允许功能混合,用地类型均是指地块的主要用途,而开发时可以根据开发控制手册,配置高达 40% 的辅助(或第二功能)。新加坡的开发控制手册对各种用地混合开发的功能与配比做出了明确引导。以旅馆用地为例,开发控制手册中规定旅馆用地的主导功能为旅馆及旅馆相关用途(仅客人或工作人员使用),可以配建不超过地块总建筑面积 40% 的商业(如商

店、餐厅、酒吧)。此外,为适应知识经济和新产业的发展需求,创造集工作、生活和娱乐一体的新环境,新加坡将具有极大功能弹性的"白地"(White Zone)作为可混合功能,运用在产业用地的开发管控中,并对"白色用途"的允许使用和禁止使用功能做出明确指引。在新加坡,一般的商务园用地(BP)均允许配备不超过15%的"白色用途",剩余85%则可以根据开发控制手册中的相应规定,最多配建不超过40%地块总建筑面积的辅助用途;而"商务园—白色用地"(BP-W)则允许配备高达40%的白色用途。除了与商务园用地(BP)混合外,"白色用途"还可以与B1、B2等工业用地混合,通常配置在新城开发、商业中心、交通枢纽、历史文化保护计四种类型的地段,"白色用途"部分的具体功能可以由开发商在开发经营的过程中结合市场情况进行调整。

深圳以定主导功能、松配比为主要特点。2013年深圳推出了新的《深圳市城市规划标准与准则》,增加了M0类用地,并指定了鼓励土地混合使用的开发控制规则。深圳的土地混合利用分为两个层面:第一,单一用地的混合利用,即对于单一利用性质的土地,可以在符合用地兼容性要求的前提下,根据地块出让时候的实际需求,配套30%—50%不等的其他用途设施。比如,新的标准里面允许普通工业用地(M1)和新型产业用地(M0)主导的建筑面积之和不低于总建筑面积的70%,允许附设最多达30%的仓库、小型商业、宿舍等其他功能。对于城市主中心和副中心区域内商业用地,规定了主导用途的建筑面积不低于50%;同时,其他区域商业用地,主导用途的建筑面积不低于70%,意味着最多可以配建30%的其他用途。第二,除了单一用地的混合使用以外,深圳还允许混合土地的混合使用,即在超过单一用地性质的适用用途和相关要求的,可以采用两种或两种以上主导用途组合,用地代码以"+"连接,排序顺序按照主导用途对应的用地性质从多到少排列。对于这一点,深圳还提出了常用的土地用途混合使用指引,列举出用地混合使用的常见搭配。

上海以定功能构成、限配比为主要特点。《上海市控制性详细规划技术准则(2016年修订版)》规定:当一个地块内某一类使用性质的地上建筑面积占地上总建筑面积的比例大于90%时,这个地块被视为单一用途的建筑用地。这意味着,一个地块内有两个大于占地上总建筑面积10%以上的使用性质的时候,这个地块是混合用地(类似于深圳的"混合用地的混合使用")。对于混合用地,上海市在控规中明确了不同建筑量的配比范围,而由于10%的混合比例相对较低,事实上导致了上海控规中混合用地的情况较多。混合用地在表达方式上是几个用地代码的组合,如上海市桃浦科技园的控规中,有些地块的用地代码为"C8C2Rr3",表示这是商务办公用地、商业服务业用地与三类居住组团用地的混合用地,各类用地的比例是商务办公用地最多,商业服务业用地其次,三类居住用地最少。对于混合用地的指引,技术标准也规定了适合混合与可以混合的地类。除此之外,对于特定地区,上海市在混合用地的基础上提升兼容比例,如为了支持上海张江国家科学中心建设,在张江科学城建设规划中,进一步提高了产业、研发、公共设施用地的兼容性和弹性,其中综合用途比例可提高到20%—30%。

研究建议,借鉴深圳、上海等先行地区经验,制定江北新区土地混合利用指引,明确在主导用地功能不变的情况下,各类型用地、项目可以配套开发的兼容设施,以及可以混合的用地比例上限。探索确立混合用地的地价测算规则;明确存量用地混合利用的规则和审批流程。针对符合江北新区"两城一中心"产业方向的重点项目、具有国际创新特色的项目以及创新发展潜力较大、不确定性较大的地区,执行相对宽松的用途管制,配建上限可以设置在15%以上。当然,在放松用途管制的同时,也需要强化江北新区管委会的精细导控职能,充分论证、一地一策,避免盲目配建带来的设施浪费和功能紊乱。具体可选择"大松绑"或"小松绑"的方式:

(1)"小松绑":单一地块兼容性提升的三个可选维度

第一,针对重点项目的政策松绑。对于符合江北新区重点产业名录,且经江北新区政府评估具创新价值的企业,在布局总部或其他生产性服务分支机构时所需的各类产业用地,提高土地混合使用的比例,允许配建建筑面积15%—30%的兼容设施。第二,针对特定用地的政策松绑。对于具有创新代表意义的B29和Ma用地,B21金融保险用地、B22艺术传媒用地、B32康体用地以及B9中可能涉及的新医疗等产业用地可配建建筑面积15%—30%的可兼容设施。第三,针对重点地区(创新街坊)的政策松绑,把提升用地比例的范围扩展到某一具体的空间范围,比如,在创新发展潜力较大、不确定性较大创新街坊,允许其中各类产业用地配建占总建筑面积15%—30%的兼容设施。

(2)"大松绑":进行系统性的制度重建

"大松绑"的策略,是把混合用地的管控放松放大到江北新区直管区的全境。应先明确混合用地的控规管控形式,学习深圳、上海,形成一个混合功能管控的负面清单,规定无禁止的用地类别即可混合。还可以调整创新街坊中原有控规的功能引导内容,增设两种以上主导功能的混合地块,形成更多功能的混合。此外,还应该探索在主导用途中兼容"白地"属性,发挥市场的主动性、灵活性,允许市场自主探索更多用地混合的可能性。上述"小松绑"和"大松绑"都应该建立在编制"江北新区土地混合使用指引"的基础上。

3)探索降低创新成本的土地出让方式

通过定向、定制化供地等方式,降低创新企业拿地、用地成本,是当前众多城市为吸引创新企业而进行的政策改革方向。深圳较早实施了宽谱系的重点产业项目遴选政策,识别需要重点培养、重点给予土地供给政策倾斜的企业(专栏7-3)。相较于深圳宽谱系的重点产业项目遴选办法,南京的政策覆盖相对较窄,当前主要限定在"两落地一融合"项目中。江北新区应该尽快针对"两城一中心"的主导产业以及尚未完全预见的新兴业态、未来产业,设置系统的重点创新项目认定标准(遴选条件)以及配套的特殊供地流程。通过项目遴选的正面清单形式,明确企业实际业绩、科研实力、团队人才储备等筛选重点创新项目的依据条件。具体可以包括国际影响力和行业领衔地位的评价指标、重大科技创新能力的评价指标,以及较强营收能力的评价指标(图7-15)。

专栏 7-3　深圳的重点产业项目遴选规则

深圳为了以有限的土地、较低的用地成本留住战略性产业,实施了重点产业项目的遴选办法,对符合条件的重点产业项目实施定向的、优惠的土地供给。重点项目是指经遴选认定的、对经济发展具有重大带动作用的产业项目,涵盖了各类产业用地。在土地供给方式上,对于重点产业项目,可以采用"带产业项目"挂牌出让或者先租后让方式供应,实现定向供给。在地价设定上,重点产业项目用地上除配套商业以外的建筑类型,出让底价可以按照市场价格给予不同程度的优惠。

深圳宗地的地价测算公式是:宗地地价=$\sum$(土地的市场价格×对应建筑面积×基础修正系数×项目修正系数),为了实现面向不同类型的产业差别化的地价供应手段,深圳设置了十项修正系数。其中:基础修正系数包括建筑类型、土地使用年期、产权条件、产业发展导向、产业项目类型、地上商业楼层、地下空间修正系数;项目修正系数包括棚户区改造、原农村集体经济组织留用土地项目(包括非农建设用地、征地返还用地、土地整备留用土地)、拆除重建类城市更新项目修正系数。从"产业导向修正系数"和"产业项目类型修正系数"可以看出,新一代信息技术、高端装备制造、绿色低碳、生物医药、数字经济、新材料、海洋经济等战略性新兴产业,以及优势传统产业、生产性现代服务业的修正系数为 0.5,"产业项目类型修正系数表"则鼓励重点产业项目进行两个及以上单位的联合申请(专栏表 7-3-1、专栏表 7-3-2)。

专栏表 7-3-1　产业导向类型修正系数表

序号	产业分类	修正系数
1	战略性新兴产业(新一代信息技术、高端装备制造、绿色低碳、生物医药、数字经济、新材料、海洋经济等)、优势传统产业、生产性现代服务业	0.5
2	除上述类别以外的其他产业	1.0

专栏表 7-3-2　产业项目类型修正系数表

序号	产业分类		修正系数
1	重点产业项目	遴选方案确定有两个及两个以上意向用地单位联合申请的	0.6
		遴选方案确定为单一意向用地单位的	0.7
2	一般产业项目		1.0

对于有意向引入且通过遴选环节的重点产业项目,可以采用"带项目挂牌""限地价竞税收"以及作价入股等方式进行土地供给,以有限竞争的方式降低企业的用地成本。探索以评估为主、分项目特点的土地起始价设定方式,根据产业类型、创新价值、使用方式,进行不同程度的基准地价折减。在优惠土地供给的同时,也应该特别注意限制用地企业的权利,保证用地的优惠能服务于创新产业活动,防止将产业项目用地变成地产(工业

```
┌─────────────────────────────────────────────────────────────────────────┐
│           企业或机构所处产业方向："两城一中心"+未来产业                    │
└─────────────────────────────────────────────────────────────────────────┘
                              ↓ 至少满足以下一条

┌─────────────────────┐  ┌─────────────────────┐  ┌─────────────────────────┐
│ 国际影响力和行业领先地位 │  │    重大科技创新能力   │  │ 其他经新区管委会审定的具有较强的 │
│                     │  │                     │  │      营收能力的单位          │
├─────────────────────┤  ├─────────────────────┤  ├─────────────────────────┤
│ • 世界500强企业、境内外证│  │ • 获得国家技术发明奖，国家科学│ │ • 年主营业务收入细分领域前5，由全 │
│   券交易所上市企业或其设 │  │   技术进步奖以及军队、国防科学│ │   国性行业协会证明              │
│   立的子公司          │  │   技术进步奖三等奖以上      │  │ • 上年度营收(产值)在5亿元以上且纳│
│ • 中国(制造业、服务业)企业│  │ • 国家工程技术研究中心、国家工│ │   税5 000万元以上              │
│   500强、民营企业500强 │  │   程实验室等的依托单位、国家高│ │ • 上年度营收(产值)1亿元以上且连续│
│ • 国家工业和信息化部认定的│  │   技术研究发展计划（863计划）│ │   三年营收(产值)平均增长率50%以上 │
│   制造业单项冠军示范企业、│  │   项目的承担单位、院士牵头组建│ │   的企业                      │
│   制造业单项冠军培育企业、│  │   单位                    │  │ • 承诺实缴注册资本不低于5亿元，投│
│   国家技术创新示范企业、 │  │ • 由全国性行业协会、中国科学技│ │   入次年纳税不低于5 000万元，五年│
│   国家发展改革委认定的国家│  │   术协会所属全国学会组织的专家│ │   内稳步增长                   │
│   制造业创新中心企业    │  │   论证会(专家组须有不少于2名院│ │                             │
│                     │  │   士)出具认定结果          │  │                             │
└─────────────────────┘  └─────────────────────┘  └─────────────────────────┘

┌─────────────────────────────────────────────────────────────────────────┐
│            根据不同的用地需求、产业类型进行不同程度的地价折减                │
└─────────────────────────────────────────────────────────────────────────┘
```

图 7-15 江北新区(直管区)重大创新型项目正面清单规则框架

地产或商务地产)的投机行为。可以通过签订投资建设协议强化对企业运作的后续监管,严格控制分隔出租、出让等"地产化"行为。

4) 探索促进创新交往的空间营建方式

第一,探索街坊的一体化开发方式。街坊开发是指由一家(或联合体)企业对相邻多个地块进行一体化开发,一个街坊的用地规模通常在10 hm² 以上。这样的开发模式有利于以街坊为单位,配套商业、公寓、技术服务平台等共享设施,同时形成内部联通的公共空间体系。对应街坊开发需求应该增设"街坊控制单元"的规划管控层级,明确公共绿地、慢行通廊、地下空间等配置要求,同时允许用地指标在地块内进行平衡。江北新区可以探索设计创新街坊一体化开发细则,用以明确"街坊控制单元";可采用应前导编制或滚动编制的方式,明确一体化开发情景下的规划管控要点。根据划定的创新街坊(或者选取其中某些地块),由经过审核的开发主体(包括联合体)进行试点地区的一体化开发。深圳市留仙洞总部就已经率先探索了街坊控制的规划管控模式(表7-8),在控规中划定了7个"街坊",其中3个街坊整体打包由万科集团进行统一开发。

第二,完善公共空间的捆绑开发模式。在新区的开发中,政府可以将绿地公园等公共空间,交由企业代建、捆绑开发。主要有两种捆绑开发方式:一是整体捆绑,其捆绑对象多为线状设施或绿地地块,如主要绿色廊道等,通常由沿线实力最强的开发主体进行捆绑,以利于进行一体化设计、整体施工;二是就近捆绑,一般适用于点状、面状的设施,如大型绿地、学校等公共服务设施,由设施周边的某个开发商进行捆绑开发,与出让的地块进行整体设计。在公共空间捆绑开发中,从塑造更加开放整体、具有创意活力的交往空间角度,应该允许甚至鼓励对控规的相关管控要求进行调整,

表 7-8 深圳留仙洞总部基地第一街坊的控规指标

开发单元	单元面积/hm²	强制性功能			
DY01	13.73	主导功能	总量控制/万 m²	配套设施项目名称	公共绿地
		新型产业用地(M0)	77—100	自行车存放点与换乘点(2 处)、社会停车库(400 个停车位)、公共充电站	沿南侧道路布置宽度不少于 10 m 的公共绿地
		引导性内容			
		建筑限高	公共空间	慢行通廊	地下空间
		北侧 250 m，东南侧 200 m，西南侧 150 m	附设以广场为主的公共空间，位于单元中部	两条地面通廊。其中一条通向西侧山体和东侧 DY02，一条通向南侧绿廊和北侧深职院开放空间	设置与 DY02 和绿廊的公共地下连接空间通道，单元内地块之间地下空间宜设置公共地下连接通道

打破公共空间与周边空间僵化的功能边界，创造公共、半公共、非公共空间流动、融合的整体意向。

第三，探索设立新区公共空间（或城市设计）促进中心，联动城市营建与创意活动，打造江北新区空间艺术季。参考上海、深圳等城市的经验（表 7-9），江北新区可以设立第三方机构，如江北新区城市公共空间促进中心，令其负责策划城市公共空间中的创新创意活动。这样的机构可以由江北新区的规划管理部门主管，职权相对独立，整合规划者、策展人、艺术人、设计师、企业等力量，借助专业化的组织模式提升公共空间的创意设计水平。

表 7-9 深圳、上海城市空间营建活动的举办机构

类别	深圳城市设计促进中心	上海城市公共空间设计促进中心
角色	第三方（直属于规划管理部门的事业单位）	
职能	整合社会资源，搭建交流平台（不做具体的设计），策划形成具有影响力的城市事件，将城市事件与城市空间的设计与建设相结合，提升城市公共空间的品质	
范围	城市公共空间为主	
工作内容	建筑城市双年展、设计竞赛、论坛、课题研究	空间艺术季、艺术风貌地图、空间微更新计划、城市课堂

7.2 都市近郊的创新升级：以南京紫金山科创带为例

"有风景的地方就有新经济。"生态环境优美的大都市近郊地区，开始

展现出独特的创新潜力。然而,大都市近郊区的创新崛起并非水到渠成的自然过程,如何建构全新的空间规划思路,以实现生态价值向创新价值的充分转化、推动"边缘区"向"创新区"升级,值得探讨。南京紫金山科创带的提出是南京优化全域创新空间格局、提升东部近郊空间功能品质的战略抓手。南京紫金山科创带位于紫金山以东、绕城高速周边地区的东部近郊地区,坐拥青龙山等大小丘陵山脉,生态环境优越;凭借生态、成本与交通区位等优势,已开始集聚创新要素。不过,东部近郊地区作为中心城区的边缘地带仍然存在不少发展痛点,并制约其进一步的创新升级过程。实际上,南京对于东部近郊地区的空间整合和功能提升的关注由来已久。早在2013年,为了整合科教资源、推动科技创业创新,南京市规划局就组织编制了《南京东南科技创新带规划》。时至2021年,随着中国科学院南京分院"一院四所"的迁入以及南京"聚力打造区域科技创新中心、争创综合性国家科学中心"等目标的提出,该地区再次引起市政府的高度关注。然而,当前紫金山科创带的谋划和建设尚处于起步阶段,其空间范围、功能内涵、发展和建设的路径等均有待明晰。

以创新为核心、交通为骨架、生态为基底是廊带型创新空间建设的一般经验。例如,杭州城西科创大走廊的划定与扩容过程就考虑了如下方面:第一,具备一定的创新基础。该地区拥有阿里系、浙大系等创新资源以及未来科技城、紫金港科技城、青山湖科技城等科技板块。第二,位于城市近郊且以交通为骨架。该地区位于杭州城区西郊,主要建设空间布局在城市快速路(文一西路)两侧。第三,生态本底优越且与创新空间融合。在"十四五"规划中,杭州通过扩区将大走廊从 224 km² 扩展至 390 km²,将湖泊、山体、湿地等相邻的重要生态化空间纳入其中统筹布局。在借鉴国内外相关经验基础上,立足南京东部地区,通过系统筛查创新要素、生态空间以及交通设施等资源分布现状,同时考虑已经形成密集创新网络的次区域,综合确定以绕城高速为主干、面积约 395 km² 的区域,将其作为紫金山科创带的空间范围(图 7-16)。

7.2.1 基础特征:都市近郊的创新优势

紫金山科创带具备大都市近郊区发展的区位优势。该科创带主体空间皆位于城市中心 10—20 km 的环城区域,较易接受主城创新要素、创新功能和人气的外溢辐射,相较于跨越式的新城、新区,更容易发展起来。目前南京主城边缘的环城区域已经布局和成长起一批战略性功能增长极,例如江北新区中央商务区和研创园、河西南鱼嘴商务区、紫金山科技城等(图7-17,专栏 7-4)。更难得的是,相比于其他区域,紫金山科创带北有沿江制造业集聚升级区、南有宁南产业创新集群区、西有主城科教生活服务区、东有汤山—句容生态休闲区作为支撑,具备将多元功能进行整合融通、实现联动发展的潜力(图 7-18)。

图 7-16　紫金山科创带范围与区位示意

图 7-17　南京市中心 10—20 km 范围内的增长极

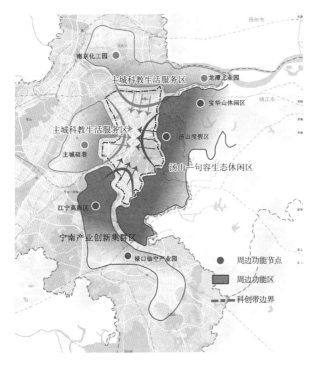

图 7-18 紫金山科创带四向锋面功能格局

专栏 7-4 南京环市中心 10—20 km 范围内的增长极功能比较

南京环市中心 10—20 km 范围内包括了江北新区中央商务区、江北新区研创园、河西南鱼嘴商务区以及紫金山科技城等一批新兴的增长极。其中,江北新区中央商务区是以国际健康城和新金融中心建设为重点的中央商务区,汇集金融办公、商业中心、国际学校、高端医疗等高端配套。江北新区研创园集聚了生物医药、信息技术、设计等高新技术企业,规划建设有世界影响的产业科技创新中心。河西南鱼嘴商务区定位为高端现代服务业旗舰区,将重点引入金融保险、高端商务总部、文化休闲旅游等现代服务业,目标是打造成为主城江南地区的国际性新中心,同时成为辐射华东地区的重要旅游目的地。紫金山科技城坐落于南京江宁开发区,目标定位"四区一城",即把科技城建设成为中国信息通信重大原始创新引领区、高层次创新创业人才集聚示范区、产学研协同创新体制机制改革试验区和自主可控产业集聚区,打造具有国际影响力的科技新城。目前,这些增长极正处于持续发展的阶段,并形成各自不同的创新驱动力。

紫金山科创带具备大都市近郊区发展的生态优势。紫金山科创带地处生态资源尤为优质的南京东部地区,位于宁镇丘陵山峦之间,其中岗地丘陵与河流湖泊相间,地形起伏、景观本底卓越。以青龙山—紫金山绿楔为基底,紫金山科创带是南京市区含绿量较高的扇面,其中绿地面积占比高达 57%,远超中心城区总体绿地面积占比(12%)。在周边区域中,又有扬州市的枣林湾、镇江市的宝华山等生态旅游资源，共同构成南京都市圈东南方向上的大区域风景走廊。

在区位与生态优势的共同作用下，紫金山科创带内的创新群落已经初见规模。首先，科教创新源的数量最为突出，包括仙林大学城、江宁大学城（一部分）以及新迁入的中国科学院系列科研院所，为国家实验室、重大科技基础设施的建设提供有利条件。其次，各类新型研发机构、国省级科技企业孵化器、国省级众创空间的数量众多，创新孵化的优势开始凸显（图7-19）。此外，产业链龙头企业、高新技术企业、新兴科技企业等成熟创新企业的数量也处于稳步增长的阶段（图7-20）。

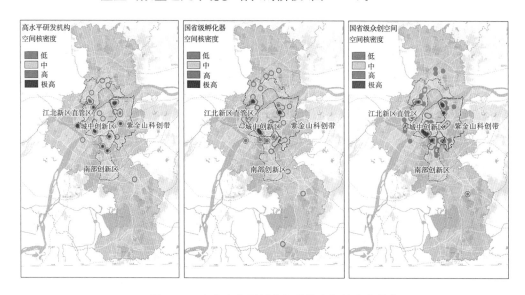

图 7-19　南京市主要孵化机构的空间核密度分布

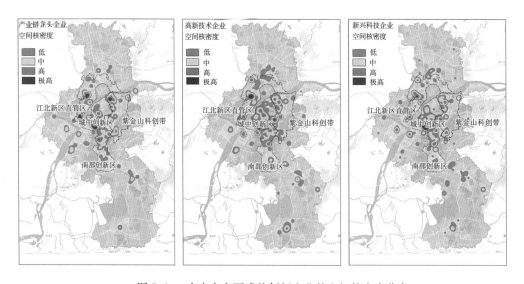

图 7-20　南京市主要成熟创新企业的空间核密度分布

7.2.2 现实矛盾:破碎割裂的原生路径

1) 空间治理破碎

从行政区划上看,紫金山科创带位于栖霞、江宁、玄武、秦淮四区交界地带,又以栖霞、江宁为主,行政边界犬牙交错。从功能板块上看,紫金山科创带内部管理平台众多,穿插嵌套的情况严重:涵盖南京经济技术开发区、仙林大学城(统筹管理仙林大学城与青龙片区)、麒麟科技创新园三个市属平台,以及江宁高新区、江宁经开区高新园、白下高新区、徐庄高新区、栖霞高新区五个区属平台(图7-21)。这一现状虽然在一定程度上促成了创新发展"百花齐放"的基底,却制约着区域发展质量的进一步提升:

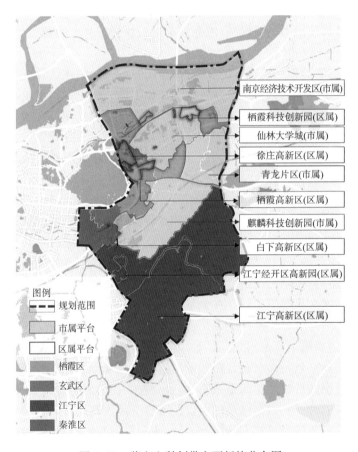

图7-21 紫金山科创带主要板块分布图

第一,空间治理体系的破碎使得各板块囿于各自的"一亩三分地",可统筹配置的资源与能力各有局限,创新生态各有短板。例如,南京经济技术开发区的产城融合度不高,配套服务功能相对薄弱,整体环境品质有待改善;仙林大学城(青龙片区)管委会作为城建开发平台,自身的科技服务职能相对较弱,且面对驻区高校级别普遍较高的情况,难以进行协调统筹;

徐庄高新区、白下高新区虽然距离市中心最近、起步较早,但是空间不足的矛盾尤为突出;麒麟科技创新园的建园时间较短,用地充裕但是经济体量尚小,且园区无工业用地,创新产业化的需求难以满足。第二,由于独立封闭的运作和考核模式,空间配置方式受制于资金平衡需求。在产业招商、创新发展的巨大资金投入压力之下,园区平台普遍需要通过出让住宅用地以寻求资金的短期平衡,进而导致预留的优质产业空间面临"住宅化"的风险。第三,竞争意识较强,创新网络难以建构。板块众多的现实情况不可避免地导致互相之间的资源抢夺行为,地缘临近、制度隔离(不临近),反而加剧了板块管理机构之间的竞争意识,不利于整体创新网络的形成。基于典型企业的区域合作网络梳理可以发现,紫金山科创带内部就近的跨板块交流合作并不显著;反而与外部的主城区、江宁开发区之间存在较多的交流合作。在访谈过程中,大部分企业都表示并没有官方组织的跨板块创新合作、业务对接活动,而且能够感受到临近板块在招商上的激烈竞争态势。

2)发展建设离散

由于空间治理格局破碎,当前对紫金山科创带的整体认知尚未形成共识,各板块在发展目标、空间战略、规划建设上的一体化衔接不足。将现有各个板块自行编制的规划成果进行拼合,能清晰看到空间结构破碎化的特点(图7-22)。而针对南京东部地区的规划结构则更多体现为因循板块治理结构的改良,缺乏针对性的系统引导和整合思路,对于紫金山科创带的直接指导作用有限。这也就进一步导致紫金山科创带范围内跨板块联络的软、硬件支撑并不完善,要素流动与互补效应未能充分显现,具有重大连接作用的轨道交通、道路交通在规划和建设方面明显滞后。以轨道交通的规划建设情况为例,已建成和近期("十四五"期间)计划建设的轨道交通主要是主城向外的延伸辐射,纵向串联紫金山科创带内部空间的轨道交通建设尤其滞后,近期均无明确立项(图7-23)。以道路交通的规划建设情况为例,行政区交界地带仍然存在大量的断头路(图7-24)。

3)生态与创新割裂

现有创新格局呈现出"近城、远山"的特点,创新活动与山体的关系并不紧密,彰显创新与山水融合特色的空间场景尚未形成。既往建设过程中对沿山、近山的战略性空间重视不足,且开发利用的制约因素较多,导致环山地带的创新空间、道路体系建设以及宕口空间再利用等均比较滞后。例如,青龙片区与麒麟科技创新园核心区(中国科学院周边)之间的关键地段就横亘有靶场、监狱等特殊用地,导致两个功能区的功能联动、设施联通难以实现。除此之外,栖霞山、北象山、南象山、大凹山等山体周边建设状况混杂。其中,以江南水泥厂、苏星锌业为代表的旧厂房,以锰矿新村、地质新村为代表的"单位小区",以仙林污水厂、南象山墓园为代表的"邻避设施"等散乱布局在现状山体周围。这些消极空间,反映了原有开发建设模式对于山体资源的漠视,生态禀赋的独特优势和魅力并没有充分发挥。而这也意味着在创新发展过程中,如果进行有序的低效用地再开发,将能够

图 7-22 各板块空间战略拼合图

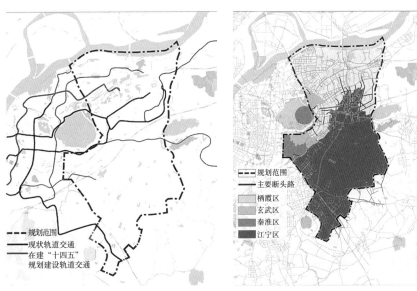

图 7-23 轨道交通现状与近期计划示意　图 7-24 现状主要断头路示意

带来整体空间品质的巨大提升,建构出对于创新要素极具吸引力的山城联动格局。

7.2.3 总体构思:突破边缘的四维转型

在现状特征与现实矛盾面前,规划需要以创新导向下都市近郊地区的特点与痛点为线索,强调四个方面的思维转变:第一,面向开放式创新,重识边缘区位;从区域视角识别近郊地区的对外连接作用,以及与周边板块联动发展的潜力。第二,面向生态化创新,重塑本底关系;探索近郊地区生态源与创新源的融合互动、有机组织模式。第三,面向网络化创新,重整破碎空间;关注统筹协同的空间治理机制与设施体系布局,建构紧密聚合的创新网络。最后,面向战略性创新,做好空间留白;积极应对创新的不确定性,为重大战略机遇的到来和重大战略性项目的落地预留空间。基于以上四个维度的转变,进而从目标定位、空间组织、实施重点、政策保障等方面形成系统的规划安排,以突破"都市边缘区"的局限、激发"生态创新区"的潜力(图7-25)。

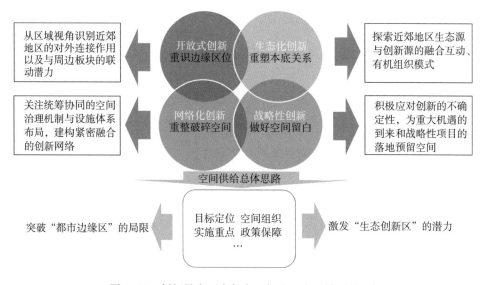

图 7-25 创新导向下大都市近郊地区发展转型的逻辑

7.2.4 重识方位:超越地方的战略抉择

1)基于区域视野寻求创新方位

不可逆转的开放式创新与区域一体化进程,塑造着不断变动重组的区域创新竞合格局,边缘地区将在区域发展与城市应对的过程中重新找到创新的方位:

第一,紫金山科创带是南京重塑沪宁合创新格局的东翼抓手(图7-26)。

"沪宁合产业创新带"作为一条"产业＋创新"的示范带,是长三角区域创新一体化格局中的战略纽带,并已经取得长三角各相关省市的一致认同。它也是南京参与区域创新竞合的重要契机和立足方向。在沪宁合产业创新带上,东端的上海和西端的合肥已经先行一步,凭借各自科学城的打造跻身于国际科技创新中心、综合性国家科学中心之列。与此同时,无锡等城市也开始借势区域发展,积极谋划环太湖科创带等战略性创新空间。南京作为沪宁合产业创新带的中部枢纽,在东西方向上都有必要也有潜力培育出相应的战略性创新空间。其中,西翼的江北新区着重以"自由贸易""应用创新"为主题,着力发展集成电路、生物医药两大领域的产业化创新功能;而东翼的紫金山科创带则可以"原研创新""基础创新"为特色的战略功能,超前布局国家重大基础设施群。

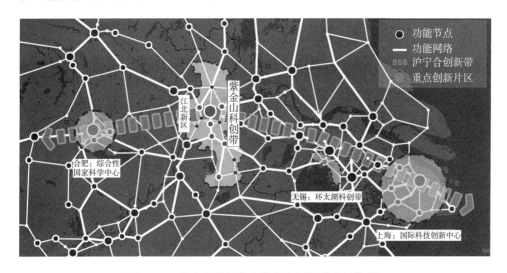

图 7-26　紫金山科创带在沪宁合创新带中的格局

第二,紫金山科创带是促进宁镇扬同城化的功能引擎。长期以来,南京在东向上缺乏明确且具有区域带动能力的功能核心,这也制约了宁镇扬同城化发展的进程。紫金山科创带的建设有条件也有潜力构建起创新驱动的区域产业循环:一是镇江、扬州提供本地产业升级的创新驱动力(通过南京研发服务、科技金融等生产性服务业的辐射带动,实现提档升级);二是推动镇江、扬州制造业的规模化及服务业的特色化发展;三是提供包括"反向飞地"在内的多样化创新空间,帮助镇江和扬州储备、培养创新人才。

第三,紫金山科创带是南京东部地区打造"丰"字形创新空间网络的关键骨架(图 7-27)。目前,南京东部地区范围内已经布局了 G312 产业创新带、沪宁合产业创新带(G42)、宁杭生态经济带(G25)计三条以创新、生态新经济为主题的东西向、东南向放射状的战略轴线,但是三者之间缺乏有效的功能联动。这些区域战略空间与已经建成的紫金山实验室也未能形成明确的空间呼应关系。因此,有必要打造一条南北走向的功能轴带,进行纵向织补。基于此,沿绕城高速公路布局的紫金山科创带,能够实现与三条对外战略轴线在东部地区的交汇,共同架构"丰"字形开放互联的创新空间网络。通过植入纵向串联的全新战略性空间,促进区域各创新轴带的相互叠加、融合,共同激发南京东部片区乃至全市的创新势能。

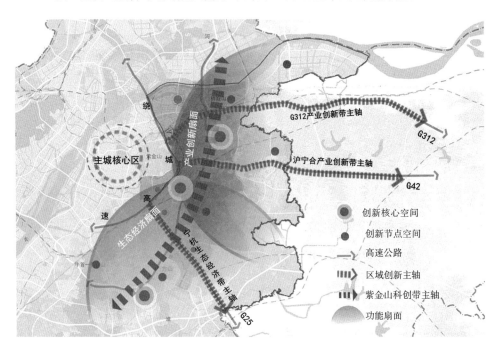

图7-27 南京东部"丰"字形创新空间网络

2) 基于国家需求体现城市担当

紫金山科创带应该与具备集成电路、生物医药产业化创新优势的江北新区形成错位,对标国家战略,体现南京担当,打造国家战略科技力量核心承载区。其一,要锚定国家科技战略方向,推动原创性、引领性科技攻关。结合紫金山科创带的既有基础,聚焦国家"十四五"科技前沿攻关领域,聚焦新一代人工智能、类脑研究、生物技术、临床医学与健康、深空探测五个领域。其二,要结合产业和科研基础,适度超前布局"方向聚焦、功能协同"的国家重大科技基础设施群。由于大科学装置运行费用高,但成果产出不确定,需要在建设初期进行产业化发展路径的设计。其三,要衍生布局战略性新兴产业,培育未来科技创新集群。结合科技攻关以及国家重大科技基础设施群布局方向,进一步衍生、壮大战略性新兴产业,助力国家抢占未来产业发展先机。培育和壮大新一代信息技术(人工智能等)、新能源、高端装备、绿色环保、航空航天、生物经济(生物医药等)产业,逐步建构产业体系的新支柱;在类脑智能、空天开发、氢能与储能等前沿科技和产业变革领域,积极打造产业技术研究院等交叉创新平台。新兴产业、未来产业的发展,将充分体现出紫金山科创带作为国家战略科技力量核心承载区的务实意识。

3) 基于地方特色突出三个示范

其一,打造产学研融合发展示范区。具体包括:①促进基础研究与应用研究融通发展,统筹基础研究定力和市场运作活力,更好利用国际国内两个市场、两种资源。②为促进各科技创新主体之间的融合,进一步破除各种物质空间与体制机制壁垒,实现空间混合、技术共建以及治理协同等良好的软硬环境。③致力打造以"中科系＋名校系＋军工系"为核心、以"海归系＋苏商系"为补充的特色创新集群。

其二,打造长三角区域协同创新示范区。具体包括:①就地嫁接,整合高端创新网络。结合南京产业和科研基础,集聚科研院校以及创新企业的区域总部或分支机构。②腹地整合,打造区域智慧中枢。整合区域产业创新需求,构建定制化研发服务网,打造区域型新型研发机构和共性研发平台,构建高效的共性关键技术供给体系,面向区域组织产业化的创新链。③双向开放,布局"创新飞地"平台。一方面,面向上海等头部创新城市,打造特别合作区(张江南京园)等;另一方面,面向镇江等人才吸引力、创新服务能力较弱的地区,提供创新孵化"飞地"。

其三,打造"两山模式"创新实践区。具体包括:①山城联动,打造创新麓谷、科技森林。形成"山上生态源,山下创新源""山上大公园,山下科技园"的空间融合格局。②蔓藤生长,形成有机组织的田园都市。形成依山就势、快达慢行的自由路网,打造功能完善、尺度宜人的弹性组团,营造抬步进园、开窗见林的田园意向。③价值转换,打造创新驱动、美丽发展的标志性融合扇面。通过"栽种生态梧桐树"的方式创造高品质人居办公环境,筑巢引凤,吸引创新金凤凰;从近山临水,到进山亲水,再到靓山秀水,建构多层次、有活力的生态休闲空间;整治矿坑旧空间,营造创新新节点,诠释生态价值转化的"南京模式"。

7.2.5 重塑空间:创新发展的雨林模式

借鉴"创新雨林"的概念,突出产学研联动、生态与创新融合发展的思路,结构化演绎紫金山科创带的空间系统。形成"一脉三区,六林多点,丰字网络"的总体格局(图7-28)。

1) 一脉三区

"一脉"指国家战略科技麓谷。作为国家战略科技力量的核心承载区、国家重大科技基础设施集聚区,新型研究型大学、新型研发机构等新型创新主体的集聚区,前沿科技产业的集聚区,未来技术应用场景的示范区,将高标准打造具有国际水准、国内一流的创新领航谷、绿色智慧谷。以人工智能、新一代信息技术等前沿技术和新兴产业为基础,突破绿色环保、类脑智能、空间天文开发、生物经济与安全、未来能源等前沿科技和未来产业领域,大力发展科技金融、科技咨询等生产性服务业。

"三区"指三个园区、校区、社区、景区融合发展的片区,着力形成创新孵化到产业化的闭环链条,包括北部智能制造融合创新片区、中部智慧数据融合创新片区以及南部生命健康融合创新片区。其中,北部智能制造融

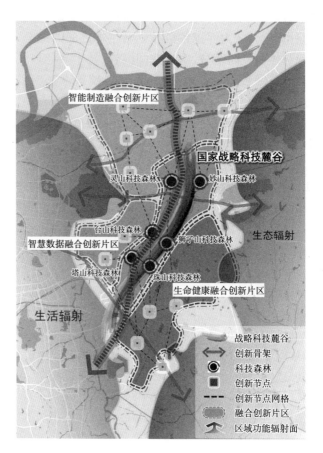

图 7-28 紫金山科创带总体空间结构

合创新片区以产城融合、产教融合以及传统产业的转型升级为重点，推动光电显示、生物医药、高端装备等制造业的高端化、智能化和绿色化发展，培育新能源汽车、人工智能等新增长点，加快化工行业改造升级。中部智慧数据融合创新片区以南京理工大学等院校资源孵化、产业化为重点，着力发展智能网联汽车、云计算、物联网以及软件信息等产业。南部生命健康融合创新片区以江宁大学城医药学科的产业孵化和郊野试验、检测为重点，聚焦新药研发与生产、细胞与基因治疗、高端医疗器械等高附加值、高成长性医药细分领域，拓展健康疗养、精准医疗等健康服务产业。

2）六林多点

"六林"指六片科创森林，它是国家战略科技麓谷中的核心组团，是"山上大公园、山下科技园"的山城联动标志区、创新经济与山体公园的结合典范。其中，妙山科技森林（数字系）定位数字经济中枢区，形成信息集成交互和智慧决策的区域核心，发展科技金融、科技咨询等科技服务业，是宁镇扬区域产业创新升级、信息交往等生产性服务中心。狮子山科技森林（国研系）定位基础科研和前沿产业核心区，依托中国科学院科技资源，围绕生命健康等科技攻关领域打造交叉研究平台、重大基础设施，孵化培育相关产业集群。珠山科技森林(双碳系)定位新能源环保研创区,发展新能源以及生态环境保护相关的绿色新兴产业。台山科技森林(智能系)定位人工智能技术研创区,以人工智能为基础,围绕类脑智能超算技术,打造复杂信息的智能计算、复杂系统的智能控制、集成化智能系统相关的产业集聚区。塔山科技森林(空天系)定位空天开发研创区,利用南京高校院所资源,引进航空航天相关创新企业,谋划北斗产业化运用平台。灵山科技森林(未来系)定位战略性未来产业储备区,承接周边板块的外溢资源,打造生态安全等未来产业。

"多点"指有机分散在融合片区中具备一定潜力的创新节点空间,这些创新节点虽然位于国家战略科技麓谷之外,但同样将与山体空间形成联动,打造融合创新片区中的高品质特色空间。包括位于峨眉山—李家山周边的红枫节点、位于栖霞山周边的栖霞节点、位于乌龙山周边的新港节点、位于象山—大凹山周边的象山节点、位于聚宝山周边的宝东节点,以及位于青龙山南麓的青南节点等。

3) 丰字网络

"丰字网络"指一纵三横的创新骨架网络,与区域创新轴线形成呼应。其中,绕城高速创新发展主轴以绕城高速公路为依托,是紫金山科创带和科技麓谷的功能骨干,向南与紫金山实验室(紫金山科学城)形成联动,向北与龙袍新城形成联动。G312产业创新带主轴以G312宁镇公路为依托,是紫金山科创带引领宁镇扬一体化发展的创新发展轴。沪宁合产业创新带主轴以G42沪宁高速为依托,是紫金山科创带促进沪宁协同联动的创新发展轴线。宁杭生态经济带主轴以G25宁杭高速为依托,是紫金山科创带融入宁杭生态经济带、示范南京生态发展模式的创新发展轴线。

7.2.6 行动抓手:设施供给与政策突破

1) 植入触媒项目

规划提出,围绕中国科学院南京分院集聚重大科技设施,培育生命健康等国研系创新集群。毗邻中国科学院南京分院建设公共服务中心,提升社区氛围和生活服务品质。打造锁石基金小镇等低密度、田园形态的新经济空间,探索空间利用的新模式。打造区域协同服务综合体,作为宁镇扬同城化或南京都市圈理事会永久会址,推动人才公园等标志性公共空间建设。推动宕口修复,打造创新地标,以青龙山周边的麒麟宕口、青西宕口、龙口宕口等的整治再利用为重点(表7-10)。打造极具山地空间特色的大科学装置、科学家工作室以及总部办公基地,塑造"生态修复+土地整治+创新发展"相协同的"南京样板"。推动国家战略科技麓谷周边地区功能品质的协同提升,以园博园二期(养老功能等)、汤山休闲小镇、青龙山美丽乡村(小川藏线)等为建设抓手,在麓谷东侧打造高品质生态休闲长廊。

表7-10 宕口修复现状信息表

类别	麒麟宕口	青西宕口	龙口宕口
面积/hm²	103.63	77.28	93.60
现状特征	部分进行覆绿修复,部分采矿用地为工厂或仓储	部分进行覆绿修复	部分进行覆绿修复,部分采矿用地出租为商业使用
位置	S122南侧、分东西两块	中国科学院东侧、西村靶场南侧	沿山路东侧

2) 突破交通瓶颈

加快谋划、建设纵向串联紫金山科创带的轨道交通骨干线路,串接南京南站、仙林高铁站等对外交通枢纽。进一步提升紫金山科创带与南向江宁紫金山实验室、西向主城等的轨道交通联系。推动科技麓谷中的沿山路、环山路网建设,以开放山体、联动创新空间。强化绕城高速公路的骨干链接作用,启动互通枢纽建设,提升高速公路对两侧地块的服务作用,未来考虑进行高速公路快速化改造,将过境交通职能向城市外围进一步调整。

3) 推动体制整合

在紫金山科创带整体层面,推动市级板块边界重画,强化现有市级板块的空间整合和资源配置能力,扩大仙林大学城、麒麟科技创新园范围,分别至70 km²和83 km²(图7-29)。形成"联席会+伙伴园区"的协同治

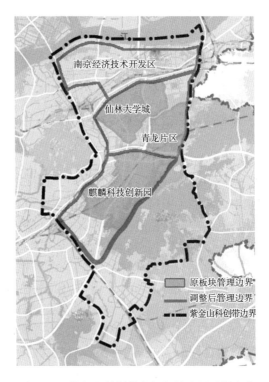

图7-29 紫金山科创带市级板块边界重划方案

理格局,由市级主要分管领导负责定期组织主要板块开展联席会议;建构板块间合作的利益分享机制,推动创新要素的合理流动与整合;逐步探索差异化的考核管理模式,促进平台板块的分工协同。在国家战略科技麓谷层面,建立理事会制度,强化市级板块的定期对接和协商;探索重大设施统一建设机制,跨区主要道路等重大交通设施由市级层面进行统一出资建设。

4)建立"白地"管理

战略留白用地是为应对不确定的重大项目和城市长远发展而进行预留的战略空间,由于紫金山科创带的高品质产业空间存在稀缺性,而国家战略科技功能的成长又存在不可预见性,因此,尤其需要率先试点战略留白用地的管控政策。2020年自然资源部办公厅发布的《国土空间调查、规划、用途管制用地用海分类指南》,将留白用地界定为"国土空间规划确定的城镇、村庄范围内暂未明确规划用途、规划期内不开发或特定条件下开发的用地"。部分城市也已经陆续开展了留白用地的政策探索。

从国内外经验来看,用地"留白"不仅是规划上的空间预留,而且往往配套相应的用地管理政策。其中,最具代表性的是北京、上海和新加坡的经验(专栏7-5)。北京的相关政策强调为远期发展进行预控:通过《北京市战略留白用地管理办法》(京政发〔2020〕10号)明确战略留白用地原则上2035年前不予启用,若现状存在建筑物、构筑物,则需制定清理方案。在实际操作中,区位价值突出但近期又较难实施的空间被划为战略留白用地。例如,怀柔科学城控制性详细规划就在研发核心区周边布局了两块战略留白用地,现状分别为成片村庄和汽车配件企业。上海的相关政策强调战略性空间的市级管理:先后通过《关于落实"上海2035",进一步加强战略预留区规划和土地管理的通知》(沪规土资规〔2018〕3号)、《关于落实"上海2035",进一步加强战略预留区规划和土地管理的若干意见》(沪规划资源规〔2023〕1号),明确战略预留区实施以市级为主、市区协调的管理体制,强化市级相关部门组成的联席会议在战略预留区启动中的核心作用,以确保未来重大事件、重大项目建设落地;战略预留区中已批的控制性详细规划中止实施,根据发展需求适时启动规划编制和实施。新加坡的相关政策强调混合利用和功能的弹性变化:"白地"作为新加坡的一种专有地类,是住宅、办公、酒店等一系列可选择的功能集合,政府可以在土地出让时根据实际情况设置出让条件,往往允许开发商在开发过程中根据市场环境自由变更使用性质和功能比例,且无须缴纳土地溢价。综合来看,各城市用地"留白"的相关政策,仍然体现出如下三个共性特征:其一,作为战略功能储备,区位价值突出;其二,启用时点难以判断,具有一定的不确定性;其三,结合城市的空间治理需求,配套相应的实施政策。

> **专栏 7-5　北京和上海的留白用地管理方式比较**
>
> 　　北京战略留白用地管理强调为远期（2035 年以后）开发预留、近中期控制和清理。2020 年 4 月，《北京市战略留白用地管理办法》发布。结合各区的分区规划，北京市在全市 2 760 km² 城乡建设用地范围内统筹划定了约 132 km² 战略留白用地。战略留白用地占总城乡建设用地面积约 5.6%，原则上 2035 年之前不予启用。在地域分布上，战略留白用地在中心城区和生态涵养区分布较少，主要分布在城市副中心和顺义、大兴、昌平、房山新城等平原新城。在来源上，战略留白用地的划定集中在城乡建设用地的重点功能区及周边拓展地区、现状低效利用待转型区域以及"疏解整治促提升"专项行动腾退用地中，短期内无明确实施计划的地块等。以此实现保障重大项目建设、争取机遇抵御风险、对接产业疏解腾退、承接产业转型升级、留白增绿、改善人居环境等诸多目标。未来北京市将依托国土空间基础信息平台建立战略留白资源储备库，通过数据共享和信息化管理实现对留白用地资源的长效管理。
>
> 　　上海战略预留区管理重在强化战略性空间的市级管制。《上海市城市总体规划（2017—2035 年）》提出建立空间留白机制，要"以机动指标的形式加强重要通道、重大设施空间的预留，并结合市域功能布局调整，划定市区级别的战略性空间储备用地"。在紧邻市级和区级生态环廊布局生态留白空间，生态留白空间在使用前作为生态空间的一部分，既可用于扩展生态廊道，也可结合未来发展需要。战略预留区实施过渡期管控政策，战略预留区内的现状建设用地，在不影响长远战略发展的情况下可以继续使用，除完善生态环境和基础设施配套以外，原则上不得进行大规模改建、扩建和新建。战略预留区统一由市政府管理，建立规划启动机制。经市规划委员会审议，符合城市总体规划功能导向和布局要求的，由市级相关部门会同相关区政府依法合规对战略预留区启动规划编制、审批和实施管理。

　　基于南京打造"区域科技创新中心、综合性国家科学中心"的总体目标，紫金山科创带应该率先探索"强化市级管理、适时启动"的战略留白用地管理机制，将战略留白用地作为重大科技基础设施集群、前沿科技交叉研究平台以及头部科技企业研发中心的空间储备。从国内科技核心区的建设经验来看，北京怀柔科学城相关职能的核心区规划面积 2.3 km²，预留远期拓展空间 0.6 km²；东莞松山湖科学城相关职能规划面积为 4.4 km²；合肥综合性国家科学中心现已经布局有科学岛 2.65 km²，规划启动建设大科学装置集中新区 1.42 km²，预留拓展区 2.72 km²；光明科学城空间规划预留相关职能 6 km²。因此，建议在麒麟科技创新园区附近的青龙山地区划定 3—5 km² 范围作为战略性留白空间。

　　借鉴国内外经验，紫金山科创带可以探索建立"市级管理、市区协同、适时启动"的特色留白用地管理体制，强化市级相关部门组成的联席会议在留白区划定以及启动建设中的作用。根据管理方式的不同，将留白用地进一步区分为两种类型：一种是战略留白用地。该类用地原则上 2035 年以前不予启用，严格现状管控，如遇城市布局国家级重大项目，由行政区或市级平台提交规划资源会同发改、科技、工信等相关部门审查后,报市政府专题会审议,并根据需要按照市"三重一大"决策程序报市委审定后,经过指标购买、用地转换、流量追加、国土空间总体规划修改等程序后方可启动。另一种是战术留白用地。该类用地的启用需要由行政区或市级平台提交规划资源、发改、科技、工信、商务、文旅等相关部门审查后,报市政府专题会审议,并根据需要按照市"三重一大"决策程序报市委审定后方可启用。

参考文献

•中文文献•

阿朗索,2007. 区位和土地利用:地租的一般理论[M]. 梁进社,李平,王大伟,译. 北京:商务印书馆.

安德森,2012. 创客:新工业革命[M]. 萧潇,译. 北京:中信出版社.

包亚明,1997. 布尔迪厄文化社会学初探[J]. 社会科学(4):70-73.

布迪厄,华康德,1998. 实践与反思[M]. 李猛,李康,译. 北京:中央编译出版社.

布尔迪厄,1997. 文化资本与社会炼金术:布尔迪厄访谈录[M]. 包亚明,译. 上海:上海人民出版社.

曹贤忠,曾刚,司月芳,2016. 网络资本、知识流动与区域经济增长[J]. 经济问题探索(5):1-10.

陈浩,张京祥,林存松,2015. 城市空间开发中的"反增长政治"研究:基于南京"老城南事件"的实证[J]. 城市规划,39(4):19-26.

陈漓高,齐俊妍,2007. 信息技术的外溢与第五轮经济长波的发展趋势[J]. 世界经济研究(7):26-33,87.

陈柳钦,2008. 波特产业集群竞争优势理论述评[J]. 北华大学学报(社会科学版),9(1):94-99.

陈晓亮,蔡晓梅,朱竑,2019. 基于"地方场域"视角的中国旅游研究反思[J]. 地理研究,38(11):2 578-2 594.

陈易,2016. 转型期中国城市更新的空间治理研究:机制与模式[D]. 南京:南京大学.

陈月,2015. 博弈的设计:面向土地发展权共享的空间治理[J]. 城市规划,39(11):78-84,91.

迟福林,2012. 改变"增长主义"政府倾向[J]. 行政管理改革(8):25-29.

崔人元,霍明远,2007. 创造阶层与城市可持续发展[J]. 人文地理,22(1):7-11.

邓羽,司月芳,2016. 西方创新地理研究评述[J]. 地理研究,35(11):2 041-2 052.

董志凯,2009. 中国工业化60年:路径与建树(1949—2009)[J]. 中国经济史研究(3):3-13.

杜尔哥,2007. 关于财富的形成和分配的考察[M]. 唐日松,译. 北京:华夏出版社.

段楠,2012. 城市便利性、弱连接与"逃回北上广":兼论创意阶层的区位选择[J]. 城市观察(2):99-109.

费洪平,1992. 地域生产综合体理论研究综述[J]. 地理学与国土研究,8(1):40-44.

傅家骥,1998. 技术创新学[M]. 北京:清华大学出版社.

盖文启,王缉慈,1999. 论区域的技术创新型模式及其创新网络[J]. 北京大学学报(哲学社会科学版),36(5):29-36.

高菠阳,刘卫东,2016. 政府空间治理与地方产业发展响应:以重庆市电子信息产业为例[J]. 人文地理,31(3):1-8,18.

高聪颖,2017. 社会组织参与城市公共空间治理的探索:以宁波市为例[J]. 改革与开放(1):59-61,71.

顾伟男,刘慧,王亮,2019. 国外创新网络演化机制研究[J]. 地理科学进展,38(12):1 977-1 990.

郭文,黄震方,2013. 基于场域理论的文化遗产旅游地多维空间生产研究:以江南水乡周庄古镇为例[J]. 人文地理,28(2):117-124.

郭岩,杨昌鸣,张雨洋,2020. 场域视角下清代北京宣南雅文化核心区范围及空间关联特征[J]. 地理研究,39(4):836-852.

何鹤鸣,张京祥,2018a. 后金融危机时代传统工业城市转型与规划应对:基于绍兴的实证[J]. 经济地理,38(10):54-62.

何鹤鸣,张京祥,崔功豪,2019. 城市发展战略规划的"不变"与"变":基于杭州战略规划(2001)的回顾与思考[J]. 城市规划学刊(1):60-67.

何鹤鸣,张京祥,2011. 转型环境与政府主导的城镇化转型[J]. 城市规划学刊(6):36-43.

何鹤鸣,张京祥,耿磊,2018b. 调整型"穿孔":开发区转型中的局部收缩:基于常州高新区黄河路两侧地区的实证[J]. 城市规划,42(5):47-55.

何树贵,2003. 熊彼特的企业家理论及其现实意义[J]. 经济问题探索(2):31-34.

何显明,2008. 市场化进程中的地方政府行为逻辑[M]. 北京:人民出版社.

贺灿飞,毛熙彦,2015. 尺度重构视角下的经济全球化研究[J]. 地理科学进展,34(9):1 073-1 083.

洪美玲,2019. 创业资本、创业惯习和创业实践关系研究:以深圳创业生态系统为例[D]. 长春:吉林大学.

胡先杰,罗利华,汪小星,等,2018. 我国区域科技创新政策的案例分析研究:以南京"紫金科创特别社区"为例[J]. 科技管理研究,38(13):59-64.

黄,霍洛维茨,2015. 硅谷生态圈:创新的雨林法则[M]. 诸葛越,许斌,林翔,等译. 北京:机械工业出版社.

黄辉宇,罗剑英,吴国洪,2016. "政校企协"四方联动:专业镇协同创新发展的新思路:以东莞市横沥模具产业协同创新中心为例[J]. 东莞理工学院学报,23(4):13-16,26.

黄亮,杜德斌,2014. 创新型城市研究的理论演进与反思[J]. 地理科学,34(7):773-779.

霍尔,罗森伯格,2017. 创新经济学手册:第一卷[M]. 上海市科学学研究所,译. 上海:上海交通大学出版社.

蒋阳,张京祥,何鹤鸣,等,2021. 场域视角下的创新孵化空间构建机制:中国网络作家村的案例解析[J]. 上海城市规划(1):84-90.

蒋阳,张京祥,张嘉颖,2022. 创意人群与空间互动的场域:对城市创新空间本质解读[J]. 城市发展研究,29(9):100-107,117.

李春丽,2017. 深圳市保障性住房分配公平研究:以马克思主义社会公平理论为视角[D]. 深圳:深圳大学.

李嘉图,2013. 政治经济学及赋税原理[M]. 周洁,译. 北京:商务印书馆.

李健,2016. 创新时代的新经济空间:从全球创新地理到地方创新城区[M]. 上海:上海社会科学院出版社.

李利文,2016. 中国城市空间的治理逻辑:基于权力结构碎片化的理论视角[J]. 华中科技大学学报(社会科学版),30(3):38-46.

李律成,艾哈威勒,熊航,2017. 新熊彼特主义视角下基于主体的计算经济学研究[J]. 经济学动态(7):137-147.

李文钊,2016. 理解治理多样性:一种国家治理的新科学[J]. 北京行政学院学报(6):47-57.

林磊,应孔晋,2018. 艺术展览促进城市空间治理创新:以 2017 上海城市空间艺术季为例[J]. 时代建筑(1):181-183.

林雪萍,2020. 灰度创新:无边界制造[M]. 北京:电子工业出版社.

刘建国,2017. 众创空间治理问题与政策创新研究[J]. 创新科技(1):69-71.

刘涛,周强,刘作丽,等,2017. 国际大都市区空间发展规律与空间治理:兼论对北京的启示[J]. 城市发展研究,24(11):64-69.

刘卫东,2014. 经济地理学与空间治理[J]. 地理学报,69(8):1 109-1 116.

刘易斯,2015. 经济增长理论[M]. 郭金兴,等译. 北京:机械工业出版社.

吕拉昌,2017. 创新地理学[M]. 北京:科学出版社.

吕拉昌,黄茹,廖倩,2016. 创新地理学研究的几个理论问题[J]. 地理科学,36(5):653-661.

吕守军,严成男,2013. 法国调节学派的学派定位及其理论创新研究[J]. 上海交通大学学报(哲学社会科学版),21(3):33-40.

马建会,2004. 产业集群成长机理研究[D]. 广州:暨南大学.

马克思,2004. 资本论:第三卷[M]. 中共中央马克思恩格斯列宁斯大林著作编译局,译. 北京:人民出版社.

马庆国,杨薇,2007. 创新文化、人格特征与非正式创新网络[J]. 科学学研究,25(4):772-776.

马歇尔,2013. 经济学原理[M]. 廉运杰,译. 北京:华夏出版社.

马学广,2011. 大都市边缘区制度性生态空间的多元治理:政策网络的视角[J]. 地理研究,30(7):1 215-1 226.

买静,张京祥,2013. 地方政府企业化主导下的新城空间开发研究:基于常州市武进新区的实证[J]. 城市规划学刊(3):54-60.

孟捷,龚剑,2014. 金融资本与"阶级—垄断地租":哈维对资本主义都市化的制度分析[J]. 中国社会科学(8):91-108.

配第,2013. 赋税论[M]. 邱霞,原磊,译. 北京:华夏出版社.

彭山桂,汪应宏,陈晨,等,2015. 地方政府工业用地低价出让行为经济合理性分析:基于广东省地级市层面的实证研究[J]. 自然资源学报,30

(7):1 078-1 091.

皮埃尔,陈文,史滢滢,2015.城市政体理论、城市治理理论和比较城市政治[J].国外理论动态(12):59-70.

阮建青,石琦,张晓波,2014.产业集群动态演化规律与地方政府政策[J].管理世界(12):79-91.

邵琳,2014.人力资本对中国经济增长的影响研究[D].长春:吉林大学.

盛广耀,2012.城市治理研究评述[J].城市问题(10):81-86.

盛垒,马勇,2008.论创意阶层与城市发展[J].现代城市研究,23(1):61-69.

施瓦布,2016.第四次工业革命:转型的力量[M].李菁,译.北京:中信出版社.

石楠,2017."人居三"、《新城市议程》及其对我国的启示[J].城市规划,41(1):9-21.

司月芳,曾刚,曹贤忠,等,2016.基于全球—地方视角的创新网络研究进展[J].地理科学进展,35(5):600-609.

斯密,2014.国富论[M].郭大力,王亚南,译.北京:商务印书馆.

宋刚,张楠,2009.创新2.0:知识社会环境下的创新民主化[J].中国软科学(10):60-66.

宋绍英,1988.论日本的经济增长主义[J].东北师大学报(6):19-24.

宋泽海,张淑红,2016.企业技术创新的动力及作用[J].经营与管理(1):59-62.

孙允铖,2014.新马克思主义城市政治理论的源流变[D].天津:天津师范大学.

泰勒,2006.1945年后西方城市规划理论的流变[M].李白玉,陈贞,译.北京:中国建筑工业出版社.

谭文柱,2012.地理空间与创新:理论发展脉络与思考[J].世界地理研究,21(3):94-100,151.

唐焱,高明媚,2012.工业用地供给制度及其绩效评价研究综述[J].地域研究与开发,31(4):113-117.

汪贤俊,2018.美术基础教育科学思维方式对创新精神的塑造:美国《国家核心艺术课程标准》的启示[J].集美大学学报(教育科学版),19(3):83-88.

汪鑫,2015.中国城市发展战略规划的演进:基于空间治理的视角[D].南京:南京大学.

汪原,2005.亨利·列斐伏尔研究[J].建筑师(5):42-50.

王波,甄峰,朱贤强,2017.互联网众创空间的内涵及其发展与规划策略:基于上海的调研分析[J].城市规划,41(9):30-37,121.

王国红,贾楠,邢蕊,2013.创新孵化网络与集群协同创新网络的耦合研究[J].科学学与科学技术管理,34(8):73-82.

王慧,2006.开发区运作机制对城市管治体系的影响效应[J].城市规划,30(5):19-26.

王缉慈,等,2010.超越集群:中国产业集群的理论探索[M].北京:科学出版社.

王业强,魏后凯,2009. 中国产业集群战略与政策考察[J]. 经济研究参考(55):2-19.

王艺博,2013. 外部环境、孵化网络对孵化绩效影响的实证研究[D]. 长春:吉林大学.

王雨,张京祥,2022. 区域经济一体化的机制与效应:基于制度距离的空间发展解释[J]. 经济地理,42(1):28-36.

韦伯,1997. 工业区位论[M]. 李刚剑,陈志人,张英保,译. 北京:商务印书馆.

魏后凯,等,2008. 中国产业集聚与集群发展战略[M]. 北京:经济管理出版社.

温婷,蔡建明,杨振山,等,2014. 国外城市舒适性研究综述与启示[J]. 地理科学进展,33(2):249-258.

翁士洪,顾丽梅,2013. 治理理论:一种调适的新制度主义理论[J]. 南京社会科学(7):49-56.

邬晓霞,卫梦婉,2016. 城市治理:一个文献综述[J]. 经济研究参考(30):53-61.

吴军,克拉克,2014. 场景理论与城市公共政策:芝加哥学派城市研究最新动态[J]. 社会科学战线(1):205-212.

吴文钰,2010. 城市便利性、生活质量与城市发展:综述及启示[J]. 城市规划学刊(4):71-75.

吴晓瑜,王敏,李力行,2014. 中国的高房价是否阻碍了创业[J]. 经济研究,49(9):121-134.

西蒙,2015. 隐形冠军:未来全球化的先锋[M]. 张帆,吴君,刘惠宇,等译. 北京:机械工业出版社.

夏丽娟,谢富纪,2014. 多维邻近视角下的合作创新研究评述与未来展望[J]. 外国经济与管理,36(11):45-54,81.

谢英挺,2017. 基于治理能力提升的空间规划体系构建[J]. 规划师,33(2):24-27.

熊彼特,2017. 经济发展理论[M]. 王永胜,译. 上海:立信会计出版社.

熊健,范宇,金岚,2017. 从"两规合一"到"多规合一":上海城乡空间治理方式改革与创新[J]. 城市规划,41(8):29-37.

熊竞,罗翔,沈洁,等,2017. 从"空间治理"到"区划治理":理论反思和实践路径[J]. 城市发展研究,24(11):89-93,124.

徐晓琳,赵铁,克拉克,2012. 场景理论:区域发展文化动力的探索及启示[J]. 国外社会科学(3):101-106.

徐雨森,徐娜娜,2016. 后发企业逆向创新的类型与策略组合研究[J]. 科研管理,37(10):35-42.

徐则荣,2006. 创新理论大师熊彼特经济思想研究[M]. 北京:首都经济贸易大学出版社.

许辉,杨洁明,罗奎,等,2015. 境外创新型城市研究进展及启示[J]. 城市规划,39(5):83-88.

颜子明,杜德斌,刘承良,等,2018. 西方创新地理研究的知识图谱可视化分析[J]. 地理学报,73(2):362-379.

杨桂菊,李斌,夏冰,2015.被忽视的创新:非研发创新研究述评及展望[J].科技进步与对策,32(16):149-154.

杨继东,杨其静,2016.保增长压力、刺激计划与工业用地出让[J].经济研究,51(1):99-113.

姚伟伟,李翔宁,2018.从断裂到连接:未来公共空间形态:2017上海城市空间艺术季综述[J].时代建筑(1):168-172.

姚先国,2012.转型发展如何摆脱"增长主义"[J].人民论坛·学术前沿(5):28-33.

耶格,谢富胜,汪家腾,2017.城市地租理论:调节学派的视角[J].当代经济研究(2):37-48,97.

叶扬,2015.城市再造与城市更新:2015北京国际设计周与上海城市空间艺术季[J].世界建筑(12):10-13.

易华,2010.创意阶层理论研究述评[J].外国经济与管理,32(3):61-65.

殷洁,罗小龙,程叶青,等,2010.基于企业家型城市理论的工矿资源型城市转型:以马鞍山市为例[J].地理科学,30(3):329-335.

殷洁,张京祥,罗小龙,2006.转型期的中国城市发展与地方政府企业化[J].城市问题(4):36-41.

殷俊,2008.中国企业年金计划设计与制度创新研究[M].北京:人民出版社.

曾刚,王秋玉,曹贤忠,2018.创新经济地理研究述评与展望[J].经济地理,38(4):19-25.

曾坤生,1994.佩鲁增长极理论及其发展研究[J].广西社会科学(2):16-20,15.

张兵,2016.京津冀协同发展与国家空间治理的战略性思考[J].城市规划学刊(4):15-21.

张兵,林永新,刘宛,等,2014."城市开发边界"政策与国家的空间治理[J].城市规划学刊(3):20-27.

张国举,2007.创新场域论[D].北京:中共中央党校.

张海波,李纪珍,余江,等,2013.创新型企业:概念、特征及其成长[J].技术经济,32(12):15-20,39.

张京祥,陈浩,2014.空间治理:中国城乡规划转型的政治经济学[J].城市规划,38(11):9-15.

张京祥,邓化媛,2009.解读城市近现代风貌型消费空间的塑造:基于空间生产理论的分析视角[J].国际城市规划,23(1):43-47.

张京祥,殷洁,罗小龙,2006.地方政府企业化主导下的城市空间发展与演化研究[J].人文地理,21(4):1-6.

张京祥,于涛,殷洁,2008.试论营销型城市增长策略及其效应反思:基于城市增长机器理论的分析[J].人文地理,23(3):7-11.

张京祥,赵丹,陈浩,2013.增长主义的终结与中国城市规划的转型[J].城市规划,37(1):45-50,55.

张京祥,庄林德,2000.管治及城市与区域管治:一种新制度性规划理念[J].

城市规划,24(6):36-39.

张景平,2015. 社区公共空间治理中居民集体行动的困境与出路[J]. 城市问题(9):81-85.

张瑞涵,汤蕴懿,2015. 全球时代城市治理的多元主体与目标绩效[J]. 上海城市管理,24(2):16-22.

张尚武,陈烨,宋伟,等,2016. 以培育知识创新区为导向的城市更新策略:对杨浦建设"知识创新区"的规划思考[J]. 城市规划学刊(4):62-66.

张在群,2013. 政府引导下的产学研协同创新机制研究[D]. 大连:大连理工大学.

赵讷,2017. 地方品质、创意场与城市创意空间网络的塑造:以上海为例[D]. 上海:华东师范大学.

赵佩佩,买静,杨晓光,等,2016. 网络空间与创新驱动视角下杭州转型发展的空间趋势特征及规划战略应对[J]. 城市规划学刊(5):54-65.

甄峰,徐海贤,朱传耿,2001. 创新地理学:一门新兴的地理学分支学科[J]. 地域研究与开发,20(1):9-11.

郑德高,袁海琴,2017. 校区、园区、社区:三区融合的城市创新空间研究[J]. 国际城市规划,32(4):67-75.

郑刚,刘仿,徐峰,等,2014. 非研发创新:被忽视的中小企业创新另一面[J]. 科学学与科学技术管理,35(1):140-146.

郑露荞,伍江,2020. 实践与生产:创意城市空间生产的理论架构[J]. 住宅科技,40(8):1-6,28.

郑烨,杨若愚,刘遥,2017. 科技创新中的政府角色研究进展与理论框架构建:基于文献计量与扎根思想的视角[J]. 科学学与科学技术管理,38(8):46-61.

周岚,施嘉泓,崔曙平,等,2018. 新时代大国空间治理的构想:刍议中国新型城镇化区域协调发展路径[J]. 城市规划,42(1):20-25,34.

周立群,张红星,2010. 从农地到市地:地租性质、来源及演变:城市地租的性质与定价的政治经济学思考[J]. 经济学家(12):79-87.

朱桂龙,张艺,陈凯华,2015. 产学研合作国际研究的演化[J]. 科学学研究,33(11):1 669-1 686.

朱凯,2015. 政府参与的创新空间"组"模式与"织"导向初探:以南京市为例[J]. 城市规划,39(3):49-53,64.

朱旭辉,2015. 珠江三角洲村镇混杂区空间治理的政策思考[J]. 城市规划学刊(2):77-82.

邹鹏,罗彦,陈俊峰,2017. 东莞城市总体规划的空间治理探索与规划应对[J]. 规划师,33(12):24-29.

•外文文献•

ÁCS Z J,2003. Innovation and the growth of cities[M]. Cheltenham:Edward Elgar Publishing.

AGYEMANG F K,AMEDZRO K K,SILVA E,2017. The emergence of city-regions and their implications for contemporary spatial governance:evidence from Ghana[J]. Cities,71:70-79.

AHLQVIST T,2014. Building innovation excellence of world class:the cluster as an instrument of spatial governance in the European Union[J]. International journal of urban and regional research,38(5):1 712-1 731.

ALLMENDINGER P,HAUGHTON G,2013. The evolution and trajectories of English spatial governance:'neoliberal' episodes in planning[J]. Planning practice and research,28(1):6-26.

ARUNDEL A,BORDOY C,KANERVA M,2008. Neglected innovators:how do innovative firms that do not perform R&D innovate[R]. Brussels:European Commission,INNO-Metrics Thematic Paper.

AYDALOT P,1988. High technology industry and innovation environments[M]. London:Routledge.

AYHAN M B,AYDIN M E,ÖZTEMEL E,2015. A multi-agent based approach for change management in manufacturing enterprises[J]. Journal of intelligent manufacturing,26(5):975-988.

BAGNASCO A,1977. Tre Italie:la problematica territoriale dello sviluppo Italiano[M]. Bologna:Ⅱ Mulino.

BATHELT H,GLUCKLER J,2003. Toward a relational economic geography[J]. Journal of economic geography,3(2):117-144.

BECATTINI G,2004. The Marshallian industrial district as a socioeconomic notion[M]//PANICCIA I. Industrial districts. Cheltenham:Edward Elgar Publishing.

BELL S,HINDMOOR A,2009. Rethinking governance:the centrality of the state in modern society[M]. Cambridge:Cambridge University Press.

BELLO-ORGAZ G,JUNG J J,CAMACHO D,2016. Social big data:recent achievements and new challenges[J]. Information fusion,28:45-59.

BERNT M,2009. Partnerships for demolition:the governance of urban renewal in East Germany's shrinking cities[J]. International journal of urban and regional research,33(3):754-769.

BIGGIERO L,SEVI E,2009. Opportunism by cheating and its effects on industry profitability:the CIOPS model[J]. Computational and mathematical organization theory,15(3):191-236.

BIRKMANN J,BACH C,VOLLMER M,2012. Tools for resilience building and adaptive spatial governance[J]. Raumforschung und raumordnung,70(4):293-308.

BLOM M,CASTELLACCI F,FEVOLDEN A M,2013. The trade-off between innovation and defense industrial policy:a simulation model analysis of the Norwegian defense industry[J]. Technological forecasting and social change,80(8):1 579-1 592.

BOWER J L,CHRISTENSEN C M,1995. Disruptive technologies:catching the wave[J]. Harvard business review,73(1):43-53.

BOYER R,1990. The regulation school:a critical introduction[M]. New York:Columbia University press.

BUSER M,2012. The production of space in metropolitan regions:a Lefebvrian analysis of governance and spatial change[J]. Planning theory,11(3):279-298.

CAO Y,CHEN X H,2012. An agent-based simulation model of enterprises financial distress for the enterprise of different life cycle stage[J]. Simulation modelling practice and theory,20(1):70-88.

CARAYANNIS E, CAMPBELL D,2010. Triple helix, quadruple helix and quintuple helix and how do knowledge, innovation and the environment relate to each other:a proposed framework for a transdisciplinary analysis of sustainable development and social ecology[J]. International journal of social ecology and sustainable development,1:41-69.

CARLINO G, HUNT R, 2012. The agglomeration of R&D labs[R]. Philadelphia:Federal Reserve Bank of Philadelphia:42-45.

CASTELLS M, 1978. City, class and power[M]. New York:St. Martin's Press.

CASTELLS M, HALL P G,1994. Technopoles of the world:the making of twenty-first-century industrial complexes[M]. London:Routledge.

CASTLELLACI F,GRODAL S,MENDONCA S, et al.,2005. Advances and challenges in innovation studies[J]. Journal of economic issues,39(1):91-121.

CAVES R,2000. Creative industries:contracts between art & commerce[M]. Cambridge:Harvard University Press.

CHESBROUGH H,2003. Open innovation,the new imperative for creating and profiting from technology[M]. Boston:Harvard Business School Press.

CLARK N,2004. The city as an entertainment machine[M]. New York:JAI Press.

COOKE P,1992. Regional innovation systems:competitive regulation in the new Europe[J]. Geoforum,23(3):365-382.

COOKE P, 2011. Handbook of regional innovation and growth[M]. Cheltenham:Edward Elgar.

CROSSAN M M, APAYDIN M, 2010. A muti-dimensional framework of organizational innovation: a systematic review of the literature[J]. Journal of management studies,47(6):1 154-1 191.

DALUM B, PEDERSEN C∅R, VILLUMSEN G, 2005. Technological life-cycles: lessons from a cluster facing disruption[J]. European urban and regional studies,12(3):229-246.

EMERSON K, NABATCHI T, BALOGH S, 2012. An integrative framework for collaborative governance[J]. Journal of public administration research & theory,22(1):1-29.

ERNST D, 2009. A new geography of knowledge in the electron ics industry? Asia's role in global innovation networks[R]. Washington: East-West Center.

ETZKOWITZ H, 2003. Innovation in innovation: the triple helix of university-industry-government relations[J]. Social science information,42(3):293-337.

EVANGELISTA R, MASTROSTEFANO V, 2006. Firm size, sectors and countries as sources of variety in innovation[J]. Economics of innovation and new technology,15(3):247-270.

FAGERBERG J, MOWERY D C, NELSON R R, 2005. The Oxford handbook of innovation[M]. Oxford: Oxford University Press.

FELDMAN M P, FLORIDA R, 1994. The geographic sources of innovation: technological infrastructure and product innovation in the United States [J]. Annals of the association of American geographers,84(2):210-229.

FLATTEN T C, ENGELEN A, ZAHRA S A, et al, 2011. A measure of absorptive capacity: scale development and validation[J]. European management journal,29(2):98-116.

FLORIDA R, 2002. The rise of the creative class[M]. New York: Basic Books.

FLORIDA R, 2005. Cities and the creative class[M]. New York: Routledge.

FLORIDA R, 2014. The rise of the creative class (Revisited)[M]. New York: Basic Books.

FOLKE C, HAHN T, OLSSON P, et al, 2005. Adaptive governance of social-ecological systems[J]. Annual review of environment & resources, 30(30):441-473.

FREEMAN C, 1987. Technology policy and economic performance: lessons from Japan[M]. London: Printer.

FREEMAN C, 1991. Networks of innovators: a synthesis of research issues [J]. Research policy,20(5):499-514.

FRICKE C, 2015. Spatial governance across borders revisited: organizational forms and spatial planning in metropolitan cross-border regions[J]. European planning studies,23(5):849-870.

GAGLIARDI D, NIGLIA F, BATTISTELLA C, 2014. Evaluation and design of innovation policies in the agro-food sector: an application of multilevel self-regulating agents[J]. Technological forecasting and social change, 85:40-57.

GIANNAKIS M, LOUIS M, 2011. A multi-agent based framework for supply chain risk management[J]. Journal of purchasing & supply management, 17(1):23-31.

GLAESER E L, KOLKO J, SAIZ A, 2001. Consumer city[J]. Journal of economic geography, 1(1):27-50.

GLAESER E L, 1994. Cities, information and economic growth[J]. Cityscape (1):9-47.

GRANOVETTER M S, 1973. The strength of weak ties[J]. American journal of sociology(78):1 360-1 380

GREGG G V, ÉTIENNE C, 2010. Public service use and perceived performance: an empirical note on the nature of the relationship[J]. Public administration, 88(2):551-563.

GUNDER M, 2017. Neoliberal spatial governance[J]. Urban policy and research, 35(1):100-101.

HALL T, HUBBARD P, 1998. The entrepreneurial city[M]. Chichester: John Wiley & Sons Ltd.

HAMDANI D, 2003. Global or multinational: it matters for innovation, innovation analysis bulletin[J]. Statistics Canada(3):3-4.

HARVEY D, 1973. Social justice and the city[M]. Baltimore: John Hopkins University Press.

HARVEY D, 1985. The urbanization of capital[M]. Baltimore: John Hopkins University Press.

HAVRVEY D, 1989. From managerialism to entrepreneurialism: the transformation in urban governance in late capitalism[J]. Geografiska annaler, 71B(1):3-17.

HELEY J, 2013. Soft spaces, fuzzy boundaries and spatial governance in post-devolution Wales[J]. International journal of urban & regional research, 37(4):1 325-1 348.

HIENERTH C, HIPPEL E V, JENSEN M B, 2014. User community vs producer innovation development efficiency: a first empirical study[J]. Research policy, 43(1):190-201.

HILLIER J, 2007. Stretching beyond the horizon: a multiplanar theory of spatial planning and governance[J]. Urban policy & research, 26(3):386-388.

HOWKINS J, 2001. The creative economy: how people make money from ideas[M]. London: Alien Lane.

HUGGINS R, IZUSHI H, CLIFTON N, et al, 2010. Sourcing knowledge for innovation:the international dimension[M]. London:NESTA.

HUGGINS R,THOMPSON P,2014. A network-based view of regional growth[J]. Journal of economic geography,14(3):511-545.

JACOBS J,1969. The economies of cities[M]. New York:Random House.

JONES A L,2016. Regenerating urban waterfronts—creating better futures—from commercial and leisure market places to cultural quarters and innovation districts[J]. Planning practice & research,23:1-12.

KOOIMAN J,2003. Modern governance[M]. London:Sage Publications LTD.

KWON S,MOTOHASHI K,2017. How institutional arrangements in the national innovation system affect industrial competitiveness:a study of Japan and the U. S. with multiagent simulation[J]. Technological forecasting and social change,115:221-235.

LANDRY C,2000. The creative city:a toolkit for urban innovators[M]. London:Earthscan Publication Ltd.

LAURENTIS D C,2012. Renewable energy innovation and governance in Wales:a regional innovation system approach[J]. European planning studies,20(12):1 975-1 996.

LARANJA M,2009. The development of technology infrastructure in Portugal and the need to pull innovation using proactive intermediation policies[J]. Technovation,29(1):23-34.

LAZONICK W,2005. The innovative enterprise[M]. London:Oxford University Press.

LAZONICK W,2010. The Chandlerian corporation and the theory of innovative enterprise[J]. Industrial and corporate change,19(2):317-349.

LIU X H,BUCK T,2007. Innovation performance and channels for international technology spillovers:evidence from Chinese high-tech industries[J]. Research policy,36(2):355-366.

LUCAS R E,ROSSI-HANSBERG E,2002. On the internal structure of cities[J]. Econometrica,70(4):1 445-1 476.

MACHLUP F,1962. The production and distribution of knowledge in the United States[J]. Princeton:Princeton University Press.

MARSHALL A,1890. Principles of economics[M]. London:Macmillan.

MARTIN R,2000. Institutional approaches in economic geography[M]. Oxford:Blackwell.

MCCALL M K,DUNN C E,2012. Geo-Information tools for participatory spatial planning:fulfilling the criteria for 'good' governance[J]. Geoforum,43(1):81-94.

MIÖRNER J,ZUKAUSKAITE E,TRIPPL M,et al,2018. Creating institutional preconditions for knowledge flows in cross-border regions[J]. Environment and planning C,36(2):201-218.

MOLOTCH H,1976. The city as a growth machine:toward a political economy of place[J]. American journal of sociology,82:309-332

MORGAN K,2004. The exaggerated death of geography:learning, proximity and territorial innovation systems[J]. Journal of economic geography,4(1):3-21.

NOOTEBOOM B,2000. Learning by interaction:absorptive capacity,cognitive distance and governance[J]. Journal of management and governance,4(1):69-92.

OECD,2001. Innovations clusters:drivers of national innovation system[R]. Paris:OECD Proceedings.

OLDENBURG R,1989. The great good place:cafes,coffee shops,bookstores,bars,hair salons, and other hangouts at the heart of a community[M]. New York:Marlowe and Company.

OTSUKA K,SONOBE T,2011. A cluster-based industrial development policy for low-income countries[R]. Washington:World Bank.

PALMER J, SORDA G, MADLENER R, 2015. Modeling the diffusion of residential photovoltaic systems in Italy:an agent-based simulation[J]. Technological forecasting and social change,99(6):106-131.

PINCH S,HENRY N,JENKINS M,et al,2003. From 'industrial districts' to 'knowledge clusters':a model of knowledge dissemination and competitive advantage in industrial agglomerations[J]. Journal of economic geography (3):373-388.

PIORE M,SABLE C,1984. The second industrial divide[M]. New York:Basic Brooks.

POLENSKE K R, 2007. The economic geography of innovation [M]. Cambridge:Cambridge University Press.

PORTER M E,1990. The competitive advantage of nations[M]. New York:Free Press.

PUDDU S,ZUDDAS F,2013. Cities and science parks:the urban experience of 22@Barcelona [J]. Territorio,64:145-152.

RAE A, 2013. Spatial planning and governance:understanding UK planning [J]. Environment and planning,40(2):379-380.

RHODES R A W, 2007. Understanding governance: ten years on [J]. Organization studies,28(8):1 243-1 264.

RHODES R A W,1996. The new governance:governing without government [J]. Political studies,44:652-667.

RIVOLIN J,2017. Global crisis and the systems of spatial governance and planning:a European comparison[J]. European planning studies,25(6):994-1 012.

ROBERTS J M,2001. Spatial governance and working class public spheres:the case of a chartist demonstration at Hyde Park[J]. Journal of historical sociology,14(3):23-32.

SCHULTS T,1961. Investment in human capital[J]. American economic review,51(5):1-17.

SCHUMPETER J,1934. The theory of economic development[M]. Cambridge:Harvard University Press.

SCHUMPETER J,1942. Capitalism, socialism and democracy[M]. London:Psychology Press.

SCOTT A J,1988. New industrial space[M]. London:Pion.

SCOTT A J,2006. Entrepreneurship, innovation and industrial development:geography and the creative field revisited[J]. Small business economics,26(1):1-24.

SECK M,BARJIS J,2015. An agent based approach for simulating DEMO enterprise models[J]. Procedia computer science,61(9):246-253.

SIMMIE J,2013. Innovative cities[M]. London:Routledge.

SMITH N,1996. The new urban frontier:gentrification and the revanchist city[M]. London:Routledge.

STOKER G,1999. Governance as theory:five propositions[J]. International social science journal(3):17-28.

STONE C N,1993. Urban regimes and the capacity to govern:a political economy approach[J]. Journal of urban affairs,15(1):1-28.

TEWDWR-JONES M,ALLMENDINGER P,2006. Territory, identity and spatial planning:spatial governance in a fragmented nation[M]. London:Routledge.

TRIPPL M,TÖDTLING F,LENGAUER L,2009. Knowledge sourcing beyond buzz and pipelines:evidence from the Vienna software sector[J]. Economic geography,85:443-462

ULLMAN E L,1954. Amenities as a factor in regional growth[J]. Geographical review,44(1):119-132.

VAN AKEN J E,WEGGEMAN M P,2002. Managing learning in informal innovation networks:overcoming the Daphne-Dilemma[J]. R&D management,30(3):139-150.

VECCHIATO R, ROVEDA C,2014. Foresight for public procurement and regional innovation policy:the case of Lombardy[J]. Research policy,43(2):438-450.

WARDANA A,2015. Debating spatial governance in the pluralistic institutional and legal setting of Bali[J]. The Asia Pacific journal of anthropology,16(2):106-122.

WEINTRAUB K,2013. Biotech players lead boom in Cambridge[N]. The New York Times,2013-01-02(01).

WIGLE J, 2014. The 'graying' of 'green' zones: spatial governance and irregular settlement in Xochimilco, Mexico city[J]. International journal of urban & regional research, 38(2): 573-589.

WONG P K, HO Y R, SINGH A, 2005. Singapore as an innovative city in East Asia: an explorative study of the perspectives of innovative industries[M]. Copenhagen: World Bank Publications.

WRIGHT G, RABINOW P, 1982. Spatialization of power: a discussion of the work of Michel Foucault [J]. Skyline(3): 14-15.

XIONG H, PAYNE D, KINSELLA S, 2016. Peer effects in the diffusion of innovations: theory and case study[J]. Journal of behavioral and experimental economics, 63: 1-13.

专栏来源

专栏 2-1、专栏 2-2 源自：笔者根据既有研究整理.
专栏 4-1、专栏 4-2 源自：笔者根据实地调研访谈以及相关公开文件整理.
专栏 7-1 源自：笔者根据相关文献、文件整理.
专栏 7-2 源自：笔者根据相关资料整理.
专栏 7-3 源自：笔者根据深圳发布的相关政策文件整理.
专栏 7-4 源自：笔者根据调研和相关规划资料整理.
专栏 7-5 源自：笔者根据北京和上海两市相关政策文件整理.

图片来源

图 2-1 至图 2-12 源自：笔者绘制.

图 3-1 至图 3-3 源自：笔者绘制.

图 3-4 源自：笔者根据企业公开披露的机构设立简介整理绘制.

图 3-5 至图 3-10 源自：笔者绘制.

图 3-11 源自：笔者根据政策文件《关于进一步推进印染产业集聚升级工程的意见》整理绘制.

图 4-1 至图 4-13 源自：笔者绘制.

图 4-14 源自：笔者根据全国工商联公布的"2022 年民营企业 500 强名单"整理绘制.

图 4-15 源自：笔者根据睿兽分析数据库提供的相关资料整理绘制.

图 4-16、图 4-17 源自：笔者绘制.

图 4-18 源自：笔者根据长城战略咨询公司发布的《2022 中国独角兽企业研究报告》绘制.

图 4-19、图 4-20 源自：笔者根据杭州市科技局提供相关企业机构名录整理绘制.

图 4-21、图 4-22 源自：笔者绘制.

图 4-23 源自：笔者根据 2020 年、2021 年浙江省数字经济"飞地"示范基地公示材料整理绘制.

图 4-24、图 4-25 源自：笔者绘制.

图 4-26 源自：笔者现场拍摄.

图 4-27 至图 4-30 源自：笔者绘制.

图 5-1 至图 5-4 源自：笔者绘制.

图 5-5 源自：笔者根据中指数据 2019 年发布的《中国主要城市土地财政依赖度排行》整理绘制.

图 5-6 至图 5-8 源自：笔者绘制.

图 5-9、图 5-10 源自：笔者拍摄.

图 5-11 源自：笔者绘制.

图 5-12、图 5-13 源自：笔者根据相关材料整理绘制.

图 6-0 源自：笔者绘制.

图 7-1、图 7-2 源自：笔者根据南京市、江北新区公布的相关统计资料整理绘制.

图 7-3、图 7-4 源自：笔者根据南京江北新区科技局提供相关资料和企业经营业务范围数据整理绘制.

图 7-5 源自：笔者根据南京江北新区规划与自然资源局提供的板块分布信息与南京江北新区科技局提供的企业信息整理绘制.

图 7-6 源自：笔者根据高新技术企业注册地信息整理绘制.

图 7-7 源自：笔者根据百度地图开源的 POI 整理绘制.

图 7-8 源自:笔者根据 2019 年发放的"江北新区(直管区)创新人才需求调研问卷"结果整理绘制.

图 7-9 至图 7-18 源自:笔者绘制.

图 7-19、图 7-20 源自:笔者根据南京市科技局提供的相关创新机构目录整理绘制.

图 7-21 源自:笔者根据各园区平台提供的空间范围信息整理绘制.

图 7-22 至图 7-24:笔者根据各园区平台以及南京市规划和自然资源局提供的相关规划资料整理绘制.

图 7-25 至图 7-29 源自:笔者绘制.

表格来源

表 1-1 源自:笔者根据 2013 年联合国工业发展组织发布报告《工业发展报告（2013 年）》(*Industrial Development Report* 2013)整理绘制.

表 1-2 至表 1-5 源自:笔者根据有关资料整理绘制.

表 2-1 至表 2-3 源自:笔者绘制.

表 3-1 源自:笔者绘制.

表 3-2 至表 3-6 源自:笔者根据相关城市的创新型产业用地政策整理绘制.

表 3-7 源自:笔者根据政策文件《柯桥区加快推进资源要素市场化配置综合配套改革实施意见》整理绘制.

表 3-8、表 3-9 源自:笔者根据政策文件《关于深化"亩均论英雄"改革的实施意见》整理绘制.

表 4-1 源自:笔者根据访谈资料整理绘制.

表 4-2 源自:笔者绘制.

表 4-3、表 4-4 源自:笔者根据相关文献资料整理.

表 4-5 源自:笔者根据访谈资料以及政府公开发布的简介材料整理绘制.

表 5-1 源自:笔者根据相关国际案例整理绘制.

表 5-2 源自:笔者根据政策文件《关于深化住房制度改革加快建立多主体供给多渠道保障租购并举的住房供应与保障体系的意见》整理绘制.

表 7-1 源自:笔者根据南京江北新区规划与自然资源局提供的相关资料整理绘制.

表 7-2 源自:笔者根据南京江北新区管理委员会公布的官方资料整理绘制.

表 7-3 源自:笔者根据南京江北新区科技局提供相关资料整理绘制.

表 7-4 源自:笔者根据南京江北新区新型研发机构目录以及简介整理绘制.

表 7-5、表 7-6 源自:笔者根据相关资料整理绘制.

表 7-7 源自:笔者绘制.

表 7-8 源自:笔者根据深圳留仙洞总部基地的相关规划资料整理绘制.

表 7-9 源自:笔者根据机构简介整理绘制.

表 7-10 源自:笔者绘制.

专栏表 7-1-1 源自:笔者根据相关资料整理绘制.

专栏表 7-3-1、专栏表 7-3-2 源自:笔者根据深圳市重大产业项目的相关管理文件整理绘制.

本书作者

何鹤鸣，福建平潭人，南京大学城乡规划与设计专业博士，现为扬州大学建筑科学与工程学院副教授（高级城乡规划师）。获得"求是理论论坛"征文优秀论文奖、金经昌中国城市规划优秀论文奖、江苏省优秀工程勘察设计奖等荣誉。在《城市规划》《城市规划学刊》《经济地理》等核心期刊发表学术论文30余篇，出版学术著作（含合著）3部。主要研究方向：城市与区域空间战略、城乡产业空间开发与更新、空间治理与政策设计。

张京祥，江苏盐城人，南京大学建筑与城市规划学院教授、博士生导师，南京大学空间规划研究中心主任，江苏省设计大师，兼任中国城市规划学会常务理事、城乡治理与政策研究学术委员会主任委员、学术工作委员会委员。获得首届中国城市规划青年科技奖、首届中国城市百人论坛青年学者奖、教育部新世纪优秀人才、全国青年地理科技奖等荣誉。发表学术论文300余篇，出版学术著作（含合著）16部，主编教材2部，主持国家自然科学基金课题6项，国家社会科学基金重大项目子课题、教育部哲学社会科学研究重大攻关项目子课题等多项。主要研究方向：城市与区域发展战略、中国城市发展与转型、城乡区域治理。